对外开放

读懂
对外开放

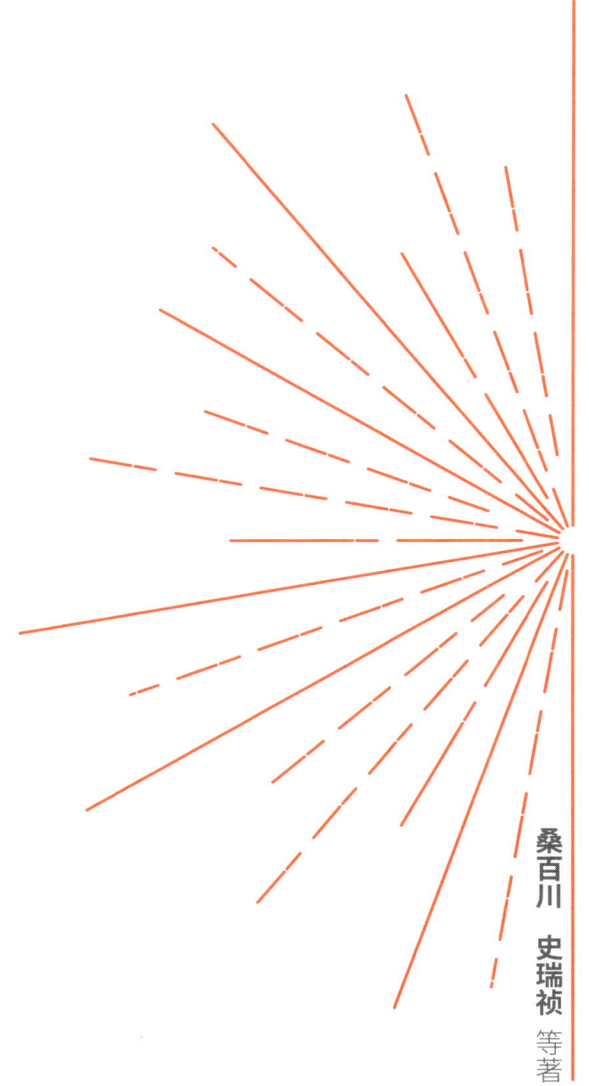

读懂
对外开放

桑百川 史瑞祯 等著

OPEN TO THE OUTSIDE WORLD

人民日报出版社
北京

图书在版编目（CIP）数据

读懂对外开放 / 桑百川等著. -- 北京：人民日报出版社, 2025.10. -- ISBN 978-7-5115-8686-5

Ⅰ. F125

中国国家版本馆CIP数据核字第2025PW8185号

书　　名：	读懂对外开放 DUDONG DUIWAI KAIFANG
著　　者：	桑百川　史瑞祯　等
责任编辑：	李　安　蒋菊平　韩泽华
版式设计：	九章文化
出版发行：	人民日报出版社
社　　址：	北京金台西路2号
邮政编码：	100733
发行热线：	（010）65369509　65369527　65369846　65369512
邮购热线：	（010）65369530　65363527
编辑热线：	（010）65369528
网　　址：	www.peopledailypress.com
经　　销：	新华书店
印　　刷：	大厂回族自治县彩虹印刷有限公司
法律顾问：	北京科宇律师事务所　（010）83622312
开　　本：	710mm×1000mm　1/16
字　　数：	224千字
印　　张：	19
版次印次：	2025年8月第1版　2025年8月第1次印刷
书　　号：	ISBN 978-7-5115-8686-5
定　　价：	66.00元

如有印装质量问题，请与本社调换，电话（010）65369463

PREFACE | 序

开放是最大的改革

从封闭走向开放，意味着从国内资源配置拓展到世界资源配置，从满足国内需求拓展到满足世界市场需求。以行政手段为基础的计划经济即便能够控制国内资源，也无法掌控外部资源；即便能够控制国内需求，也无法决定外部市场需求。因此，要对外开放就必须转变思维方式，放眼世界，放弃高度集权的计划经济，实行市场经济，由市场机制决定资源配置，广泛利用国际资源和国际市场。这是根本性的改革。

1978年以来，中国坚定实行对外开放的基本国策，绘就一幅以开放促改革发展的波澜壮阔的历史画卷。在激荡的对外开放岁月中，中国冲破思想桎梏，根据自身经济社会条件，逐步扩大对外开放的地理空间和产业领域，形成全方位对外开放格局；适应、接受、遵循国际经济规则，全面参与经济全球化进程，顺应生产力发展要求，充分发挥比较优势，嵌入全球产业链、价值链、供应链，培育竞争优势，拓展全球资源配置空间，推动中华民族走上伟大复兴之路。

中国对外开放取得举世公认的成就。从贸易小国成长为贸易大国，货物与服务贸易总额跃升至全球首位，货物进出口额自2017年以来连续保持全球第一，服务进出口额跃居世界前列；从排斥外资转变为外商投资热土，实际使用外商直接投资跃居发展中国家首位、全球前列，外商投资质量不断提高；从引进来到走出去，对外直接投资后来居上，成为国际投资大国，中国企业的身影遍布世界；从外汇短缺到外汇储备额高居全球第一；"一带一路"倡议赢得国际社会认同，经贸合作成果丰硕，自贸区网络初步形成，参与全球治理能力显著提升，对世界经济增长的贡献率上升到第一位，超过30%，成为维护和推动经济全球化的中坚力量。持续扩大对外开放，推动经济快速发展，创造出中国经济长期高速增长的奇迹。更高水平开放助推高质量发展，国民经济迈上新台阶。

▎ 对外开放是历史经验的昭示

纵观人类发展历史，"开放带来进步，封闭导致落后"。放眼世界，英国在经历第一次工业革命后，广泛利用世界市场和全球资源，成为世界第一经济大国。第二次工业革命后，美国逐渐取代英国成为世界第一强国，建立起符合其国家利益的世界经济秩序，资本的触角遍及世界各个角落，开放与发展相互促动，美国长期保持着世界经济领先地位。日本在20世纪50年代到70年代，在开放中发挥比较优势，取得长达20年的高速增长，创造了日本经济增长奇迹。在亚洲"雁行模式"带动下，中国台湾创造了长达26年的高速增长新纪录，韩国则以30年的高速发展取得举世瞩目的"汉江奇迹"，并于20世纪末成功跨越"中等收入陷阱"

步入高收入国家行列，东盟地区也通过发展外向型经济，承接劳动密集型产业，与其他东亚国家一同缔造了"东亚奇迹"。这些高速增长的实现，无一不得益于经济开放政策。

在中华民族五千多年的发展史中，开放的时代，则是繁盛的时代、快速发展的时代；封闭的时期，则是落后的时期、发展迟缓的时期。汉唐盛世，开放繁荣。清末时期中国走入闭关自守的"死胡同"，与先进国家的差距越来越大，泱泱大国成为列强瓜分的鱼肉。新中国成立后，受制于国内外复杂的环境，逐步走上封闭的道路，与先进国家和地区的经济差距拉大了。改革开放后，中国走出了一条以开放促改革发展的成功道路，成长为世界第二大经济体，中华民族日益走近世界经济舞台中央。

开放之所以能够推动经济社会发展，在于开放符合生产力发展的规律，开放可以改变资本、劳动力的投入规模，推动技术进步和经济结构升级，促进改革和经济制度变迁，为经济发展注入不竭动力。

总结历史经验，要在历史前进的逻辑中前进，在时代发展的潮流中发展，中国开放的大门不会关闭，只会越开越大。中国推动更高水平开放的脚步不会停滞！

社会主义市场经济是开放经济

当中国选择了市场化改革，最终决定建立社会主义市场经济体制时，就必然要求全面推进对外开放。社会主义市场经济以社会化大生产为物质基础，随着社会化大生产深度演进，社会分工发展为国际分工，社会生产发展为国际投资和国际生产，国内贸易发展为国际贸易，经济全球化成为社会生产力不断发展的必然结果。顺应生产力发展的客观要求，就必须扩大对外开放，不断提高对外开放水平，积极参与并推进经济全球化。社会主义市场经济是由市场决定资源配置的经济，市场在配置资源中必然要突破地区和国家之间的限制，把不同地区和国家的市场连成一体，在全球市场配置资源。社会主义市场经济还需要自我完善，全面深化改革任务仍然艰巨，需要在更高水平开放中，借鉴别国发展市场经济的成熟经验，输入改革的外部动力，冲破内部的改革阻力，形成开放与改革的良性互动。

更高水平开放是经济高质量发展的要求

高质量发展不再简单依赖要素资源投入扩张拉动经济增长，而是主要依靠培育新的经济竞争优势，提升全要素生产率，实现国民经济持续发展。只有全面提高开放水平，才能使要素成本优势向竞争优势转变，世界制造业中心向世界创造中心转变，贸易大国向贸易强国转变，吸收外资大国向对外投资大国转变，全球经济治理的参与者向重要贡献者转变，在更高水平开放中促进改革，为广泛利用世界市场和全球优质要素资源创造良好制度环境和外部条件，促进国际国内要素有序自由流动、资源高效配置、市场深度融合，加快培育参与和引领国际经济合作竞争新优势，才能更好助推经济高质量发展。

更高水平开放是贯彻新发展理念的要求

在更高水平开放中，营造优良营商环境，吸引全球优质要素资源为我所用，有助于快速提升自主创新能力，更好实现创新发展；在更高水平开放中，构建陆海内外联动、东西双向互济的全面开放新格局，使相对落后的中西部和沿边地区从开放的末梢变为开放的前沿，以开放促进中西部更快发展，有助于缩小地区差距，实现均衡发展；在更高水平开放中，引进气候友好型技术，吸收符合环境保护标准的优质外商投资，发展绿色贸易，加强环境治理国际合作，借鉴先进国家发展绿色经济的经验，有助于实现绿色发展；在更高水平开放中，扩大外资准入范围，引导优质外资进入公共服务领域，有助于促进公共服务均等化，实现共享发展。

更高水平开放是构建新发展格局的要求

新发展格局"决不是封闭的国内循环，而是更加开放的国内国际双循环"。只有更高水平开放，才能在建立高水平开放型经济制度中更快打通生产关系各环节的堵点；只有更高水平开放，才能释放国内大市场的优势，强化与世界经济的联系，避免脱离全球产业链、价值链、供应链，稳定提升我国在全球产业链、价值链中的地位，建立安全可控的供应链体系；只有更高水平开放，加强国内外经济技术合作，才能更快提升自主创新能力，突破"卡脖子"技术，提升国内大循环的效率和水平。

更高水平开放是应对世界经济大变局的正确抉择

当今世界正在经历百年未有之大变局。以数字化、网络化、智能化为重心的新一轮科技革命和产业变革深入发展，导致全球创新竞争更加激烈，全球经济结构面临重构，人类社会生产生活方式和思维方式发生深刻变革，给国际格局和国际体系带来广泛深远影响。包括中国在内的一大批新兴市场国家和发展中国家经济快速崛起，国际力量对比发生重大变化，世界多极化态势明显。现有的全球治理体系不能适应世界的变化，正面临着治理赤字、信任赤字、和平赤字、发展赤字，改革全球治理体系的呼声越来越强烈。与此同时，一些国家出现贸易投资保护主义、单边主义，经济全球化遭遇逆流，贸易摩擦冲突加剧，国际经贸规则趋于碎片化，多边贸易体制面临严峻挑战。地缘政治冲突频发，加剧了世界的分化，导致全球部分供应链断裂，给世界经济蒙上阴影。

在世界大变局中，中国既面临前所未有的发展机遇，也面临空前的挑战。实行更高水平开放，既是支持经济全球化、维护开放型世界经济的实际行动，能够为世界经济复苏发展注入信心和动力，也是营造友好外部环境，应对世界大变局的挑战，把握机遇，促进经济稳健成长，推动中华民族伟大复兴的战略抉择。

瞩望新征程，中国将有序扩大自主开放和单边开放[①]，把自主单边开放与协议开放结合起来，在更高水平开放的道路上砥砺前行。对内以制度型开放为核心，加快构建开放型经济新体制；对外积极参与全球经济治理体系改革，推动经济全球化惠及更广大国家。

制度型开放，就要研判国际经贸规则变迁的趋势，对标高标准国际经贸规则，不断推进边境规则的自由化、便利化，以边境后措施为重点，

---

① 单边开放与对等开放、互惠开放、条约开放相对应，是指无论对方是否对自己开放，一国或经济体都单方面、主动向对方扩大开放。

构建"市场准入+公平竞争"的开放制度。升级区域开放平台，以自贸港、自贸试验区等区域平台引领制度创新，全面落实外资企业国民待遇，规范补贴行为，打造非歧视的规制体系；推进国有企业分类改革，全面实施公平竞争审查和公正监管制度，建立竞争中性的规制体系；提高政府决策的透明度，完善政府决策信息的披露制度，营造透明公开的规制生态；塑造国际一流的营商环境，形成要素流动自由、投资经营便利、服务优质高效的体制机制。以制度型开放为突破口，为打通国内国际两个市场，形成统一、开放、竞争、有序的国内大市场，畅通国内国际经济循环，提供制度保障，以高水平开放型经济制度吸引全球优质要素资源，推动建立具有较强国际竞争力的产业体系。

在制度型开放中，需要确立开放的安全观，妥善处理开放与安全的关系，完善风险防范机制。只有坚持更高水平开放，才能更好实现国家安全。只有掌握开放主动权，才能保障国家安全。只有积极参加国际经贸规则制定，才能维护国家安全。只有防范风险前置，建立完善的风险防范机制，才能有效控制开放风险。

推动全球经济治理体系改革，倡导"以规则为基础、共同发展为导向"的新型全球化，推动全球化朝着更加开放、包容、普惠、平衡、共赢的方向发展。以构建人类命运共同体为目标，推动高质量共建"一带一路"，增加国际公共产品供给，缓解经济全球化中国家间利益不平衡的矛盾。积极参加区域经济合作，构筑立足周边、辐射"一带一路"、面向全球的高标准自由贸易区网络。支持全球经济治理体系改革，积极参与新兴领域全球经济治理规则制定，维护多边治理体系的有效运转，使经济全球化造福世界。

梳理1978年党的十一届三中全会以来中国对外开放的脉络，讲述中国对外开放故事，阐释中国对外开放的内在逻辑，解读中国对外开放的经验，探讨中国对外开放面对的环境变迁、机遇与挑战，研判中国对外开放的前景，为读者提供理解中国对外开放的通俗读物，是《读懂对外开放》一书的宗旨。

谨以此书献给关心中国对外开放事业的朋友们。

桑百川

2025年1月

目　　录

序　开放是最大的改革 // 001

第一篇　对外开放理论

第1章　对外开放的理论与思想研究 // 003
    1.1　以史为鉴：从闭关自守走向对外开放 // 003
    1.2　西学为用：马克思主义经济学说与西方经济理论 // 008
    1.3　中学为体：社会主义市场经济是开放经济 // 011

第2章　对外开放的发展历程与内在逻辑 // 015
    2.1　继往开来：坚定不移扩大开放的实践历程 // 015
    2.2　一以贯之：中国特色对外开放的演进逻辑 // 023
    2.3　拨云见日：对外开放中的几个认识问题 // 027

第3章　对外开放的环境变迁与基本经验 // 032
    3.1　日新月异：国内经济迈入高质量发展阶段 // 032
    3.2　风起云涌：国际经济形势发生复杂变化 // 035
    3.3　正当其时：对外开放是构建新发展格局的必由之路 // 038
    3.4　基本经验：中国的成功并非偶然 // 039

第4章　对外开放取得的成就与面临的挑战 // 048
    4.1　玉汝于成：开放型经济发展取得历史性成就 // 048
    4.2　长风破浪：直面内外部环境变迁带来的挑战 // 055

第二篇　对外贸易

第 5 章　对外贸易体制改革与全面开放 // 065
5.1　统制外贸：时代背景与体制缺陷 // 066
5.2　放权让利：调动外贸企业积极性 // 067
5.3　两权分离：外贸承包制走上前台 // 069
5.4　平等竞争：外贸企业公司化改革 // 071
5.5　迎接入世：对接多边贸易体制 // 073
5.6　砥砺前行：高水平开放下的外贸制度变迁方向 // 075

第 6 章　对外贸易结构优化与动能转换 // 077
6.1　蹄疾步稳：对外贸易保持在合理增长区间 // 077
6.2　踏石留印："五个优化"筑牢稳中向好之势 // 079
6.3　空山新雨：新旧动能转换释放出强劲动力 // 087

第 7 章　加工贸易的发展轨迹与历史贡献 // 091
7.1　雄关漫道：从"三来一补"到创新发展 // 091
7.2　谋定而动：合理的政策设计与制度安排 // 094
7.3　柳暗花明：加工贸易的历史贡献与争论 // 098
7.4　行深致远：推动加工贸易迈上更高水平 // 101

第 8 章　从"贸易大国"迈向"贸易强国" // 105
8.1　追本溯源：深度把握贸易强国的十大特征 // 105
8.2　百舸争流：抓住全球产业分工格局重塑的机遇 // 109
8.3　立柱架梁：夯实货物、服务、数字贸易"三大支柱" // 112
8.4　兼权尚计：统筹开放合作与贸易安全 // 114

第三篇　吸收外资

第 9 章　吸引外资的政策规则演变 // 119
9.1　星星之火：为利用外资开创条件（1978—1992 年） // 120

9.2 遍地开花：吸引外资内容应有侧重（1992—2001年）// 124
9.3 相得益彰：辩证认识内外资关系（2001—2008年）// 129
9.4 纵深谋划：提高利用外资质量和效益（2008年至今）// 132

第10章 外商投资的发展历程与环境变迁 // 135

10.1 稳中求进：稳步扩大利用外资的新领域 // 135
10.2 百尺竿头：优化外资产业结构及区域分布 // 139
10.3 张弛有度："准入前国民待遇+负面清单" // 145
10.4 一往无前：持续提供更优质的营商环境 // 147

第11章 吸收外资在对外开放中的贡献与纷争 // 149

11.1 吴越同舟：外资经济是国民经济的重要组成部分 // 149
11.2 八方风雨：大规模利用外资的不休争论 // 153
11.3 勇立潮头：更新观念加大吸引外资力度 // 159
11.4 循序渐进：推动外商直接投资高质量发展 // 160

第四篇 对外投资

第12章 对外直接投资的制度演变 // 165

12.1 春风十里：与时俱进更新政策导向 // 165
12.2 锦上添花：持续优化境外投资综合服务体系 // 168
12.3 以邻为友：积极推进多双边国际投资协定 // 169
12.4 见招拆招：国际投资新规则及中国应对 // 171

第13章 对外直接投资的发展历程 // 174

13.1 固本生根：总量规模连续多年排名全球前三 // 174
13.2 倍道而进：以绿地投资和跨国并购为主要方式 // 177
13.3 履践致远：投资结构和区域分布不断优化 // 180
13.4 百花齐放：多元投资主体阔步"出海" // 182

第14章 对外直接投资的经验与展望 // 186

14.1 定海神针：将"走出去"作为国家重要发展战略 // 186

14.2 春华秋实：对外直接投资的企业案例与启示 // 188

14.3 变中寻机：各类风险带来了重重阻力 // 192

14.4 转危为安：在不确定性风险下"稳中求进" // 196

第五篇　国际经济合作

第15章　参与双边FTA及区域自贸协定的历程与展望 // 201

15.1 应运而生：双边FTA成为对外开放的新途径 // 201

15.2 势如破竹：区域自贸协定谈判取得了显著进步 // 206

15.3 相辅相成：以国际大循环激发国内发展活力 // 210

15.4 行则将至：构建面向全球的高标准自贸区网络 // 214

第16章　参与其他国际经济合作的历程与展望 // 217

16.1 滴水穿石：经济合作不断向深度和广度拓展 // 217

16.2 有容乃大：在缓解摩擦、增进互信等方面作用显著 // 222

16.3 暗礁险滩：安全因素越来越受到重视 // 224

16.4 锲而不舍：积极探索区域经济合作新模式 // 227

第17章　共建"一带一路"为区域经济合作添动力 // 229

17.1 胸怀世界："一带一路"倡议写入联合国大会决议 // 229

17.2 欣欣向荣：中国与"一带一路"共建国家经济合作进程 // 231

17.3 不畏浮云：把握"两大机遇"，应对"两个风险" // 233

17.4 登高望远：高质量共建"一带一路"的前景与路径 // 237

第六篇　参与全球经济治理

第18章　中国参与全球贸易治理的经验与前景 // 241

18.1 几多变迁：从"复关"到"入世"的漫长历程 // 241

18.2 有目共睹：全面履行入世承诺 // 245

18.3 躬身入局：积极参与推动多哈回合谈判前行 // 247

18.4 毫不动摇：坚守多边贸易体制，贡献"中国力量" // 250

第19章 中国参与全球金融治理的经验与前景 // 254

19.1 几度风雨：从相识到成为重要的合作伙伴 // 254

19.2 任重道远：世界市场失灵与IMF存在的主要问题 // 257

19.3 稳扎稳打：支持IMF继续推动份额和治理改革 // 260

第20章 中国参与全球发展治理的经验与前景 // 265

20.1 几载春秋：中国与世界银行40余年合作历程 // 265

20.2 回首过往：双方合作所取得的主要成果 // 267

20.3 他山之石：世界银行全球发展治理机制经验 // 269

20.4 奋勇前行：中国参与全球发展治理的前景 // 272

附录 中国对外开放大事记（1978年至今）// 277

后记 // 286

第一篇

对外开放理论

对外开放离不开理论指导。中国的对外开放理论是在总结历史经验、运用马克思主义经济学原理、借鉴西方经济学合理成分的基础上，冲破"左"的思想禁锢，同时防止右，通过开放实践摸索探讨形成的。本篇探讨对外开放的理论思想，梳理对外开放的发展历程与内在逻辑，总结对外开放的基本经验和主要成就，分析对外开放面对的挑战，并提出应对方略。

第 1 章
对外开放的理论与思想研究

1978年中共十一届三中全会确定了改革开放的基本国策，从此，中国走上对外开放的道路。在对外开放中，冲破思想禁锢，警惕右，但主要是防范"左"，顺应生产力发展要求，全面参与经济全球化进程，绘就出一幅以开放促改革、发展和创新的壮丽画卷，推动中华民族走上伟大复兴的征程。

1.1 以史为鉴：从闭关自守走向对外开放

中国是一个拥有五千多年历史的文明古国，早在公元前两千余年，就开始有了对外经济文化交流活动。随着生产力发展，此类活动持续扩大深化，唐宋时期达到高潮。在自给自足的自然经济条件下，对外经济文化交流活动的规模、范围都十分有限，但对刺激封建社会经济的发展，客观上起到了积极作用。在明成祖之后，中国逐渐走向封闭和衰退。后来，中国的国门被帝国主义列强强行打开，中国人民吃尽了闭关自守、丧权辱国的苦头，长期处于停滞和落后状态。即使在帝国主义的奴役下，中华民族仍有无数仁人志士前赴后继地谋求对外经济、技术和文化的交流。

孙中山先生是近代中国对外开放思想的集大成者。在流亡海外期间，孙先生悉心考察了国外的经济、政治、社会等问题，看到日本、暹罗（今泰国）、英国、意大利、法国、西班牙等国的勃兴，"皆得外债之力"，"即用开放主义"，尤其是美国实行对外经济开放、引进外资以后"并未因此受害"，反而"获巨利，臻于富强之域"①，由此形成其对外开放思想的雏形。基于对清王朝长期奉行闭关自守政策的深刻批判，他尖锐指出："中国未经实业革命，向主张闭关主义，后受外人之挟迫，不得已开海禁，惴惴自恐，以为货物外溢，物价必昂，思有以防范之者"，结果"中国种种防治之手段，反为外人所用"②。在他看来，"中国之受害"，就是奉行闭关自守政策之故，并疾呼："非改变从前之闭关主义不可"，强调现今世界"断非闭关自守所能自立"③。

孙中山先生在批评闭关自守政策时认为，"盖中国之孤立自大，由来已久，而向未知国际互助之益，故不能取人之长，以补己之短"。而平等互利地开展国际经济交往"乃时代潮流"，那种孤立自大、一切依靠国内力量的主张"犹孤人之处于荒岛，其所需要，皆一人为之，不独自耕而食，自织而衣，亦必自炊而后得食。自缝而后得衣，其劳苦繁难，不可思议……不知有社会互助之便利，人类交通之广益也"④，这种"荒岛孤

---

① 广东省社会科学院历史研究室，中国社会科学院近代史研究所中华民国史研究室，中山大学历史系孙中山研究所.孙中山全集：第二卷［M］.北京：中华书局，2011：322.

② 广东省社会科学院历史研究室，中国社会科学院近代史研究所中华民国史研究室，中山大学历史系孙中山研究所.孙中山全集：第二卷［M］.北京：中华书局，2011：448—449.

③ 广东省社会科学院历史研究室，中国社会科学院近代史研究所中华民国史研究室，中山大学历史系孙中山研究所.孙中山全集：第二卷［M］.北京：中华书局，2011：530.

④ 孙中山.孙中山选集：上［M］.北京：人民出版社，2011：164.

人"的思想造成"内外隔绝",使"中国之人民无一非被困于黑暗之中","世界之大事若何,人民若何,均非其所知"①,因此之故,便"不能利用外资,利用外才以图中国之富强"②。

孙中山倡导对外开放,他指出"中国物产无不丰富,惟待开发而已",但是中国缺乏经济建设所需的资本、技术、人才,"惟有欢迎外资,一变向来闭关自守主义,而为门户开放主义"。因为"以前事事不能进步,均由排外自大之故,近欲急求发达,则不得不恃开放主义"③。于是,他提出了一条发展经济的捷径:"款既筹不出,时又等不及,我就要用此开放主义,凡是我们中国应兴事业,我们无资本,即借外国资本,我们无人才,即用外国人才,我们方法不好,即用外国方法。物质上文明,外国费二三百年工夫,始有今日结果,我们采来就用,诸君看看,便宜不便宜?"④

新中国成立后,收回了被外国控制的海关主权,废除了外国资本在进出口贸易、金融外汇、航运交通、保险以及商品检验等方面的垄断特权,接管了官僚资本的外贸企业,建立起国营外贸企业和外贸管理机构,并实行了对外贸易的国家统制政策,开启了独立自主的对外经济贸易活动。

初期,中国是主张对外开放的。毛泽东在新中国成立前夕就指出,中国人民愿意同各国人民实行友好合作,恢复和发展国际的通商事业,以利发展生产和繁荣经济。新中国成立后,他又提出向外国学习的口号。

---

① 孙中山.孙中山选集:上[M].北京:人民出版社,2011:17—18.
② 孙中山.孙中山选集:上[M].北京:人民出版社,2011:187.
③ 广东省社会科学院历史研究室,中国社会科学院近代史研究所中华民国史研究室,中山大学历史系孙中山研究所.孙中山全集:第二卷[M].北京:中华书局,2011:449,481.
④ 胡汉民.总理全集:第二集[M].上海:民智书局,1930:145.

在著名的《论十大关系》一文中指出，"我们的方针是一切民族、一切国家的长处都要学，政治、经济、科学、技术、文学、艺术的一切真正好的东西都要学"。"外国资产阶级的一切腐败制度和思想作风，我们要坚决抵制和批判。但是，这并不妨碍我们去学习资本主义国家的先进的科学技术和企业管理方法中合乎科学的方面。工业发达国家的企业，用人少，效率高，会做生意，这些都应当有原则地好好学过来，以利于改进我们的工作"。这些思想奠定了对外经济政策的基础。

新中国成立之初，采取了非常务实的开放态度，既坚持原则，又保持灵活性，只要承认新中国政府，就可以在平等互惠基础上开展通商贸易。

然而，在当时的历史条件下，面对以美国为首的西方国家的政治孤立和经济封锁，中国想要全方位开放也不可能。只能选择向以苏联为首的社会主义国家开放，实行"一边倒"的政策。20世纪50年代，中国从苏联、东欧国家引进了400多个项目，主要是从苏联引进156个包括冶金、机械、汽车、煤炭、石油、电力、电讯、化工等成套项目，建成了沈阳第一机床厂、长春第一汽车制造厂等制造业骨干企业。为了消化吸收引进技术，从1949年到1960年，中国聘请来华的外国专家约2万人，派到国外的留学生、实习生约1万人，再加上从美欧归国的学者、专家，构成了新中国科技人才的生力军。同时，全国掀起了学文化、学科技、学经济、学管理的热潮，全社会以极大热情投入经济建设中，在第一个五年计划时期以156个引进项目为建设重点，取得巨大进展，初步奠定了工业化的基础。

20世纪60年代初期，中苏关系恶化，苏联单方面撕毁援建合同，并撤回专家。中共中央提出把对外贸易的重点和引进技术装备的对象，转移到西方友好国家和地区。从1962年到1966年，同西方一些国家谈判成交的成套设备20多套，涉及冶金、化工、电子、精密机械等领域，合同金额3亿多美元。①

由此可见，新中国成立之初，在极其恶劣的国际环境下，虽然客观上不具备全方位开放的条件，但仍然进行了对外开放的探索，并取得一些成效。

新中国真正走向封闭是在"文化大革命"期间。在极"左"思潮的影响下，几乎断绝了与大多数国家的经济交往，将自力更生与对外经济合作对立起来，给引进国外技术、进口外国产品扣上"卖国主义""洋奴哲学"的帽子加以批判，把有海外亲属关系、在国外学习工作过的人当作"特嫌分子"加以审查，对外经贸工作受到严重干扰。当时国际分工和交换快速扩大和增长，科学技术迅猛发展，全球产业大转移，给一些经济技术相对落后国家提供了实现工业化的机遇，而中国错失发展良机，拉大了与发达国家和新兴经济体的经济差距，供给短缺无处不在，人民生活迟迟得不到改善，甚至连温饱都是奢求。

纵观中华民族五千多年发展史，封闭必然落后，开放才能进步。开放的时代，则是繁盛的时代、快速发展的时代；封闭的时期，则是落后的时期、发展迟缓的时期。汉唐盛世，与外部的联系密切，不同国度、不同民族间的交流活跃，货物贸易兴盛。汉王朝开辟了古丝绸之路，盛唐时期万国来朝，与外部经济、文化交流频繁。开放促进了经济社会繁荣，经济繁荣推动着对外开放，开放与发展形成良性互动。清末时期走

---

① 李岚清.突围［M］.北京：中央文献出版社，2008：13.

入闭关自守的死胡同，社会经济相对停滞，与世界工业革命蓬勃发展的潮流背道而驰，与先进国家的差距越来越大，泱泱大国成为列强瓜分的鱼肉。无数仁人志士在寻求开放救国之路，新中国成立之初，开放的探索也取得一定经济成就。在"文化大革命"时期走上封闭的道路，与世界开放国家和地区的经济差距不但没有缩小，反而还拉大了，经济走入死胡同。1978年改革开放后，中国走出了一条以开放促改革发展的成功道路，实现了长期的高速增长，成长为世界第二大经济体，中华民族再次迎来伟大复兴的曙光。

1.2 西学为用：马克思主义经济学说与西方经济理论

中国实行对外开放的基本国策，理论依据是什么？早在改革开放初期，存在着激烈争论，到底是按照马克思的国际价值论，还是按照李嘉图的比较利益学说，开展中国的对外贸易和对外开放？

随着国际分工的发展，各国之间的经济联系日益密切，国际范围内的资源流动和优化配置日益活跃和重要，因而，发展对外经济关系，实行对外开放，便成为一种客观的要求。在对外开放中，只有遵循价值规律，才能获得最佳效果。马克思的国际价值论是我们对外开放的根本理论依据。

国际价值是伴随着世界市场的产生和发展，在参与世界市场的各国国内价值的基础上形成的。马克思认为，在由各国共同构成的世界市场上，国家不同，劳动的中等强度也就不同，有的国家高些，有的国家低些，于是各国的平均强度形成阶梯，其计量单位是世界劳动的平均单位。

因此，不同国家在同一劳动时间内所生产的同种商品的不同量，有不同的国际价值。所谓劳动的中等强度，是各国在国内大多数生产者所具备的熟练程度和正常生产条件下，单位时间内劳动耗费量的平均水平，即形成国别价值的社会必要劳动时间。而世界劳动的平均单位是一切有关国家生产该种商品所耗费劳动的平均单位，这就是世界范围内的社会必要劳动时间，它决定国际价值。

马克思指出，价值规律在世界市场上也发挥着作用。在世界市场上"棉花的价值尺度不是由英国的劳动小时，而是由世界市场上的平均必要劳动时间来决定"[①]，这就说明，在世界市场上，商品交换仍然是按照商品的价值量进行的，不同的是国际交换不是按照商品的国别价值，而是按照商品的国际价值进行的。由于各国劳动强度和劳动生产率的差异，不同国家在同一劳动时间所生产的同种商品的不同量，有不同的国际价值。因此，各国的国别价值必然高于或低于（等于属于极个别的现象）国际价值。于是出现了"一个国家的三个工作日也可能同另一个国家的一个工作日相交换的现象"。这并不违反等价交换的原则，只不过等价交换的原则是通过不相等的国别社会劳动量的交换而体现的。

像国内价值转化为生产价格一样，国际价值也要转化为国际生产价格。这是在国际市场竞争中完成的。在世界市场上，以国际生产价格为基础进行交换。一国的劳动生产率若高于国际平均水平，该国的社会必要劳动时间低于国际平均的社会必要劳动时间，在同一时间内能够生产

---

① 中共中央马克思恩格斯列宁斯大林著作编译局.马克思恩格斯全集：第26卷Ⅲ[M].北京：人民出版社，2006：112.

出更多的商品，每单位商品的国别价值就低于国际价值，按照国际价值即国际生产价格出售商品，便可以获得超额利润。

随着生产力和国际分工的发展，各个民族和国家之间的经济联系更加密切，生产国际化的程度不断加深。在当前，尽管资本和劳动力在国际范围内的流动面临一定障碍，但国际价值转化为国际生产价格的客观规律仍在顽强地发挥作用。随着供求关系的变化，国际生产价格通过实际成交价格的上下波动而发挥作用，国际价值规律调节着世界市场的供给和需求。这就促使参与国际贸易的企业要研究世界市场行情，根据供求的变化，动态优化资源配置，不断提高劳动生产率，以获得较高的利润。

西方经济学中存在着一些"合理内核"。英国古典经济学家大卫·李嘉图在亚当·斯密绝对利益学说的基础上，提出了比较利益学说，认为决定国际贸易的基础是比较利益而非绝对利益，并非只有生产本国劳动生产率绝对高的商品，才能在两国之间的贸易中获益。在国际分工中，若两个贸易参与国的生产力水平不相等，一国在生产任何产品时成本均低于另一国，处于绝对优势；而另一国则相反，其劳动生产率在任何产品上均低，处于绝对劣势。这时，两个国家间依然存在进行贸易的可能性，处于绝对优势的国家不必生产全部产品，而应集中生产本国具有最大优势的产品，以获得比较利益。

比较利益学说的合理内核在于它是建立在劳动价值论的基础上的，认为在国际贸易中起决定作用的不是生产商品的绝对劳动消耗量，而是比较成本，对于生产力水平不同的国家，发挥各自的比较优势，经由交换都可以获益。马克思也肯定地指出，在国际交换中，劳动生产率低的国家，即经济不发达国家"所付出的实物形式的物化劳动多于它所得到的，但是它由此得到的商品比它自己所能生产的更便宜"[①]。

目前，世界上许多重要的最终产品都不是由一个国家生产的，一个国家只生产产品的某个部件、零件、配件，或完成若干道生产工序，走国际专业化协作道路。这并不是因为它们不能生产最终产品，而是为了发挥自己的相对优势，获得比较利益。中国实行对外开放，也要根据国际市场的需要，积极参与国际分工，发挥出口商品生产领域的比较优势，以获得比较利益。

当然，李嘉图的比较利益学说也存在缺陷，它没有看到国际价值规律在对外贸易中的作用，无法科学解释在国际贸易中商品交换的比例由什么决定，只是笼统地认为，国际交换的比率由比较成本决定，数值介于贸易双方实际成本之间。因此，只有将比较利益学说置于马克思国际价值论框架下，才具有完整的科学性。根据马克思国际价值论，决定国际商品交换基础的是在世界范围内生产该商品的社会必要劳动时间。参与国际贸易的各国虽然在商品生产中耗费的劳动量不等，但这些劳动量折算为等量国际价值后，即可实现等价交换。

1.3　中学为体：社会主义市场经济是开放经济

中国的对外开放是根据自身发展需要，将马克思主义经济理论与中国国情相结合的产物。对外开放是手段，不是目的。对外开放是为了促

---

① 中共中央马克思恩格斯列宁斯大林著作编译局.马克思恩格斯全集：第34卷Ⅲ[M].北京：人民出版社，2004：265.

进社会经济发展，并通过发展经济改善人民的生活，提升国民福利水平。

对外开放为什么能够拉动经济增长？

对外开放之所以能够拉动经济增长，推动技术进步，根本上源于其顺应社会生产力发展的要求。

传统经济增长理论认为，经济增长取决于资本和劳动力投入量的增加。而对外开放可以改变资本、劳动力的投入规模。在对外开放中参与经济全球化，融入全球经济体系，面对的是全球市场，而非狭小的国内市场，需求规模扩大了，企业在开拓和满足全球市场需求中，得以更大规模投资，创造更多就业，扩大供给规模；在对外开放中吸收外商投资，带来新的就业机会，增加资本和劳动力投入量；在对外开放中开展国际经济合作，拓展资源配置空间，利用全球资源，有助于增加资本和劳动力使用范围，扩大资本和劳动力投入规模。

新经济增长理论认为，即便资本和劳动力的投入量没有增加，技术进步和经济结构升级也可以促进经济增长。在对外开放中引进国外先进技术，通过消化、吸收和再创新，能够促进技术进步；在对外开放中吸引外商投资，内资企业在与技术领先的跨国公司合作或竞争中产生技术溢出效应，能够带动国内技术进步；外资企业开发新产品、新技术、新业态，对内资企业产生示范效应，带动国内产品结构、技术结构和产业结构变迁，推动经济结构升级，从而拉动经济增长。

新制度经济学认为，制度是经济增长的内生变量，有效的制度变迁能够促进经济增长。在对外开放中适应并遵循通行的国际经贸规则，学习国外先进的管理知识和经验，倒逼国内改革，完善经济管理体制，促进经济制度变迁，逐步形成规范的市场经济体制，能够为经济发展提供制度保障，提升社会资源配置效率，提高全要素生产率，促进国民经济增长和发展。

在社会生产力发展中，社会分工已经发展为国际分工，社会生产发展为国际投资和国际生产，国内贸易发展为国际贸易，经济全球化成为社会生产力不断发展的必然结果，社会生产力发展进一步要求经济全球化。顺应生产力发展的客观要求，就必须扩大对外开放，不断提高对外开放水平，积极参与并推进经济全球化，在开放合作共赢中更快发展社会生产力。

总之，通过对外开放并不断提高开放水平，才能助推经济更快增长，促进经济更好发展，在经济增长和发展中提升全社会福利水平，实现共同富裕，全面建成社会主义现代化强国。

社会主义市场经济本质上是开放经济

实行社会主义市场经济是中国特色社会主义的重要内容，建立并完善社会主义市场经济，为什么离不开对外开放？

从闭关自守到对外开放，意味着经济管理体制发生变革，开放是最大的改革。经过渐进式改革探索，中国经济体制改革的最终目标确定为建立社会主义市场经济体制。社会主义市场经济由市场决定资源配置，市场在配置资源中必然要冲破地区和国家之间的限制，把不同地区和国家的市场连成一体，在全球市场配置资源。遵循市场经济发展的要求，就要不断推进更高水平对外开放，在建设更高水平开放型经济新体制的过程中更快打通生产、分配、交换、消费等社会再生产各环节的堵点，更快完善市场经济体制，提升资源配置效率。社会主义市场经济要更好发挥政府作用，调控经济运行，弥补市场缺陷，矫正市场失灵，解决市场机制自发作用解决不了、解决不好、不能解决的问题。经济发达国家在长期实践中积累了相对丰富的调控经济运行经验和行之有效的方法，建立起相对完善的规范市场经济的法律体系，在对外开放中学习借鉴其经济调控经验和方法，并加以创新，能够更快建立并完善中国的法治经济，更好运用经济手段、法律手段、制度手段等调节经济运行，完善社会主义市场经济的宏观调控体系。社会主义市场经济本来就应该是开放的经济。

第 2 章
对外开放的发展历程与内在逻辑

中国的对外开放经历了从局部试点到扩大开放，再到全方位开放、全面融入全球经济体系的渐进开放过程，有其独特的内在逻辑，符合中国国情和需要。

2.1 继往开来：坚定不移扩大开放的实践历程

20世纪70年代，世界范围内蓬勃兴起的新科技革命推动世界经济快速发展，日本等周边国家和地区社会经济水平大幅提高。相形之下，中国经历"文化大革命"十年内乱，国民经济遭受严重破坏，社会经济发展滞后，经济、科技实力与国际先进水平的差距明显扩大，人民生活普遍困难。在此背景下，百业待举，人心思变。"文化大革命"结束后，随着"四人帮"被粉碎，政治经济体制亟待改革，加快经济发展，提高人民生活水平。

1978年5月，中央派谷牧副总理率团考察西欧五国。回国后谷牧向中央报告了西欧国家经济技术的发展状况，认为中国经济和科学技术至少落后西欧20年，并提出许多发展对外经济关系的意见。1978年秋，邓小平访日，乘坐了新干线列车，了解了日本现代化的成果，切身感受到中国的差距，提出要老老实实承认我们落后，要学习国外先进的技术、先进的管理方法。1978年10月，邓小平在会见联邦德国新闻代表团时，首次明确提出了中国要实行对外开放政策。他谈道：我们实行对外开放政策，是为了发展生产力，提高人民生活水平，是有利于我们的社会主义国家和社会主义制度。[1]

经过一系列国外考察调研，邓小平形成了系统的对外开放思想。在1978年12月13日的中央工作会议闭幕会上，邓小平做了题为《解放思想，实事求是，团结一致向前看》的著名讲话，成为党的十一届三中全会的基调。党的十一届三中全会从根本上摆脱"两个凡是"的束缚，摒弃"左"的指导思想，确立了以经济建设为中心、实行改革开放的国策。这是开启中国崭新历史篇章的伟大抉择。

长期处于相对封闭状态的中国怎样打开国门，对外开放的路怎么走？我们没有经验。只有让人民群众看到改革开放带来的经济变化，在改革开放中得到实惠，才能使全社会接受并拥抱改革开放。

1979年7月，中共中央和国务院决定对广东、福建两省的对外经济活动实行特殊政策，将其作为对外开放的试点地区。希望两省利用海外联系方便、华侨众多的优势，通过改革开放率先发展起来。但两省的面积过大，利用外资和发展对外贸易不足以在短期内立竿见影，迅速拉动经济增长。为此，中央进一步缩小范围，设立经济特区，率先改革开放，这一决策成为对外开放破冰的关键抉择。

---

[1] 李岚清.突围[M].北京：中央文献出版社，2008：59.

投石问路：经济特区成为对外开放的开路先锋

1980年8月，第五届全国人民代表大会常务委员会第十五次会议审议通过了《广东省经济特区条例》，正式向全世界宣布了中国政府实施对外开放的一个重大步骤——举办经济特区。

为了使经济特区发挥"技术的窗口，管理的窗口，知识的窗口，对外政策的窗口"的作用，中央赋予经济特区一些特殊的经济优惠政策和相对灵活的经济管理体制，并在探索中逐步确立了深圳等经济特区的发展战略，建立以工业为主、工贸结合、旅游和农牧渔业并举的外向型经济，推动其成为以先进工业为主、产业结构合理、科学技术先进、生活文明富裕的经济发达地区，成为同世界各国发展经济技术合作、贸易往来的窗口和重要基地。经济特区成功地完成了这样的任务，并成为区域性乃至全国性的经济增长极，尤以深圳经济特区为典范。

由于经济特区实行特殊的经济体制和开放政策，深圳设区后迅速成为"吸引中心"，大量的资本、劳动力等生产要素以及有创新能力的企业和企业家，聚集在深圳等经济特区，支撑了经济特区的高速增长。深圳经济特区从一个落后渔村、边陲小镇，成长为现代化城市和全国的经济中心，创造了深圳经济增长的神话。不仅如此，深圳经济特区在自身发展过程中，也为全国提供了改革经验，产生了巨大的"扩散效应"，辐射并带动了周边地区的经济发展。

扩大开放：沿海开放城市成为开放明星

1984年5月，中共中央、国务院在肯定改革开放前五年的经济成就，特别是总结经济特区和粤闽两省特殊政策经验的基础上,决定进一步扩大对外开放范围,开放天津、上海、大连、秦皇岛、烟台、青岛、连云港、南通、宁波、温州、福州、广州、湛江、北海等14个沿海港口城市,并在这些城市设立一批经济技术开发区,让它们在开展对外经济贸易、吸收外商投资企业的优惠待遇等方面拥有更大的自主权,创造吸引外商投资的优良环境。沿海开放城市和经济技术开发区成为对外开放的前沿阵地。

1985年2月,中央又将长江三角洲、珠江三角洲以及闽南厦门、漳州、泉州三角地区开辟为沿海经济开放区。1988年3月,中央决定将沿海经济开放区扩展到北方沿海的辽东半岛、山东半岛以及其他沿海的一些市、县。紧接着在4月又做出了设立海南经济特区的决定。至此,中国的对外开放区域从沿海个别地区和少数城市,扩展到了更广大的沿海地区。沿海地区在开放带动下,成长为全国最具经济活力、经济发展最快的区域。

全面开放:打开对外开放新格局

1989年秋季,邓小平针对一些人把政治风波的责任归咎于改革开放,明确指出:责任不在于改革开放,而是改革开放不彻底,中国将继续实行改革开放的基本国策。1990年4月,中央决定开发和开放上海浦东新区,显示了中国进一步推进改革开放的巨大决心。浦东新区的开放对上海产业结构调整,提升中心城市的综合服务能力,进而使上海成为国际性的经济、贸易、金融、航运中心,带动长江整个流域的经济发展发挥了关键性的作用。

1992年春,针对国内改革开放进展相对缓慢,国际上东欧剧变,西方制裁封锁我们,邓小平视察南方并发表重要谈话,提出必须抓紧有利时机，加快改革开放步伐，力争国民经济更好更快地上一个新的台阶。在历史关键时期，邓小平又一次校准中国改革开放之船的航向。随后中国政府做出一系列重大决定和出台众多措施，在全国范围内推进对外开放，形成了中国改革开放的又一高潮。开放长江中上游的芜湖、九江、黄石、武汉、岳阳、重庆6个沿江城市，形成了沿江开放格局；开放吉林的珲春，黑龙江的绥芬河、黑河，内蒙古的满洲里、二连浩特，新疆的伊宁、塔城、博乐，云南的瑞丽、畹町（现瑞丽市畹町镇）、河口，广西的凭祥、东兴共13个沿边城市，形成了沿边开放雏形；举办保税区，增设一批经济技术开发区；扩大外商投资领域；深化外贸体制改革，努力建立适应国际贸易惯例、符合社会主义市场经济要求的新型外贸体制，统一对外经贸政策，提高政策法规透明度。

至此，中国对外开放已经扩大到全国各地和国民经济的众多领域，形成了由沿海到沿江、沿边、内陆，多层次、宽领域、全方位开放的格局。

加入世界贸易组织：掀开对外开放崭新篇章

1986年7月，中国就曾向世界贸易组织（WTO）的前身关税及贸易总协定（GATT）提交恢复缔约国地位的申请。经过15年的努力，2001年11月10日，中国终于在卡塔尔的多哈签署了加入世界贸易组织的协议，2001年12月11日，中国正式成为世界贸易组织成员。加入世界贸易组织是中国面对世界多极化、经济全球化和科学技术突飞猛进的国际形势，从国内进一步改革开放和发展的需要出发，做出的战略选择。

加入世界贸易组织，标志着中国改革开放进入一个崭新的阶段，新一轮对外开放拉开大幕，对外开放也呈现出新的格局：加入世界贸易组织不但使中国改革开放的领域扩大和加深，而且使中国从原来的自主单边开放变成中国和世界贸易组织各成员方之间的制度型开放，从原来按政府政策实行改革开放到按照世界贸易组织的规则开放的新阶段。

加入世界贸易组织后，中国可以享受多边谈判的成果；可以通过开放自身市场，加大吸引外资力度，并获得进入其他成员方市场的机会；可以通过多边争端解决机制，公正、平等地解决贸易争端，可以推动经济体制改革。世界贸易组织遵循的基本原则，如非歧视、透明度、公平竞争、开放市场等，都是建立在市场经济基础上的。根据这些原则，各方在谈判中确立了各种具体规则。遵守这些基本原则和具体规则，可以有力推动中国特色社会主义市场经济体制建设的完善。

入世后，中国修订包括《中华人民共和国外资企业法》[①]《中华人民共和国对外贸易法》在内的2500多部法律法规，各地清理了19万多件地方性法规、地方政府规章和其他政策措施，国务院先后分三批取消和调整行政审批项目1800多项，各地政府取消了数十万件行政审批项目；取消大量内部文件，推行"阳光政务"，极大地提高了法律法规和政策的透明度；大幅降低关税总水平，削减配额、进口许可在内的各种非关税措施，进一步放宽外贸经营权，扩大开放金融、保险等服务贸易，加大保护知识产权的法律力度。同时，各行各业充分利用加入WTO所带来的机遇，加快国内开放与改革的步伐，调整国内产业结构，提高企业在国际市场上的竞争力，健全贸易摩擦应对机制，助力企业在国际竞争中不断壮大实力。

---

① 该法律于2016年9月3日由全国人民代表大会制定，已于2020年1月1日废止。

正是由于中国认真履行入世承诺，积极抓住入世机遇，对外贸易才得以获得超常规增长，外商直接投资迅速增加，跨国公司纷纷进入中国市场，推动着国民经济高速增长。"走出去"战略有条不紊地实施，对外投资迅速增加，一批企业走上了在全球市场配置资源之路，中国企业的国际影响力快速提升。

高水平开放：对外开放成为中国鲜明的时代标识

党的十八大以来，中央研判国际国内发展大势，深刻总结中国经济社会发展经验，做出了继续扩大对外开放，并推动新一轮高水平对外开放的战略决策。

2013年，中共十八届三中全会审议通过的《中共中央关于全面深化改革若干重大问题的决定》明确提出，中国发展进入新阶段，要继续推进对外开放，促进国际国内要素有序自由流动、资源高效配置、市场深度融合，加快培育参与和引领国际经济合作竞争新优势，以开放促改革。

面对国际经济环境变迁，高标准经贸规则加速演进，越来越多的国家接受外商投资准入前国民待遇+负面清单的管理模式，中国加紧自主开放，以适应国际经贸规则变迁的趋势。2013年上海自贸试验区率先挂牌成立，此后，又分批设立22个自贸试验区（含海南自贸港），自贸试验区以制度创新为核心，推进与国际经贸规则相衔接的制度体系建设，成为中国制度型开放的开路先锋。

面对世界上区域主义兴起，区域集团化明显，全球经济治理体系改革呼声渐隆，2013年习近平总书记提出通过"一带一路"倡议，我们将开展更大范围、更高水平、更深层次的区域合作，共同打造开放、包容、互利共赢的区域合作架构。"一带一路"倡议成为重要的国际区域经济合作平台，全球治理的新模式。

面对国际金融危机后对经济全球化质疑增加的情势，2014年习近平主席在亚太经合组织工商领导人峰会开幕式上的演讲中进一步指出，"我们全面深化改革，就要推进高水平对外开放"。2017年中共十九大报告提出，"主动参与和推动经济全球化进程，发展更高层次的开放型经济"。

社会主义中国的快速发展令美西方惶恐，惧怕中国崛起带来的竞争挑战，2018年发动了对华贸易战，对外开放环境恶化，中国选择扩大自主开放，决定设立海南自由贸易港。自由贸易港最终要实现贸易自由便利、投资自由便利、跨境资金流动自由便利、人员进出自由便利、运输往来自由便利和数据安全有序流动，营商环境优化，法律法规体系健全，风险防控体系严密，现代社会治理完善的中国特色开放型经济新高地。

美西方为了遏制中国发展，寻求构筑高标准国际经贸规则，以期"规锁"中国，利用国际经贸新规则把中国排斥在经济全球化体系之外。在此背景下，2019年中共十九届四中全会提出"建设更高水平开放型经济新体制"。《中华人民共和国国民经济和社会发展第十四个五年规划和2035年远景目标纲要》把构建新发展格局作为重大战略任务，构建新发展格局"决不是封闭的国内循环，而是更加开放的国内国际双循环"。坚持开放合作的双循环，通过强化开放合作，更加紧密地与世界经济联系互动，提升国内大循环的效率和水平。

面对美西方选择性地与中国经济"脱钩断链"，推动"去中国化"的全球化趋势，2022年中共二十大做出推进高水平对外开放的部署，依托中国超大规模市场优势，以国内大循环吸引全球资源要素，增强国内国际两个市场两种资源联动效应，提升贸易投资合作质量和水平，稳步扩大规则、规制、管理、标准等制度型开放。

在美西方竭力遏制中国技术进步和产业升级的背景下，2024年中共二十届三中全会审议通过的《中共中央关于进一步全面深化改革　推进中国式现代化的决定》明确提出，坚持以开放促改革，建设更高水平开放型经济新体制，稳步扩大制度型开放，深化外贸体制改革，深化外商投资和对外投资管理体制改革，优化区域开放布局，完善推进高质量共建"一带一路"机制。

不断推进更高水平对外开放成为新时代的鲜明标识。

2.2　一以贯之：中国特色对外开放的演进逻辑

纵观40多年中国开放发展的历史，中国对外开放植根于自身实践，体现了中国特色社会主义经济的内在规律，具有独特的演进逻辑和路径。

以"开放促发展"是对外开放的逻辑起点

改革开放之初，物质财富极度短缺是当时亟待解决的主要矛盾，因此，增长导向型发展战略成为优先选项。回顾中国的伟大历史转折，可以看出，对外开放就是为了更快解放和发展生产力，促进经济技术进步，改善人民群众的生活。

从世界经济发展史看，没有任何一个经济体能在与世隔绝的情况下，实现经济快速发展，进而跃迁为经济发达国家。以"开放促发展"成为中国实施对外开放政策的逻辑起点和根本目标。

在中国对外开放史上，每一次扩大开放都为打破经济僵局、启动新一轮增长提供了内在动力。1980年，正值百废待兴之际，中央做出了在深圳等地建立经济特区的决定，塑造了富有创新精神的深圳，带动了珠三角的崛起；1990年，为应对经济低潮和国际封锁，中共中央、国务院做出开发开放浦东的决定，撬动了长三角地区的繁荣；2001年底加入WTO，使中国迅速走出亚洲金融危机以来的经济低谷，在不足十年的时间内快速跃升为世界第二大经济体。开放有效促进了经济社会全面发展。

中国特色社会主义理论的发展为对外开放深化演进持续注入强劲动力，构成对外开放的第二条逻辑主线

改革初期，关于真理标准问题的大讨论，为解放思想和经济改革提供了初步的认识和舆论基础。随后党的十一届三中全会做出了把全党工作重点转移到社会主义现代化建设上来的伟大决策。1982年9月，邓小平在中国共产党第十二次全国代表大会开幕词中提出"把马克思主义的普遍真理同我国的具体实际结合起来，走自己的道路，建设有中国特色的社会主义，这就是我们总结长期历史经验得出的基本结论"。这是最早使用中国特色社会主义的表述。20世纪80年代，抵制市场化改革最强烈的阻力来自政府内部长期信奉的僵化的苏联社会主义模式。1984年10月《中共中央关于经济体制改革的决定》是中国经济体制改革的重要突破，改变了把计划经济与商品经济对立起来的观点，自觉依据和运用价值规律、实行政企分开、发展多种经济形式等，为对外开放、利用外资和发展对外贸易创造了体制环境。1992年春天，邓小平南方谈话明确阐释了社会主义的本质是"解放生产力，发展生产力，消灭剥削，消除两极分化，

最终达到共同富裕",及时制止了有关"姓资姓社"的争论,指明了经济改革和对外开放的方向。

正是基于对社会主义本质的认识深化和有中国特色社会主义理论的突破发展,中国才能在实践领域持续推进改革开放,掀起一轮又一轮对外开放高潮,经历从发展外向型经济到形成和完善开放型经济体系,再到向构建开放型经济新体制的全面转型。对外开放理论成为中国特色社会主义理论的重要组成部分,中国特色社会主义理论发展推动着对外开放实践的深化。

对外开放深化与市场化改革相互促进,构成对外开放的第三条逻辑主线

中国的改革首先引入了市场调节的功能,1984年以前的改革实行"计划调节为主,市场调节为辅"的经济运行方式;1984年,党的十二届三中全会提出实行有计划的商品经济,所有经济活动都要接受市场调节,遵循价值规律;1987年,中共十三大提出有计划的商品经济的运行方式是国家调节市场,市场引导企业,计划和市场都是覆盖全社会的;1992年,中共十四大正式提出经济改革的目标是建立社会主义市场经济体制,要求市场在资源配置中发挥基础性作用,标志着中国特色社会主义理论体系的初步形成;党的十八届三中全会又进一步提出让市场在资源配置中起决定性作用,并更好发挥政府的作用。可以说,经济体制改革是通过渐进式市场化转型向前推进的。

扩大对外开放与深化市场化转型相互促进。一方面,以开放促改革。为了吸收利用外资,必须为外商投资企业创造市场配置资源的体制环境;

为了发展对外贸易，必须遵循国际经贸规则和惯例，而国际经贸规则和惯例是在市场经济下形成的通行规则。开放为改革输入经济变量和动力，倒逼国内推进市场取向的改革。另一方面，改革为开放提供体制条件。通过不断深化改革，打造市场化、法治化、国际化的营商环境，创造吸收利用外资的制度环境，使企业成为市场竞争主体，并参与国际市场竞争，扩大对外贸易和海外投资，融入全球分工体系。改革与开放互动构成中国对外开放的鲜明特征和一条逻辑主线。

"摸着石头过河"与"顶层设计"相结合，构成对外开放的第四条逻辑主线

对外开放之初，既缺乏完整清晰的思想理论和完善的政策体系，也缺乏足够合格的涉外经济人才，更没有预先设计完整清晰的蓝图，而是在长期坚持对外开放是基本国策的战略思想指导下，基于实事求是的原则，采取渐进式改革模式进行多元化探索，随着对外开放不断取得实绩，逐步总结经验，再提出下一步开放方向，探索新路径，通过掌握全局的改革设计者与基层先行先试实践经验的互动反馈，逐步推进扩大开放进程，即"摸着石头过河"的实践方法论。

对外开放的顶层设计重在解决战略性、方向性和全局性问题，为开放扫除思想意识和利益固化导致的深层障碍，提供强大权威、制度保障和总体秩序，但开放实践取得预期目标和合意结果，则需要基层根据自身实际情况先行先试，在具体实践中勇于创新，探索具体可行路径。中国地域辽阔，各地发展不平衡，开放水平和意识也存在较大差距，通过充分发挥地方能动性，引导不同社会阶层和利益主体广泛参与，大胆闯、

大胆试，可为扩大对外开放提供既高度务实又灵活有效的双重驱动机制。在这一架构下，既能使高层把握开放的总体导向和节奏，又能保证基层开放成果得到及时认可，进而总结经验进行复制和有序推广，同时开放过程中出现的问题能得到及时发现与纠偏。

顶层设计与基层探索相结合的双重驱动机制构成了中国扩大开放的方法论和逻辑主线。党的十八大以后，中国的对外开放继续沿用这一基本逻辑主线，无论是设立和扩大自贸试验区，还是对标高标准国际经贸规则，都是在顶层设计下，激发基层首创精神，形成可复制、可推广的经验，带动全国其他地区开放发展，推动形成高水平对外开放新格局。

2.3 拨云见日：对外开放中的几个认识问题

中国的对外开放伴随着思想冲突和认识的不断深化。在对外开放中，需要重申和明确几组关系。

对外开放与国民经济发展

对外开放是为了促进国民经济发展，有一个度的问题，即开放程度的大小是有条件的。制约对外开放的条件很多，最重要的是国内的经济条件，包括经济发展水平，经济结构特别是产业结构状况，经济体制等。中国计划经济体制的一个重要特点是，仅仅着眼于国内市场和国内资源，以行政手段为基础配置资源，不能适应对外开放的需要。无论是对外贸易还是利用外资、引进技术等方面，都受到这种传统经济体制的束缚，不改革就不能实现真正的对外开放。对外开放还受外部世界社会政治经济状况的影响。外部世界社会政治相对稳定,世界经济形势处于持续发展时期,对外开放就较为顺利;反之,对外开放则往往受阻。绝不是西方资本主义国家越是发生危机,对我们越有利。由此,在对外开放中,要维护国际社会和平稳定的环境,致力于世界经济持续稳定发展。

对外开放的程度,要受国内外多种因素制约,不是想快就快,也不是越快越好,而必须随着各种主客观条件的逐步成熟,有计划有步骤地对外开放。引进外资,不是数量越多越好,如果不顾国情国力,盲目引进,要么偿还不起债务,要么产能过剩;引进技术,不是越多越先进越好,如果不顾国内消化吸收和创新能力,急于引进外国最先进技术,就不能充分发挥这些技术的作用,造成闲置、浪费;对外贸易,也不是规模越大越好,如果对外贸易依存度过高,贸易顺差过大,国民经济受外部市场制约程度过高,贸易摩擦严重,反过来也会影响国民经济可持续发展。中国是处于社会主义初级阶段的发展中国家,对外开放程度,要与经济发展状况相适应,并随着经济社会发展渐进式地扩大对外开放。只有国内经济体制健全了、经济实力增强了,对外开放才有更坚实的基础。在对外开放中,国内市场该保护的还要保护,但不能搞贸易保护主义。

对外开放与社会主义制度

相较于闭关自守的状况,对外开放本身就是一项重大改革。同其他改革一样,对外开放中存在着尖锐的斗争。西方资产阶级趁中国对外开放之机企图从政治、经济、文化、思想等各个方面腐蚀社会主义肌体;国内一些人也趁开放之机宣扬西方资本主义。由此,对外开放必须坚持社会主义方向,反对走资本主义道路。

坚持对外开放的社会主义方向，首先必须维护国家主权和国家安全，而不是损害国家主权和国家安全；必须有利于提高自主创新和自力更生能力，促进中国特色社会主义现代化建设，而不是妨碍现代化建设；自主创新不是关起门来自己创新，只有在开放中广泛吸纳利用全球优质生产要素和创新资源，才能更快提高自主创新能力，只有在开放中发展生产力，才能为自力更生提供坚实保障；必须抵制资产阶级腐朽势力对我们的侵蚀，防范和平演变；必须摒弃两种错误倾向，一种是右的倾向，另一种是"左"的倾向。有些人在开放中接触到西方资本主义的东西，便否定社会主义的发展成就，盲目崇拜西方的"民主"和"自由"，迷信私有制，美化资本主义，产生右的倾向；有些人看到开放中出现的新问题、新矛盾，担心对外开放会造成资本主义的影响加深，从而动摇社会主义的根基反对扩大对外开放，甚至否定开放，产生"左"的倾向。

在对外开放中坚持社会主义方向，就要弄清什么是社会主义，重新认识社会主义，不能把束缚生产力发展的计划经济等同于社会主义，把分配中的"大锅饭"、平均主义等同于社会主义，把流通中的统一调拨、统一配给等同于社会主义。社会主义只能在开放的条件下得到发展，只能在社会主义市场经济体制中取得成功。

对外开放与正确认识现代资本主义

中国的对外开放很长一段时间内重点是面向发达资本主义国家的开放。现代发达资本主义同过去相比，虽本性未改，但面目已非，与马克思、列宁时代的资本主义相比，出现了现代新现象、新特征、新问题。国家垄断资本主义得到空前巨大的发展，并已成为整个垄断资本主义极为重要的一种垄断形式，它渗透到资本主义社会经济的各个方面；现代资本主义国家已不仅仅是阶级压迫的工具，而且具有重要的经济职能，并拥有强大的经济实力，参与生产、分配、流通和消费等整个经济运行，对国民经济活动进行调节和干预；社会生产力迅速发展，表明现代资本主义还有其促进生产力发展的一面，这正是我们在对外开放中学习和借鉴资本主义的重要依据。

在对外开放中，必须正确认识资本主义，不能把适应生产力发展要求的体制、政策、方法等同于资本主义，不能把市场经济发展中出现的一些现象等同于资本主义。例如，把市场经济当作资本主义，把发展生产力看作资本主义的"唯生产力论"，认为多劳多得、追求富裕是资本主义，市场交换、市场定价、市场调节是资本主义，实行股份制就是搞资本主义私有化。认为承包、租赁、拍卖、抵押、兼并、破产、招标投标以及发行股票等发展经济的方法、手段是资本主义，社会主义不能用；认为合同工是资本主义雇佣制度，固定工才是社会主义劳动制度；认为个人买卖住房是资本主义行为，低价租用公有住房才是社会主义制度；认为有偿转让土地使用权是资本主义买卖关系，社会主义只能无偿使用；认为开放证券交易所是怂恿资本主义投机活动，社会主义不能效法；等等。不能把市场经济中出现的通货膨胀现象看作资本主义的痼疾，把财政赤字、债务看作资本主义的现象，社会主义不会有。

对外开放与利用现代资本主义

只有正确认识和利用资本主义而不是完全排斥资本主义，批判吸收而不是拒绝西方文明中对我有用的东西，方能繁荣富强。利用资本主义对我有用的东西，不外是发展对外贸易，利用外国资金，引进先进技术和科学管理经验，引进各种专门人才，吸收当代资产阶级经济理论中反映社会化大生产客观规律的观点、方法，借鉴资本主义国家所实行的反映客观经济规律的经济政策和经济立法。其中，有人类共同创造的并可供各国享用的宝贵财富，特别是科学技术上的伟大成果；有资本主义国家长期积累起来的发展市场经济的丰富经验；有适应社会化大生产需要所采取的各种有效措施。所有这些，社会主义国家都是可以大胆利用的。利用资本主义还包括在国内适当发展资本主义经济，作为社会主义市场经济的重要组成部分。在社会主义初级阶段，资本主义还不能完全根除，剥削现象还会长期存在，重要的是要善于引导，把它纳入政策允许的轨道。①

资本主义是人类文明发展史上一个极为重要的历史阶段。它有自己的产生、发展和灭亡的规律。对于这样一个社会形态，既不能盲目崇拜，也不能一概排斥，应当结合中国国情，批判继承，这是中华民族自信的表现。正确认识和对待资本主义，发展开放经济，一方面是为了促进中国的现代化，中国的现代化只能在开放中实现；另一方面是为了积极推动社会主义经济的国际化，促进人类社会的进步，把人类文明推向新的更高阶段，中华民族只能在开放经济下实现伟大复兴。

---

① 方生，许宗衡.中国对外开放全书［M］.深圳：海天出版社，1995：37.

第 3 章
对外开放的环境变迁与基本经验

对外开放面对的国内外环境不是一成不变的,需要根据环境和条件的变化加以调整。中国也正是在不断完善开放政策和制度中前行,并形成自身的开放经验。

3.1 日新月异:国内经济迈入高质量发展阶段

在经济相对落后时期,中国通过对外开放,吸收外商投资,引进国外先进技术,学习国外发展经济的经验、方法,弥补中国资本、技术缺口,促进经济发展,在经济发展到一定水平后,进入高质量发展阶段,还要不要实行对外开放?高质量发展更离不开对外开放,而且应该是高水平的开放。

高质量发展意味着不再是简单依赖要素资源投入规模的扩张拉动经济增长,而是主要依靠提升生产要素效率,培育新的竞争优势,推动国民经济稳定高效发展。只有全方位提高对外开放水平,建立开放型经济新体制,为广泛利用世界市场和全球优质要素资源创造良好的制度环境和外部条件,使成本优势转变为竞争优势,才能更好助推经济高质量发展,使人口规模巨大的中国全面建成社会主义现代化强国,实现中华民族伟大复兴。

高质量发展是创新发展、协调发展、绿色发展、开放发展、共享发展。贯彻新发展理念，推进国民经济高质量发展，离不开高水平对外开放。开放发展贯穿于新发展理念全部维度。

创新发展离不开高水平开放。创新发展的核心是依靠技术创新和技术进步推动经济发展。技术创新离不开坚实的技术基础、适宜创新的制度条件、完善的知识产权保护法律体系、先进的管理理念和优秀人才，以及竞争性的市场结构。在高水平开放中，更大力度吸收利用外资，不仅能够吸引掌握先进技术、拥有先进管理经验和人才的跨国公司，聚集创新要素，还能通过内资企业与先进跨国公司的合作（如合作研发、人员往来、信息传递、产业产品和服务配套等），产生技术和知识的溢出效应，同时倒逼内资企业在与跨国公司的市场竞争中，提升创新能力和技术进步，培育创新所需要的技术基础；在高水平开放中，为吸引高质量外商投资营造优良的营商环境，改善知识产权保护，促进市场公平竞争，可以更快形成适宜创新的制度条件；在高水平开放中，建设贸易强国，提升贸易自由化便利化水平，能够促进企业主要依靠技术创新、贸易模式和业态创新，迈向全球价值链高端，获得更高的比较利益，实现创新发展。

均衡发展离不开高水平开放。均衡发展的核心在于实现区域（包括城乡）、产业的协调发展，缩小地区之间、城乡之间、产业之间的发展差距。在高水平开放中，相对落后的中西部地区营造有吸引力的营商环境，积极利用外资，吸引有创新能力的企业和企业家聚集，打破人才、技术、管理知识、信息、营销渠道等瓶颈，形成陆海内外联动、东西双向互济的开放格局，从开放末梢变为开放前沿，有助于带动中西部落后地区经济发展，缩小地区经济发展差距；在高水平开放中，中西部地区提升贸易能力，参加国际分工和国际市场竞争，扩大对外贸易规模，能够在国际贸易竞争中提高资源利用效率，获得贸易绝对优势、比较优势和竞争优势，促进经济进步，改变经济落后局面；在高水平开放中，进一步提升工业化水平，促进农村城镇化，有助于缩小城乡差距；在高水平开放中，外商投资量增质升，不仅外资流入的产业部门内部竞争加剧，有助于促进本部门的发展，而且产业部门内部竞争加剧也会导致部门之间资本流动增加，进入相对落后的产业部门，促进落后部门进步，最终实现产业部门之间均衡发展；在高水平开放中，提高对外贸易质量和效益，建设贸易强国，要求其他部门强化高水平的产业配套能力，通过贸易带动效应促进各产业部门进步，有助于实现各产业协调发展。

绿色发展离不开高水平开放。绿色发展既需要技术支撑和资本投入，也需要相应的制度保障。在高水平开放中，通过引进气候友好型技术，改造企业的技术路径和发展路径，可以更好实现绿色发展；吸引符合环境标准、掌握先进环保技术的外商投资企业，有助于促进环保产业发展，提升可持续发展能力；通过发展绿色贸易，能够助推绿色发展，满足消费者对环保、健康产品的需求；通过借鉴别国保护环境、开发绿色产业、环保规则及运行机制，能够更快完善中国绿色发展的制度环境，为全社会绿色发展提供制度保障。

共享发展需要高水平开放。在高水平开放中，投资自由化便利化水平提高，更多外商投资企业进入中国市场，能够带来新的就业机会，增加个人收入，扩大财政税基，而个人收入增加有助于消除贫困走向富裕，国家财力增强有助于提高政府转移支付能力，用于扶持落后地区发展，扶助贫困人口，提高公共服务能力，缩小地区和个人的收入差距；在高水平开放中，建立完善的法治化营商环境，严格实施《中华人民共和国外商投资法》，更好地保护劳工合法权益，保障劳动者的收入和福利；在高水平开放中，提升外商投资质量水平，外资企业在结构升级中需要高素质的人才支撑，政府鼓励并支持外资企业开展员工职业培训，提高劳动者技能，能够使劳动者在增强素质、提升就业能力中获得更高报酬；在高水平开放中，不断完善企业社会责任体系，外资企业承担应尽的社会责任，参加公益事业，有助于缓解贫富差距。

3.2　风起云涌：国际经济形势发生复杂变化

放眼世界，国际生产力、生产关系及国际政治关系，都在发生深刻变迁，世界经济正处于大变局之中。

互联网和信息化时代发展为新一轮科技革命

改革开放后，恰逢互联网和信息化发展的时代，世界生产力有了全新的技术手段，中国不仅在开放中学习和应用互联网、信息技术中促进了社会生产力的发展，还在国际贸易、国际投资、国际经济合作中取得超常规的增长。如今，以互联网和智能化为基础的新一轮科技革命方兴未艾，数字革命已经到来。抓住新一轮科技革命的机遇，则有望在数字革命中占据先机，建立起以互联网和智能化为基础的智能制造、智能服务的新型经济体系。

全球化逆流替代了经济全球化加速发展

改革开放后，中国面对的是经济全球化总体上快速发展的时期，尤其是自20世纪90年代后,随着东西德统一、东欧剧变、欧盟东扩、社会主义国家转型,全球市场真正形成,商品、服务、资本、技术、信息等全球流动规模以惊人的速度扩大,国际贸易、投资、生产自由化程度迅速提高。而今,经济全球化的快速发展加剧了经济失衡,不仅各国的贸易、投资、经济增长不平衡,各国在全球化中的利益不平衡,而且国家内部不同阶层参与经济全球化的能力不平衡,加剧了国内利益分配不均衡,导致改变全球化格局的倾向上升,贸易、投资保护主义加剧,安全概念泛化,经济全球化逆流涌动。

发达国家制造业大规模外移转变为制造业回流

改革开放后,中国面临经济全球化进程中发达国家制造业快速外移的机遇,虽然此前错过了第二次世界大战以后前两次全球制造业大转移,但在开放中抓住了自20世纪90年代起全球第三次制造业大转移的机会,通过利用外资、承接全球产业转移,中国走上了开放型的工业化新路。如今,不仅经济全球化面临巨大挑战,而且美国等发达国家在矫正制造业外移带来的产业空心化中谋求制造业回流,国际直接投资增速放缓、波动加剧,全球价值链加速调整、收缩,中国吸收外商直接投资正面临着发达国家、新兴市场空前激烈的竞争。

一些跨国公司从欢迎中国开放转变为惧怕中国企业的竞争

中国从闭关自守走向对外开放,赢得了世界各国普遍欢迎,跨国公司看到了中国改革开放带来的巨大市场机会,在扩大对中国出口、投资和技术输出等经济活动中,获得了丰厚的收益。随着中国经济增长,越来越多的中国商品、企业走向国际市场，展现出强劲的竞争力，中国企业在世界开展并购等投资活动，谋求全球配置资源，有些跨国公司在与中国企业竞争中开始担心惧怕，收缩投资，选择退出中国市场。

美国从乐见中国改革开放发展转变为担忧中国崛起

中国走上改革开放之路，谋求经济社会发展，曾被西方国家看作世界和平、稳定的积极因素，美国也把改革开放的中国视为战略合作伙伴。随着中国经济崛起，美国不仅看到来自中国的出口竞争，而且越来越担心中国技术、中国制度的竞争，担心中国崛起威胁其世界领导者地位，转而出现遏制中国的声音。美国走上单边主义道路，发动对华贸易战，把中国高科技企业和研发机构纳入出口管制实体清单，谋求单方面改变国际经贸规则，建立"去中国的经济全球化"[①]，把中国排除在美国主导的"经济全球化"体系之外。美国正从与中国的竞争合作关系转变为战略竞争关系，甚或战略竞争对手。

世界不是平的，经济全球化也并非一帆风顺，在世界经济大变局下，遭遇全球化逆流，美西方谋求遏制中国发展，外部环境挑战日益加剧，在此背景下，中国还要不要对外开放？

应对全球化逆流需要更高水平的对外开放。只有实行高水平开放，积极吸收利用全球优质要素资源，才能抓住新一轮科技革命机遇、加快

---

① 在新的北美自由贸易协定中，美国精心炮制的"毒丸"条款，规定与美国签署自由贸易协定的国家和地区不得再与非市场经济国家（美国不承认中国是市场经济国家）建立自由贸易协定，美国还谋求与欧盟、日本等谈判签署自由贸易协定，把中国排除在区域经济一体化和经济全球化体系之外。

技术进步和社会经济发展；只有不断推进高水平开放，才能维护开放型世界经济，营造友好外部环境，为世界提供分享中国大市场发展的机遇，释放国内大市场的优势，强化与世界经济的联系，更快提升自主创新能力。

总之，中国"要在历史前进的逻辑中前进、在时代发展的潮流中发展"，开放的大门不会关闭，只会越开越大，中国推动更高水平开放的脚步不会停滞，唯有在高水平开放中，才能打破阻止中国现代化的图谋，保障国民经济稳健增长，实现中华民族伟大复兴。

3.3 正当其时：对外开放是构建新发展格局的必由之路

根据中国发展阶段、环境、条件变化，中央提出加快构建以国内大循环为主体、国内国际双循环相互促进的新发展格局。构建新发展格局"决不是封闭的国内循环，而是更加开放的国内国际双循环"。

在构建新发展格局中，要求更加关注国内市场，打通国内生产、分配、交换、消费等各环节的堵点，扩大内需，发挥国内大市场的优势，建立安全可控的供应链体系，突破"卡脖子"技术，缓解外部需求下行压力。这都离不开高水平开放。只有深化对外开放，跟踪高标准国际经贸规则变迁的趋势，大胆探索创新，形成放得开、管得好、安全高效、风险可控的制度环境，建立高水平开放型经济制度，以开放倒逼改革，才能更快打通生产关系各环节的堵点，为国内经济大循环提供制度保障；推进高水平开放，才能广泛利用全球资源，增加新的就业机会，提高全社会收入水平，保障国内大市场稳健发展，在扩大开放中释放国内大市场的优势，为外商投资、进出口贸易带来更多机会，更好实现国内国际经济互动；只有在更高水平开放中强化中国与世界经济的联系，避免脱离全球供应链体系，稳定提升中国在全球供应链中的地位，建立安全可控的供应链体系，在外部供应链重构中增强中国的自主性；只有在推动更高水平开放中，广泛吸收聚集国内外优秀人才、先进技术、领先企业、先进制造和服务、管理知识和信息等高端资源，加强国内外经济技术合作，在开放中提升自主创新能力，形成一批突破性技术成果，才能建立具有较强国际竞争力的产业体系，突破"卡脖子"技术。

3.4 基本经验：中国的成功并非偶然

中国按照自身的经济条件和国际形势的变迁，形成自己的开放逻辑，并在不断扩大对外开放中创造了经济长期高速增长的奇迹。其实，许多国家都在实行开放政策，特别是一些发展中国家，在开放中并非总是成功的：有的遭受金融危机冲击加剧经济波动，如墨西哥；有的落入"拉美陷阱"，如阿根廷、哥伦比亚；有的则陷入"低端锁定"，如巴西。中国对外开放的成功并非偶然，有其独特的经验。

第一条经验：中国对外开放走的是渐进式开放道路

渐进式开放避免了在开放中造成重大经济社会冲击。从局部试点取得经验后，再逐渐扩大开放范围，保障了经济平稳运行，使对外开放能够起到持续拉动经济增长的作用。

中国先设立经济特区，继而再开放14个沿海港口城市、设立经济技术开发区、实行沿海开放战略、推进沿边开放、沿江开放、加入世界贸易组织。在开放中边试点边总结经验，再逐渐地扩大开放的空间和产业领域，最后实行全方位对外开放。在渐进式开放中，逐步降低关税总水平，扩大外商投资准入范围，给予外资企业国民待遇。

渐进式开放的一个重要特点就在于它既限制了风险的范围，又逐步为管理开放经济积累经验，同时能避免对外开放对国内投资、就业的严重挤出效应。在资本投入不断增长的同时，非农产业的劳动力就业规模持续扩大，避免了经济社会剧烈震荡，实现在稳定中发展。

第二条经验：对外开放与提升自力更生能力有机结合

开放本身是手段，不是目的，开放是为了发展，为了提升社会福利的水平。在对外开放过程中，主动地推进技术进步和经济结构的升级，避免了在开放过程中出现经济结构"低端锁定"现象。

通过对外开放，大胆吸收借鉴国际先进经验，同时坚持独立自主、自力更生的方针，在开放中不断地提高自主创新能力，使得中国在参加国际经济贸易活动、国际经济合作的过程中，自身的经济结构不断升级。通过技术进步、经济结构升级、效率改进，拉动经济增长。

在经济结构的升级上，主要表现在以下几个方面。一是市场结构的升级。在中国和外资企业的合作中，国内企业借鉴外商先进的管理经验、管理理念来提升自身的管理水平；在和外资企业竞争的过程中，竞争倒逼内资企业增加研发的投入，改善经济管理，重视人才，通过创新来赢得和外资企业之间的竞争。也正是在和外资的合作与竞争的过程中，越来越多的内资企业成长为全球公司。

二是在产品结构升级上,为了赢得国内市场的竞争,内资企业就不得不去潜心向外资企业学习,开发新产品,不断地提升产品的工艺和设计水平、技术含量,逐渐形成走向国际市场的能力。为了赢得国际市场的竞争,企业要努力适应消费者需求,不断地改善产品性能、品质,大量价廉物美的名牌产品也行销世界各地,中国在国际市场上的市场占有率不断提升。比如,目前中国的工业制成品的出口已经占到了95%以上,高新技术产品的出口已经占到了30%以上,这都说明产品结构是在开放竞争中不断地升级的。

三是在技术结构升级上,促进了国内的技术进步。中国不断地优化外商投资的营商环境,提高利用外资的水平。中国设立的经济特区,在创新发展中发挥了试点作用,它本身就具有示范和辐射作用,成为体制创新、技术创新的发动机,全国的经济增长极。各地在复制、推广经济特区发展经验的过程中,也有效地带动了全国广大地区的技术结构的升级。

四是在产业结构升级上,在开放中注重提升自身的创新能力,有效地推动了产业结构的升级。20世纪90年代初,中国抓住全球制造业大转移的机会,成功地嵌入全球产业链条之中,逐步成为世界制造大国,这是工业化的起步阶段。然而,随着工业化的持续发展,又努力地谋求从中国制造朝着中国创造、中国智造的方向转型。开放促进中国产业结构的升级是非常明显的。

总之,在对外开放的过程中,一个很重要的经验就是把对外开放和提升自主创新能力、提高自力更生的能力有机地结合起来,有效地推动了产品结构、技术结构、产业结构、区域经济结构等的升级。

第三条经验：以开放促改革

一方面，为了适应对外开放和参与经济全球化的需要，通过经济体制改革，不断地完善经济管理体制，满足对外开放所需要的体制条件；另一方面，学习国外先进的经济管理经验和方法，对接国际经贸惯例，跟踪高标准国际经贸规则变迁趋势，在对外开放中通过开放倒逼国内的改革，推动了经济制度的有效变迁。

在吸收外资中，为了给外商投资企业创造良好的营商环境，制定了一系列鼓励外商投资的政策措施，待推进成熟，就以法律的形式把这些政策措施固定下来，构建规范的外商投资法律体系。努力促进投资的自由化、便利化，简化行政审批制度，降低行政成本，完善市场体系，培育公平竞争的市场环境，健全市场机制，让市场在资源配置中发挥决定性作用。在打造市场化、法治化、国际化的优良外商投资营商环境的同时，有效地推动了国内经济体制的变迁。在发展对外贸易中，努力适应国际经贸规则，遵循国际经贸惯例，不断地提高贸易的自由化、便利化和公平贸易的水平，这也推动了中国经济体制的改革。

有效的制度变迁是国民经济发展的函数，以开放促进改革和发展是中国取得经济成功的重要路径。

深圳经济特区：以开放促改革的生动实践

经济特区实行特殊的经济管理体制和政策，以市场调节为主导，积极引入外资，从诞生之日起就没有纳入计划经济的"笼子"，这使经济特区的发展走出了一条独特的道路。体制和政策的创新使经济特区在成为经济"吸引中心"的同时，保持了超高速的增长，设立经济特区的前几年，GDP每年都以超乎人们想象的速度迅速增长。经济超高速增长需要大量的投资品，又不能像计划经济那样通过政府和物资管理部门直接调拨来满足特区对投资品的需求，特区所需的大量投资品就只能从市场寻找，市场包括国内市场和国际市场，当时由于海外营销渠道少，无法从国际市场进口大量的投资品来满足经济建设的需要，更何况，即便有海外营销渠道，靠进口来满足投资品的需求也不见得是经济的。在这种条件下，经济特区很自然地把目光转向了内地市场。

内地市场是否能够满足经济特区对投资品的需求呢？好在当时内地的经济体制改革试验也悄然启动，特别是内地在实行"计划调节为主、市场调节为辅"的体制安排下，为了调动国有企业的积极性，允许国有企业在完成指令性计划的同时，利用剩余产能为市场进行生产，并且可以高于指令性价格销售，企业多得到的利润实行"留成"制度，部分上缴财政，部分留归企业自主支配。于是，经济特区的投资者找到国有企业进行谈判，希望国有企业把为市场进行生产的投资品卖给经济特区，经济特区愿意支付高价。这样，国有企业可以获得更大的经济利益，经济特区和内地的国有企业一拍即合，受市场调节的国有企业产品（投资品）纷纷涌入经济特区，基本满足了经济特区对投资品的需求，支撑着经济特区超高速增长。

不仅如此，在上述条件下，国有企业的行为方式也悄然发生了变化，过去在传统的计划经济体制下是千方百计超额完成国家指令性计划，以追求政绩，获得精神表彰和行政晋升，而现在转而和政府讨价还价，隐瞒产能，声称根本无法接受较多指令性生产任务，从而降低计划指标，令更多的产能为市场进行生产、卖高价，获得更多的利润留成。由于计划管理部门是企业外部人，在与企业内部人谈判计划任务时，双方的信息不对称，被说服的总是政府计划管理当局。于是，轻而易举地完成较低的指令性计划任务后，开足马力为市场生产。

可以想象，长此以往，国家指令性计划调节所占的比重会越来越低，市场调节的比重则越来越高，计划调节还能够占据主体吗？！"计划调节为主，市场调节为辅"的"板块论"将难以为继。那样，还是计划经济吗？设立经济特区并推动经济体制改革的实践不得不面对这个严肃的理论问题，重新审视改革的目标和体制模式。

经济特区的超高速增长，还需要大量劳动力。在以市场调节为主的体制下，特区所需劳动力无法通过统包统配的办法来满足。好在中国有的是丰富的劳动力资源，经济特区改革用人制度、分配制度，广泛吸引人才，有些在农村实行承包经营责任制后解放出来的农民进入特区，在城市找不到合适岗位的待业青年进入特区，迅速找到了自己的位置，甚至受到重用，获得高报酬，有的还被提升。这样的信息在新闻媒体推波助澜的宣传下不胫而走，传播到国有企业职工的耳朵里，引起一些风险偏好者骚动，决定"停薪留职"，到深圳等经济特区去闯一闯。果然，一个高速发展的经济区到处都是机会，人才受到重视，收入也高。于是，他们回到国有企业办手续，要求调离。有的国有企业动用行政手段卡住职工流动，不给迁户口，不给转工资、档案关系，要求交出住房。但经济特区实行特殊的体制和政策，为了适应人才流动的需要，改革户籍管理制度，实行临时准住证；工资、档案关系允许重建；收入高了，又有房地产市场，可以购买住房……这说明传统的用行政手段控制劳动力就业的统包统配的就业制度已经失灵。

总之，无论是物质资源的配置，还是人力资源的配置，传统的行政手段和指令性计划调节都难以为继。这时，有的学者认为，既然按照"计划调节为主，市场调节为辅"的"板块论"设计的改革路径发展下去，计划调节不可能占据主体，将损害计划经济，为了维护社会主义计划经济，必须回到单一的计划调节；也有学者认为：既然引进市场调节后促进了生产力的发展，就应该坚持这样的改革方向，即便是将来市场调节占据主体，也应该义无反顾地推进改革。在这样的背景下，有了1984年邓小平的第一次南方视察。他根据亲眼见到的深圳发展状况后，做出了自己的判断："深圳的发展和经验证明，我们建立经济特区的政策是正确的。"他高度肯定了经济特区和对外开放、改革的伟大实践。于是，经济学界在这样的政治环境下大胆探索，并且形成了全党的共识。1984年，党的十二届三中全会通过《关于经济体制改革的决定》，提出建立"有计划的商品经济"。这意味着所有的经济活动都是商品经济活动，都要接受市场调节。

为了发展有计划的商品经济，在此后的一系列改革中，深圳等经济特区又是一马当先，大胆试验：改革计划管理体制，减少指令性计划，扩大指导性计划和市场调节的范围；改革价格体制，运用调放结合的办法最终实现放开价格，由市场定价；改革劳动用工制度，实行职工聘任制，干部能上能下；改革财税体制和分配制度，打破两个"大锅饭"，调动企业和劳动者积极性；改革金融体制，拓宽市场融资渠道；改革投融资体制，使外资经济、私营经济、个体经济和公有制经济共同成为投资主体，并且营造各类投资主体平等竞争的环境；改革国有企业管理制度，下放企业经营自主权，实行承包经营责任制，并探索新的国有资产管理制度；改革外贸体制，放宽外贸经营权；积极培育各类商品市场和要素市场，在全国率先建立起房地产市场、建筑工程承包市场、劳动力市场、资本市场、外汇市场、技术市场、信息市场、产权交易市场等，并着力规范市场秩序，健全市场机制；改革政府机构设置，转变政府职能，提高办事效率，强化政府服务功能，探索"小政府、大市场"的政府管理体制……深圳等经济特区的开拓性改革所展现的"拓荒牛"精神被广泛传颂，特区的许多改革经验在全国推广，有力促进了整个国家的经济体制改革。

商品经济越是发展，改革越是深入，就越绕不过去一个现实的理论问题——计划经济和商品经济到底是什么关系？有计划的商品经济还是不是计划经济？发展商品经济和计划经济是否存在矛盾？二者之间有了矛盾该怎么办？这些问题的实质是当一系列改革对传统计划经济产生冲击时，会影响既得利益者的权利，矛盾由此不可避免的。当理论上的争论一时还没有结果、社会认识尚未形成时，改革的实践并不会等着理论争论的结论，总是以其固有的惯性向前推进，实践迫使我们必须做出抉择。

在党的十二届六中全会和十三大上，党中央采取了务实的态度，在总结经济特区等地改革的成功经验的基础上，提出有计划的商品经济的运行方式就是"国家调节市场，市场引导企业"，计划和市场都是覆盖全社会的，计划主要是指导性的、有弹性的。这实际上是搁置了争论，从操作层面上找到了可行的改革目标。如果真的能够建成这样的经济运行方式，这实质上就是现代市场经济。

此后，在全国构建"国家调节市场，市场引导企业"的经济运行方式过程中，许多改革都是由深圳等经济特区率先试验，在经验成熟的基础上向全国推广的。经济特区名副其实成为中国经济体制改革的试验场。

1992年邓小平南方视察，看到了深圳经济特区改革开放和发展的成就，并提出社会主义国家也可以搞市场经济。特区率先实践社会主义市场经济的成功经验，构成了社会主义市场经济理论思想的重要来源。中共十四大把改革的最终目标定位在建立社会主义市场经济上，与经济特区的改革探索是分不开的。

深圳经济特区的开放倒逼经济体制改革，而改革不断深化既为开放提供了制度条件，也为经济发展输入了有效的制度变量，推动着社会经济快速发展和人民福利水平提高。

第 4 章
对外开放取得的成就与面临的挑战

中国对外开放取得举世瞩目的历史性成就,开放推动发展和改革,实现了经济的伟大跨越,开辟了社会主义市场经济新道路。

4.1 玉汝于成:开放型经济发展取得历史性成就

在持续深化对外开放中,中国从外贸小国发展为外贸大国,并向外贸强国迈进;吸收外商直接投资从少到多,成为国际投资的热土;对外投资起步晚、增长快,成长为对外直接投资大国;经济技术开发区、自贸试验区引领开放创新,成为制度型开放先行区;国际区域经济合作持续推进,自由贸易区网络初步形成;"一带一路"倡议成为重要的国际公共产品和合作平台,互利共赢理念赢得国际社会广泛认可。中国已经成为推动经济全球化、维护开放型世界经济的中坚力量[①]。

货物贸易稳定增长,国际影响力显著增强

改革开放以来,中国货物贸易规模由小到大,外贸竞争力由弱到强,

---

① 中共国家统计局党组.七十五载长歌奋进 赓续前行再奏华章[J].求是,2024(19).

截至2024年已连续8年保持货物贸易第一大国地位，对全球贸易的拉动作用不断增强。

> **货物贸易规模稳步扩大，国际市场份额逐步攀升**

1950年，中国货物进出口总额仅11.3亿美元，改革开放前的1978年增加到206亿美元，占国际市场的份额仅为0.8%。改革开放后，货物贸易规模稳步扩大，特别是2001年加入世界贸易组织后，对外贸易迈上新台阶。2004年、2007年、2011年货物进出口规模分别突破1万亿美元、2万亿美元、3万亿美元，2024年货物进出口总额达到6.2万亿美元。

随着对外贸易快速发展，中国在国际市场所占份额和位次逐步提高。2009年成为全球货物贸易第一大出口国和第二大进口国，货物进出口总额占国际市场的比重提升至8.7%。2013年，货物进出口总额占国际市场的比重进一步提升至11.0%，首次超越美国，成为全球货物贸易第一大国。此后除个别年份外一直保持全球第一，2023年货物进出口总额占国际市场的份额上升到12.4%。

> **商品结构持续优化，贸易结构逐步升级**

新中国成立初期，出口商品主要是农副产品等初级产品，工业制成品出口占比不足20%，进口商品主要是机械设备等工业制成品。改革开放以来，随着工业化快速发展，进出口商品结构明显变化。工业制成品出口占比从1978年的46.5%提高到2023年的95.1%；进口商品从以工业制成品为主转向初级产品和工业制成品同步发展，2023年工业制成品进口额与初级产品进口额的比例降为1.4倍。

随着技术发展和生产力进步，中国产品技术含量不断提升，出口商品从以轻纺等劳动密集型产品为主到以机电产品等高附加值产品为主。

1980年机电产品出口占比仅7.8%，2023年达到58.5%。

> ➤ 贸易伙伴增加，多元化市场格局形成

新中国成立初期，中国对外贸易的主要伙伴是苏联和东欧社会主义国家。改革开放初期，对外贸易伙伴仅有40多个国家和地区。随着对外开放深化，特别是加入世界贸易组织后，贸易伙伴显著增加，2011年扩展到230多个国家和地区。截至2024年，中国已经成为全球140多个国家和地区的主要贸易伙伴。

> ➤ 外贸经营主体多元化，民营企业成为主力

新中国成立初期，中国对外贸易经营权由国家统一管理，1978年从事外贸业务的专业总公司仅10余家。改革开放以来，国家逐步放宽外贸经营限制，加入世界贸易组织后，外贸经营权管理由审批制改为备案登记制，外贸企业数量大幅增长，外贸经营主体从国有企业逐步扩展到民营企业、外资企业、个体工商户等多种类型，截至2024年，有进出口实绩的外贸经营主体超过60万家。2019年，民营企业超过外资企业成为第一大外贸经营主体；2024年，民营企业进出口额占进出口总额的比重提高到55.5%。

服务贸易快速发展，成为对外贸易新引擎

新中国成立之初，中国服务贸易微乎其微。对外开放后，服务贸易逐步扩大，质量不断提升。

> ➤ 服务贸易规模扩大，国际地位逐步提升

改革开放前，中国服务贸易仅有少量对外技术援助和来华旅游服务。改革开放后，服务贸易取得长足进步。2023年中国服务进出口总额达到

9331亿美元，增速远高于全球平均水平。1983—2023年，服务进出口总额增长198倍，年均增长13.8%，其中，服务出口额增长142倍，年均增长12.9%；服务进口额增长272倍，年均增长14.7%。2024年服务进出口总额突破1万亿美元。在全球服务贸易总额中所占比重稳步提升，2014年达到6.3%，服务贸易规模跃居第二，自此连续9年保持全球第二，2023年位居全球第四。

> ➤ **服务贸易结构升级，逐步向高端迈进**

改革开放初期，中国服务贸易以运输和旅行等传统服务为主，20世纪80年代传统服务占比平均值超过80%，之后逐渐下降，运输服务占比由1982年的51.6%下降至2023年的27.7%，旅行服务占比由1982年的19.4%提高至2023年的22.6%。

随着服务业开放持续扩大，服务领域国际合作不断深化，金融、保险、电信、文化教育、管理咨询等知识密集型服务贸易快速发展，近年来服务贸易数字化转型加快，拓展了知识密集型服务贸易的发展空间，知识密集型服务贸易占比呈上升趋势。20世纪80—90年代，知识密集型服务贸易所占比重平均为24.1%，2000—2019年提高至32.5%，2020—2023年进一步提高至42.9%。

投资环境持续优化，成为外商投资热土

改革开放以来，中国积极吸收利用外商直接投资，外商投资企业营商环境持续改善，吸引外资结构日益优化，利用外资质量和水平不断提高。

> ➤ **外商投资环境持续优化**

对外开放以来，中国逐步完善外商投资法律法规，逐步放宽外商投

资准入和经营条件限制。1979年颁布《中华人民共和国中外合资经营企业法》，确立了利用外资的法律基础。随后陆续制定一系列法律法规，实施多项鼓励外商投资措施。加入世界贸易组织后，给予外资企业国民待遇，提高外商投资便利化程度。2014年外商投资项目管理由全面核准制转向普遍备案和有限核准，提高外商投资市场化程度。2018年开始实行全国统一的外资准入负面清单，并不断缩减禁止准入和许可准入事项，拓宽外商投资准入范围。2019年颁布《中华人民共和国外商投资法》，给予外资企业公平待遇。中国的市场化、法治化、国际化外资营商环境建设取得显著成效。

> ➢ 外商投资规模持续扩大

改革开放初期，中国利用外资以对外借款为主，1979—1991年的13年间实际使用外商直接投资金额仅251亿美元。自1992年以来，引资力度不断加大，市场吸引力增强，外商直接投资规模迅速扩大，实际使用外商直接投资金额由1992年的110亿美元增至2023年的1633亿美元，增长13.8倍。2023年实际使用外商直接投资金额占全球的12.3%，连续多年保持全球第二大外资流入国地位，连续30多年保持发展中国家外资流入第一地位。

> ➢ 外商投资结构升级

改革开放初期，外商投资以劳动密集型制造业为主。随着外商投资准入范围拓宽，外商投资规模扩大，国际领先的跨国公司纷纷落户中国，在中国设立研发中心、地区总部，布局高端价值链、产业链，高技术制造业、现代服务业外商直接投资占比逐步上升。2023年，高技术产业实际使用外资占比达到37.3%。

对外投资合作活跃，全球配置资源初露端倪

对外开放以来，中国积极参与国际交流与合作，对外直接投资由少到多，投资领域逐步拓宽，一批跨国公司成长起来，在全球配置资源。

➢ 对外投资规模跃居世界前列

对外开放初期，中国对外投资规模很小，1982—2000年，对外直接投资累计278亿美元，年均不到15亿美元。2001年，中国实施"走出去"战略，扩大海外投资。加入世界贸易组织后，对外直接投资提速。2001—2012年，年均对外直接投资额达351亿美元。随着中国经济实力和企业国际竞争力增强，对外投资迅速扩张，2023年对外直接投资额增加到1478.5亿美元，是2012年的1.7倍，自2012年以来连续12年位居全球对外直接投资流量前三。

➢ 对外投资领域逐步拓宽

改革开放初期，中国对外直接投资集中在采矿业、制造业、批发和零售业及商务服务业4个行业。加入世界贸易组织后，对外投资领域不断拓宽，2023年已覆盖租赁和商务服务业、批发和零售业、制造业、金融业、采矿业、交通运输仓储和邮政业等18个国民经济行业大类。

➢ 对外经济合作取得长足进展

对外承包工程是对外经济合作的主要形式。对外开放之初，中国的对外承包工程业务规模较小，1979年仅为0.3亿美元。2000年后，在"走出去"战略推动下，业务规模不断扩大，年度合同额由2000年的120亿美元增加至2012年的1565亿美元，12年增长了12倍。2023年对外承包工程合同额达到2645亿美元，较2012年增长69%。对外承包工程带动产

品、技术和服务出口，有效扩大了中国的国际影响力。

国际合作持续深化，互惠共赢理念赢得国际赞誉

中国在持续对外开放中，不断深化多双边和区域经济合作，为世界各国提供共享发展机遇，成为维护开放的世界经济的中流砥柱。

➢ 设立自贸试验区，扩展自主开放平台

2013年设立中国（上海）自由贸易试验区，2018年设立海南自由贸易港。自贸试验区、自贸港成为自主开放的新平台。截至2023年底，中国共建立了22个自由贸易试验区。10多年来，自由贸易试验区主动对接国际经贸规则，促进贸易和投资自由化便利化，形成向全国复制推广的制度创新成果300多项，积累了一批最佳实践案例，为推进高水平制度型开放积累了经验。

➢ 立足区域经济合作，扩大自由贸易区网络

对外开放后，中国积极参与区域经济合作，自贸区网络不断拓展。2022年，中国签署生效最大的自贸区——区域全面经济伙伴关系协定（RCEP）。中国还与多国签署、升级双边投资协定。截至2024年底，与30个国家和地区签署23个自贸协定，与自贸伙伴贸易额（不含港澳台）占对外贸易总额的比重提升至1/3左右。

共建"一带一路"倡议成为重要的国际公共产品和国际合作平台。截至2023年底，中国与150多个国家、30多个国际组织签署了200多份共建"一带一路"合作文件，共建"一带一路"的国家间贸易规模不断扩大，中国对共建国家非金融类直接投资2241亿元，与共建国家新签承包工程合同额1.6万亿元，完成营业额9305亿元。

开放已经成为当代中国的鲜明标识，为中国深化改革、促进发展注入了强大动力。对外开放推动着经济体制改革，助力形成开放型社会主义市场经济体制。对外开放扩大资源配置空间，聚集生产要素，提高生产效率，拉动经济增长，创造出长期快速增长的经济奇迹，1979—2023年中国经济年均增长8.9%；中国的经济发展惠及世界，1979—2023年对世界经济增长的年均贡献率为24.8%，近十年超过30%，居世界首位。

4.2 长风破浪：直面内外部环境变迁带来的挑战

中国在对外开放中强势崛起，改变着世界经济格局，美西方感受到来自中国竞争带来的压力，在不安和恐惧中，谋求遏制中国经济技术进步和经济结构转型升级，经济全球化逆流涌动，从快速发展向矛盾增加、曲折发展转变，全球贸易投资从高速增长向中低速增长转变。同时，中国自身经济环境也发生了重大变化，对外开放步入新阶段，其主要标志是：地理区位上的全方位开放局面形成，开放型经济体制框架确立，要素低廉的比较优势向竞争优势转变，世界制造业中心向世界创造中心转变，贸易大国向贸易强国转变，吸收外资大国向对外投资大国转变，国际经贸规则的接受者向参与制定者转变，全球经济治理的参与者向重要贡献者转变。国内外环境的深刻变迁给中国对外开放带来一系列新挑战，需要寻求有效应对之策。

全球化逆流冲击中国经济贸易稳定性

单边主义、利己主义、贸易投资保护主义、民粹主义抬头，地缘冲突加剧，经济全球化遭遇逆流，全球供应链遭受重创，产业链、供应链、价值链收缩重构难以避免，排华势力上升，制度竞争加剧，世界分化动荡，阻碍国际经济技术合作，加剧全球需求疲软，给世界经济前景蒙上阴影，冲击中国对外贸易稳定性，威胁国家经济安全。

经济全球化是国际生产力发展的要求，加强国际经济合作的呼声强烈，成为遏制逆全球化的根本力量。信息技术和全球互联网的普及，数字技术发展催生数字经济，为经济全球化奠定了技术基础。依托信息技术和全球互联网，全球价值链、供应链体系建立起来，全球资源配置效率得以大幅提升，提升了世界总体福利水平。而数字经济的发展呈现出规模收益递增、边际成本递减的特点，亟须构建开放的世界大市场。

尽管逆全球化云谲波诡，但美国等发达国家为了维持自身在国际经济竞争中的优势，达到"规锁"中国的目的，在主导国际经贸规则重构中，推行高标准的贸易投资自由化、便利化规则。其涵盖领域越来越广泛，不仅包括现行WTO规则所涵盖的内容，如货物贸易、服务贸易、与贸易有关的投资措施、与贸易有关的知识产权措施，还涉及双边、区域、诸边等各类国际经贸规则所涵盖的内容；不仅包括传统的边境政策，还包括新兴领域的政策措施和边境后政策。美国等发达国家力图将自贸协定的内容从关税、非关税措施等边境规则扩展到边境后规则，把高标准经贸规则推广到多边经贸体系。

中国只有走坚定开放之路，推动高水平制度型开放，积极参与国际经贸规则的改革，才是阻击全球化逆流、维护多边体制和开放的世界经济的最佳选择；只有继续推进更高水平开放，才是保障国民经济平稳运行，实现更好更快发展的最优途径，进而更好维护国家经济安全。

要素成本优势削弱增加开放创新紧迫性

中国在改革开放中释放了社会经济活力，投资者利用劳动力无限供给的条件和劳工等要素成本低廉的优势，大量承接全球制造业转移，加快了工业化进程，推动经济高速增长。近年来，劳动力无限供给的条件不复存在，人口红利逐步减弱，劳工成本大幅上涨，资源环境约束日益凸显，土地、资源、环境等要素成本全面高企，传统的要素成本低廉的优势减退，依靠要素投入增加的粗放型扩张既不现实，也无法像以往那样获得高收益。加之发达国家谋求重振制造业，推动制造业回流，全球产业链、价值链、供应链重构，中国大举承接发达国家制造业外移的条件不复存在。

只要通过技术创新提高全要素生产率，即使要素成本上升，要素生产率提高，依然能够保持经济稳定增长。因此，中国必须寻求新的优势，在高水平制度型开放中建立竞争优势，吸引全球优质创新资源，依靠开放创新提高要素效率。

区域开放竞争影响对外经济政策统一性

中国通过局部率先开放，逐步扩大开放空间，不断提高开放程度和开放水平，形成各具特色的特殊经济区，截至2024年10月底，已经拥有6个经济特区、16个沿海开放城市、19个国家级新区、12个国家综合配套改革试验区、233个国家级经济技术开发区、168个国家级高新技术产业开发区、16个国家级保税区、14个国家级保税港区、164个国家级综合保税区、89个保税物流中心、63个国家级出口加工区、17个国家级旅游度假区、18个国家级边境经济合作区、6个国家级台商投资区、22个自由贸易试验区，1个自由贸易港，以及各省市区设立的多种开发区。在多种形式的特殊经济区域中分别实行着不同的特殊开放政策，对各地探索开放、改革和发展发挥了独特作用。但错综复杂的各类特殊开放区也存在肢解对外经济政策统一性，导致开放政策和管理体制碎片化，加剧各地寻求特殊政策的竞争风险。

在推动形成区域、产业、企业、市场全面开放新格局的过程中，需要不断优化区域开放布局，全面提升东部沿海地区开放水平，加大中西部地区开放力度，强化东北老工业基地对外开放的战略地位，完善各类特殊经济区功能，在地区开放竞争中建立开放型经济体制，避免地区间陷入开放优惠政策的竞争，保障对外经济贸易政策统一性。

从贸易大国迈向贸易强国任重道远

作为全球货物贸易第一大国，中国正在谋求成为世界贸易强国。贸易强国的本质是在获得稳定的国际贸易利益基础上，分享国际贸易高端收益。

贸易强国的基础是贸易大国，在全球贸易中的影响力大。由于国内外经济环境变化，劳动密集型产品的出口面临越南、印度、墨西哥等新兴市场国家的挤压，这些国家拥有更低的劳工成本；技术密集型产品面临发达国家的激烈竞争，发达国家拥有技术领先优势，又忌惮中国高技术产品抢占市场份额，竭力遏制中国高技术产业发展。推动劳动密集型产品和技术密集型产品出口规模不断扩大，成为巩固我国贸易大国地位的重要课题。

贸易稳定性是贸易强国的重要标志。如果贸易波动大，缺乏稳定性，不仅表明受国际市场影响大，自主调控国际贸易的能力弱，而且国际贸易的大幅波动还会对国民经济运行产生冲击，威胁国民经济平稳运行。要保持贸易稳定，离不开进出口的相对平衡。如果贸易顺差过大，容易引发贸易摩擦，影响出口市场政策环境的稳定性，不利于出口企业长远发展；如果逆差过大，进口挤占国内市场，影响国内企业正常经营，冲击经济平稳运行。由于中国贸易顺差较大，国际贸易摩擦增加，冲击了出口的稳定性。近年来中国的出口增速放缓，巩固作为世界制造业中心的地位，保持在全球贸易中占有较高份额，成为对外开放中面临的重大课题。

外贸强国还必须拥有一批掌握关键技术、知识产权、销售渠道和著名品牌的出口商品，出口国际竞争力强，掌握国际定价权，拥有一批能够整合全球资源、主导全球价值链的全球公司，出口产品的可替代性降低，有效降低因出口订单转移带来的经济波动风险，高附加值、高技术产品和服务出口占比不断上升，才能够分享全球价值链高端收益。外贸强国一般能够参与国际经贸规则制定，甚至主导国际经贸规则变迁，只有掌握国际经贸规则变迁的主动权，才能为贸易发展并成为贸易强国创造良好制度环境。这些目标都需要在高水平开放中持续努力才能实现。

外商投资撤离带来多重经济影响

在世界经济大变局下，全球国际直接投资大幅收缩，中国吸收利用外商直接投资也出现较大波动，新增外商直接投资规模减少，部分外商投资企业选择收缩投资撤离中国市场。一些行业龙头外资企业如手机巨头苹果、三星，汽车企业丰田、三菱，代工大王富士康，鞋业巨头耐克、阿迪达斯，家电业著名厂商惠而浦、松下、LG，钟表企业西铁城，玩具生产商Wham-O，高端厨具制造商All-Clad Metalcrafters，LED生产企业Seesmart等，都先后选择收缩在中国的生产线，实行"1+N"投资战略，或退出中国市场。

按投资动机划分，外商投资主要包括效率寻求型、市场寻求型、资源寻求型和战略资产寻求型四种类型。在中国，不同类型外商投资的经营环境存在差异，既有新增外资流入，也有部分收缩撤离的状况。

效率寻求型外商投资对劳动力等要素成本、基础设施和产业配套能力更加敏感。中国相对良好且持续改善的能源、交通、电信基础设施条件，以及高效的物流体系，规模庞大的成熟劳动力，完善的产业配套能力，都对效率寻求型外商投资具有吸引力。但劳动力等要素成本高企，诱发部分技术含量相对较低的劳动密集型产业和生产环节，以及环境污染严重、资源消耗大、不符合中国经济高质量发展要求的外商投资企业撤离。

市场寻求型外商投资是为了满足当地市场需求，获取更大收益。中国拥有14亿多人口的规模巨大的消费市场，拥有经济结构转型升级中涌现的大量投资机会和投资品市场，原本对市场需求型外商投资具有独特的潜在吸引力。但近年来，受新冠疫情冲击，就业压力增大，居民可支配收入增长放缓，消费需求增速低于预期，有些外商投资者对中国市场前景判断谨慎，甚至选择撤离；由于内资企业竞争力提升，一些外资企业缺乏市场竞争力，被挤出中国市场；受全球化逆流冲击和地缘冲突影响，一些国家泛化安全概念，谋求建立安全可控的供应链体系，导致全球生产体系和投资体系收缩，生产和供应本地化、近地化倾向明显，部分外商投资收缩撤离。

资源寻求型外商投资的目的是获取资源，满足当地市场或国际市场需求。近年来，由于中国产业结构转型升级，谋求绿色发展，并提出减少碳排放的"双碳"目标，能耗逐步降低，以及能源和金属矿产资源可开采量下降，资源开采加工成本上升，对资源寻求型外商投资吸引力下降，一些外商投资收缩撤离。

战略资产寻求型外商投资也称创造资产寻求型外商投资，是以新技术和新产品的研发为主要目的的外资。中国正从人口大国走向人力资源大国，研发人才储备充裕，知识产权保护制度逐步完善，对战略资产寻求型外商投资吸引力巨大。但近年来受国际政治环境影响，美西方为遏制中国高科技产业发展，严加对外投资审查，限制或禁止高科技领域对华投资，一些战略资产寻求型的高技术外资企业撤离中国。

增强对外商投资吸引力，稳量提质，离不开深化改革开放，不断完善外资企业营商环境，提升制度吸引力，推进投资自由化便利化，让外商分享中国大市场机遇，以市场和制度引资。同时寻求改善国际关系，维护开放的世界经济，为吸引外资创造良好的国际政治经济环境。

第二篇
对外贸易

中国对外贸易发展历程不仅是由封闭走向开放，由"调剂余缺"转变为国民经济"三驾马车"之一，由出口加工逐步走向进出口并重的过程，还是由计划经济体制向市场经济体制转换的制度改革和全面开放的缩影，更是伴随着外贸优势变迁的外贸结构优化和动能转换，以加工贸易和出口加工业逐渐融入世界经济，国际分工地位和贸易技术含量、产品质量不断提升从而由贸易大国走向贸易强国的过程。展望未来，对外贸易依然是中国对外开放的基石和重地，在外贸制度创新和政策优化中，企业活力进一步释放，中国终将成长为贸易强国。本篇集中分析对外贸易体制改革和外贸发展历程，阐述从贸易大国走向贸易强国之路。

第 5 章
对外贸易体制改革与全面开放

从1978年党的十一届三中全会到2024年巴黎奥运会上的中国制造，中国外贸经历了一场华丽的蜕变。在全球贸易舞台上，中国产品已成为不可或缺的主角，从奥运赛场外的头饰、玩具、无人机、电动巴士，到场内的场馆地板、乒乓球、杠铃片、运动鞋，以及80%以上的奥运相关设备、器材、纪念品等，都是中国制造的骄傲。有外国企业评价："在短时间内交付有优势的、高标准的产品，除了中国，几乎没有其他国家或地区能做到这一点。"

中国外贸是如何实现华丽蜕变的？背后是一条漫长求索的外贸体制改革与制度创新之路[①]。在改革开放中，高度集权的外贸体制逐步转为自由竞争，贸易自由化便利化程度不断提升，使商品和服务跨境流动更加顺畅。虽然遭遇贸易保护主义、地缘政治风险等挑战，却并未停止前进的步伐，而是以更加开放的姿态，对标全球经贸高标准规则，为外贸稳定发展插上适宜的制度翅膀。

---

① 桑百川，李玉梅，田丰.中国对外贸易体制百年变迁与前景展望［J］.世界经济与政治论坛，2021（5）：49—64.

5.1 统制外贸：时代背景与体制缺陷

中国共产党建党之初，正值旧中国积贫积弱之际，国家主权部分沦丧，外贸管理权控制在帝国列强、官僚买办手中。1949年10月1日中华人民共和国成立后，中央人民政府设立中央贸易部，中央贸易部下设对外贸易司，统一领导管理全国的对内对外贸易；设立海关总署，负责监督外贸活动，征收关税。1952年9月，在整合中央贸易部、对外贸易司的基础上，设立对外贸易部，成为对外贸易的主管部门。1953年1月，海关总署划归对外贸易部领导，成立对外贸易部海关总署。1956年，全国完成社会主义改造，此后，进入计划经济时代。与此相适应，外贸领域也建立起由对外贸易部集中统一管理、各专业外贸公司统一经营、实行指令性计划、政府统负盈亏的高度集权的对外贸易体制，主要开展与苏东等社会主义国家之间的对外贸易。对外统制外贸制度是在中国民族独立，中国人民站起来，而美国等西方国家谋求扼杀新生共和国的背景下建立的，具有深刻的历史逻辑和时代背景。

在1958年"大跃进"中，各地方争相要求获得外贸管理权，但很快形成"一放就乱、一乱就收、一收就死"的局面。加之1960年后中苏关系交恶，中国的对外贸易规模日益萎缩。1966年"文化大革命"后，对外贸易几乎停顿。1974年，为了改变"文革"冲击下对外贸易停滞局面，中央对外贸体制进行了一些局部调整，以恢复并适当发展对外贸易，但并未根本改变高度集权的外贸体制。

对照生产力标准，高度集权的外贸体制弊端暴露无遗。外贸公司成为行政机构的附属物，缺乏追求经济效益的积极性，不承担亏损风险，也没有生存压力。条块分割垄断经营，割裂了国内与国际、供给与需求之间的市场联系，市场机制缺失，更谈不上发挥市场机制功能，无法促使企业开拓国际市场，参与国际分工和国际竞争，对外贸易的功能主要局限在"调剂余缺"，无法真正起到推动社会生产力发展的作用。

1978年中国走上了改革开放之路，对外贸易的定位也发生了根本性变化，从"调剂余缺"转向全面参与国际分工和国际竞争，促进社会经济发展，与之相适应，外贸体制也发生了深刻变革。

与整体的改革开放进程一致，中国外贸体制改革采取了渐进式改革方式，先后经历了放权让利、实行承包经营责任制的改革探索阶段，在建立社会主义市场经济体制目标下构建外贸市场竞争主体阶段，履行入世承诺、对接多边贸易体制阶段。渐进式改革既考虑了社会承受能力，避免了激进变革可能导致的剧烈震荡，也通过持续的外贸体制优化变迁，促进了对外贸易和社会经济的发展。

5.2 放权让利：调动外贸企业积极性

1978—1987年，针对外贸体制弊端，中国开启了对外贸体制改革探索之路，主要采取了放外让利的举措，又称放权让利阶段。

1979年初，中央决定对广东、福建两省实行灵活、特殊的对外经济贸易政策，率先进行对外贸易管理体制改革探索，并由此拉开了对外贸易体制改革的大幕。

调整改革外贸行政管理机构。1979年7月，五届人大第十次会议通过决议，为了推动对外开放，成立国家进出口委员会，负责进出口贸易、引进技术管理，为了促进利用外资，成立外国投资管理委员会，负责台港澳投资和外国投资管理工作。1982年3月，将原对外贸易部、对外经济联络部、国家进出口委员会和外国投资管理委员会合并，成立对外经济贸易部，统一领导管理全国对外经济贸易工作。为了适应对外贸易发展，陆续增设对外贸易口岸，在主要口岸和城市设立了一批特派员办事处。经过机构调整，形成了中央与省区市两级管理体制，相应扩大了地方的外贸管理权。

下放外贸经营权。1979年后，国务院批准多个部委成立一批直接开展进出口业务的工贸公司和综合性公司，扩大实行特殊开放政策的广东、福建两省的外贸经营权，鼓励深圳、珠海、汕头和厦门4个经济特区自由开展外贸经营业务，成为对外开放和进出口贸易的"窗口"，还在一些省市成立地方性的外贸公司。1983年赋予部分国有大中型企业自营进出口权。1984年，我国开放大连等14个沿海港口城市，并逐步在这些城市设立经济技术开发区，实行类似于经济特区的特殊开放政策，吸引外资，开展加工贸易，发展对外贸易。1985年，向地方下放外贸经营许可审批权，更多企业获得了外贸经营权。台港澳投资企业、"三资"企业自动拥有自营进出口商品的外贸经营权。

改革外贸计划管理方式。减少进出口商品指令性计划，大幅缩减计划出口商品的种类，企业逐步转向根据市场供求状况自主从事进出口业务，取消全国的出口商品收购计划和进口商品调拨计划，减少政府对外贸企业的行政干预，试行进出口代理制，赋予外贸企业更多的进出口经营自主权。

向外贸企业让利。改革外贸企业吃财政"大锅饭"的分配制度，

1984年—1986年，国有外贸公司实行了核定成本、利润分成的制度，超出核定成本的企业盈利部分留归企业支配。1987年改行出口奖励制度，对出口创汇给予资金和外汇额度奖励。同时，还实行了中央与地方的出口创汇分成制度，部分出口创汇留归地方支配。为鼓励企业出口，1985年采取了国际通行的出口退税政策。[①]

放权让利的外贸体制改革，打破了高度集权的外贸管理体制，减少了行政部门对外贸企业经营活动的干预，有利于调动地方、外贸企业和职工的积极性。但也存在局限性，没有从根本上改变行政主导型的外贸体制。一是企业能否获得进出口经营权仍然由政府部门审批，既无法彻底改变外贸经营权行政性垄断局面，难以建立起竞争性外贸市场。二是放权让利的主体是政府，政府部门担心在放权让利中的外贸企业真正自主经营、自负盈亏后将不再听命于政府，难以保障外贸计划落实，在不根本改变计划经济体制的前提下，政府部门便层层截留本该属于外贸企业的经营自主权和经济利益，外贸企业的经营活动仍然广受行政干预。三是在放权让利中没有解决外贸条块分割的局面，存在着不同类型外贸企业与政府部门的远近亲疏之分，外贸企业之间无法做到平等竞争。

5.3 两权分离：外贸承包制走上前台

为了使外贸企业成为真正自主经营、自负盈亏的市场主体，进一步减少行政部门对企业外贸活动的不必要干预，充分调动外贸企业和职工的积

---

① 《中国对外经济贸易50年》编辑部.中国对外经济贸易50年[M].北京：当代世界出版社，1999：35.

极性，1988年2月，国务院发布了《关于加快和深化对外贸易体制改革若干问题的规定》，推行以承包经营责任制为核心的外贸体制改革。

1988—1990年，实行第一轮外贸承包经营责任制。外贸主管部门作为发包方，核定外贸公司的出口创汇、上缴外汇、出口补贴三项承包指标，规定三年不变，签订承包合同。实行外汇收入留成制度，对于完成承包指标的企业出口创汇大部分上缴国家，少部分留归地方和企业支配，外汇留成比例因地区、行业、商品种类差异而不同；对于超出承包指标的企业出口创汇收入，大部分留归地方和企业，少部分上缴国家。

与外贸承包经营责任制改革相配合，同时改革进出口计划管理体制，进一步减少指令性计划，扩大指导性计划和市场调节的范围，放开经营；改革外贸财务制度，确认外贸企业作为基本经营单位的法人地位和财务管理权；改革外汇管理体制，设立一批外汇调剂中心，留归地方和企业的外汇可以自行支配，在外汇调剂中心进行买卖；成立外贸行业协商会，协调行业内企业的进出口活动。

1991—1993年，实行第二轮外贸承包经营责任制。为实现外贸企业平等竞争，改变恶性竞争状况，推动生产企业与进出口贸易的"工贸结合"，1991年后外贸承包制进入第二轮。核心内容是在保持出口总额和出口创汇、上缴外汇指标承包的基础上，每年核定一次承包基数，取消出口财政补贴，落实承包方的经营自主权，强化外贸企业自负盈亏的机制建设，改变按地区实行不同比例的外汇留成办法，实行按不同商品大类确定的全国统一的外汇留成制度。实行有管理的浮动汇率制，发挥汇率调节进出口的杠杆作用，强化对外贸的宏观管理。

两轮外贸承包经营责任制的实施，对促进对外贸易发展发挥了明显作用，全国的对外贸易也获得了较快增长。但是，外贸承包制的缺陷也不容忽视。

首先，难以合理界定承包基数，没有形成公平竞争格局。一方面，作为承包方的各地方和企业讨价还价能力不同，讨价还价能力强的会获得较低的成本基数，而讨价还价能力弱的则要承担更高的承包责任。另一方面，在外贸经营权由政府审批发放、企业出口经营范围由政府部门确定的前提下，企业出口商品种类不同，出口规模和创汇数量也不同，各地经济发展水平不同，外贸发展基础和能力也不同，无论按照地区还是按照出口商品种类确定不同的外汇留成比例，均会造成地区之间、企业之间苦乐不均。

其次，加剧恶性竞争和地区分割。外贸企业为了超额完成承包任务，争抢货源，抬价收购，出口成本上升，在国际市场降价销售，自相残杀，抢夺国际市场份额。地方政府为了实现自身利益，获得更多自己支配的外汇，画地为牢，实行地区封锁，人为肢解全国统一市场，禁止外地外贸企业进入本地购买货源，限制本地原材料销往国内其他地区，保障本地企业生产出口。

最后，无法解决外贸企业深层矛盾。外贸承包制充其量能够解决的是外贸行政主管部门与外贸企业之间的权力、利益和经济责任的划分问题，而国有外贸企业的深层矛盾在于政府作为企业所有者与企业作为市场主体的政企不分、政资合一，外贸承包制不具有解决这一问题的功能。

5.4　平等竞争：外贸企业公司化改革

1992年邓小平南方谈话后，中国的改革开放进入了全新的发展阶段，市场取向的改革步入快车道。1994年1月11日，国务院发布《关于进一步深化对外贸易体制改革的决定》，围绕外贸企业公司化，构建平等竞争的外贸市场主体，推出一系列改革举措。

通过公司化改革，把国有外贸企业改造成有限责任公司或股份有限公司，建立现代外贸企业制度；赋予国有生产企业自营产品进出口权，使更多生产企业直接面向国际市场，参与国际市场竞争，1996年底，开始在经济特区试行外贸经营权注册登记制，改变外贸经营权的行政审批制度；为实现规模经济，提升外贸公司的国际竞争力，探索贸工农一体化之路，组建大型国有外经贸企业集团，向大型跨国公司目标迈进；改进外贸宏观管理，取消进出口指令性计划，对进出口总额、出口创汇、进口用汇实行指导性计划，对关系国计民生的大宗进出口商品实行配额管理，主要运用汇率、关税、税收、利率等经济手段调节进出口；进一步下调关税税率，降低关税总水平。提高外贸政策透明度和全国政策的统一性。

外贸企业公司化改革，意味着外贸承包经营责任制的终结。完成公司化改革的外贸企业，转化为市场竞争主体，开始真正自主经营、自负盈亏。放宽外贸经营权限制，使更多有条件的企业能够开展进出口业务，参与国际市场竞争，促进了我国对外贸易高速增长。一批大型外经贸企业集团建立，成为开拓国际市场的重要力量，外贸企业规模过小、过散的局面有所改观，避免了分散的"小舢板"与"航空母舰"（国外大型跨国公司）在国际市场交锋中的不利局势。汇率并轨消除了人民币高估现象，为我国扩大出口贸易创造了极其有利的条件。主要运用经济手段调控进出口活动，契合市场经济的要求，使外贸企业获得了自我发展的制度保障。

当然，国有外贸公司成为市场竞争主体，并不意味着真正实现了外贸领域的平等竞争。要成为平等竞争的市场主体，一方面，还必须推进政企分开、政资分离，完善国有资本管理体制；另一方面，必须彻底改变外贸经营权的行政审批制度，保障各类经济主体自由、平等地参与外贸经营和竞争。同时，企业在参与国际市场竞争中，就需要遵守国际经贸规则，我国在完善外贸宏观管理体制的过程中，还未建立起与国际经贸规则对接的法治化、市场化制度体系。

5.5 迎接入世：对接多边贸易体制

2001年12月11日，中国正式加入世界贸易组织（WTO）。在入世后，中国认真履行承诺和WTO成员义务，加强同WTO多边体制对接，不断深化外贸体制改革，扩大对外开放，推进贸易自由化便利化。

为了保障遵守和执行WTO规则，构建符合以市场经济为基础的WTO多边贸易规则的法律体系，大规模清理修订与WTO规则相左的法律法规和政策，降低关税水平，削减非关税壁垒，规范政府补贴措施，扩大市场准入，促进公平竞争，提高政府决策透明度。

放开外贸经营权。逐步放开了指定经营产品的进口权，削减了国营贸易产品种类和比重，外贸经营权审批制改为备案登记制，大批民营企业获得外贸经营权，并成为进出口贸易经营主体。[①] 扩大开放服务市场，履行知识产权保护承诺。

---

① 根据海关总署统计，2020年，中国民营企业进出口总值同比增长11.1%，占外贸总值的46.6%。

在历次WTO贸易政策审议中，都对中国履行入世承诺、遵守WTO规则给予了高度评价，中国是WTO成员的"模范生"。

入世开启了中国新的纪元，中国对外贸易取得了超常规的增长，2020年中国进出口总值32.16万亿元，创造了新的历史纪录。这与中国在入世谈判过程中以及入世后抓住机遇，努力推进体制改革，优化外贸环境，发挥比较优势和竞争优势，密不可分。

在全面履行入世承诺中，经济自由度和贸易、投资自由化程度大大提高，民营企业和外资企业获得全面的外贸经营权，这些非公经济发挥灵活经营的优势，迅速把经营范围拓展到世界各个角落，扩大资源配置空间，带动国内产能扩张和经济贸易增长。

入世使社会主义市场经济的制度优势得以释放，国有企业在更加开放的竞争环境下，加快改革步伐，在竞争中发展壮大，不仅可以发挥弥补市场缺陷的功能，还对整个社会经济发展产生主导作用，对于抗衡富可敌国的国外跨国公司的竞争、促进对外贸易和国内经济稳定发展发挥中流砥柱的作用。

在全面履行入世承诺中，中国企业主动学习国外企业先进的管理经验，完善公司治理结构，改善内部管理，调整产业结构、产品结构，积极参与经济全球化，主动融入全球价值链和供应链，加入全球服务体系，国际竞争力明显提升，对外贸易取得了长期高速增长。

随着贸易、投资自由化程度提高，经济自由度提升，外部经济环境变化也会传导到国内，国际经济和国际市场的波动不可避免地对国民经济运行产生冲击；入世时中国没有取得完全市场经济地位，一些WTO成员滥用贸易救济措施，以"替代方价格"衡量中国出口产品"正常价值"

的标准，致使中国受到更多倾销指控和制裁，导致更多贸易利益损失；中国对外贸易的快速增长，也伴生了贸易不平衡状况加剧，贸易摩擦上升。为了实现开放环境下的国民经济稳定发展，必须寻求新的出口竞争优势，而非主要依赖传统的成本和价格优势；必须寻求更高水平的对外开放，构建高水平开放型经济制度体系。

5.6 砥砺前行：高水平开放下的外贸制度变迁方向

进入新时代，中国经济步入谋求高质量发展的新阶段，对外贸易也从数量扩张型增长阶段转向高质量发展阶段。与此相对应，在体制上要主动谋求建立开放型经济新体制，深化外贸体制改革，构建更高水平的对外贸易制度。

更高水平的外贸制度包括实体经济和经济制度两个层面。实体经济层面主要表现为外贸规模大、质量高，经济制度层面则主要表现为对标国际高标准经贸规则体系。目前，在实体经济层面，中国贸易大国地位已经确立，但相对国民经济体量而言规模仍然不足，建设贸易强国任重道远。在经济制度层面，与高标准国际经贸规则仍有差距。高标准经贸规则不仅涉及关税、贸易便利化、市场准入等边境规则，而且涉及透明度、数字贸易、竞争中立、政府采购、知识产权、环境和劳工、投资便利化等边境后规则。因此，既要积极参与国际经贸规则的改革，又要主动对标通行的高标准经贸规则，深化外贸体制改革。

高标准国际经贸规则是以货物、服务、生产要素跨境流动更加自由便利，市场竞争更加公平，法律保障更加健全高效为导向的制度体系。

对标高标准国际经贸规则，并非简单遵从自由化程度最高的标准，而是要结合中国实际条件，检视高度自由化的高标准经贸规则的多边适用性，瞄准高标准国际经贸规则变迁的趋势，以国家利益最大化为标准，主动改革，采用已经或将成为通行的高标准国际经贸规则，以边境后规则为重点，推动规则等制度型开放，构建"市场准入＋公平竞争"开放政策体系。

第 6 章
对外贸易结构优化与动能转换

改革开放以来，中国对外贸易实现了从量到质的飞跃，成为推动国家经济发展的重要引擎。1978—2023年，中国进出口贸易额增长了惊人的287.6倍，年均增速达到13.7%。在这一过程中，中国不断优化对外贸易结构，推动新旧动能转换，从劳动密集型产品向技术密集型产品转变，从传统产业向现代服务业转型。中国外贸展现出强大的韧性，也为世界经济注入了新的活力。

6.1 蹄疾步稳：对外贸易保持在合理增长区间

改革开放的浪潮，就像一股强劲的东风，让中国外贸之船扬帆远航。1978年，中国外贸之船还只是一个小舢板，到了2023年已变成了一艘巨大的航空母舰，进出口总额飙升至59359亿美元，增长了惊人的287.6倍，年均增速13.7%。出口和进口，分别增长了346.6倍和234.8倍，年均增速分别为14.2%和13.2%。2024年进出口总额再上新台阶，突破6.2万亿美元。对外贸易，已然成为中国经济巨轮的强大引擎。

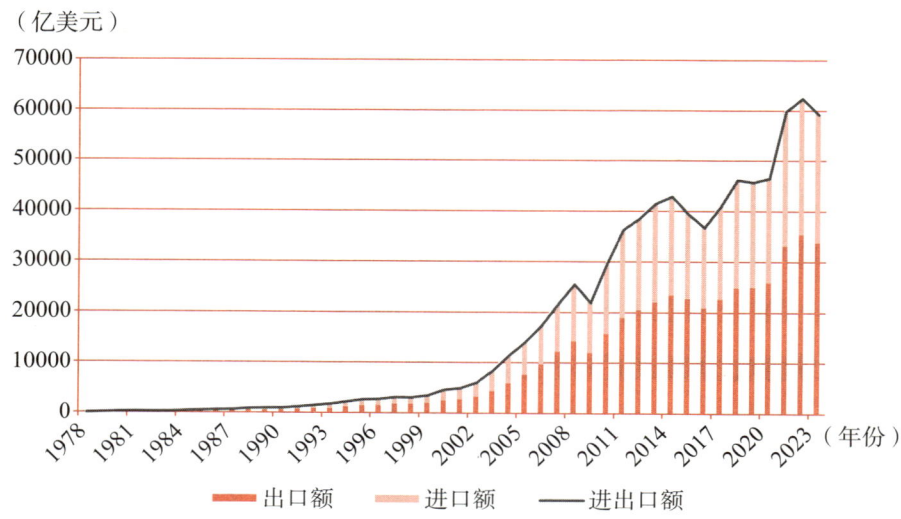

图6-1 改革开放以来中国对外贸易总额的变化情况

数据来源：中经网统计数据库。

让我们把时钟拨回到1991年之前，那时中国对外贸易还只是一颗小小的种子，伴随着经济从封闭走向开放，这颗种子以年均16.7%的速度发芽壮大，进口额和出口额的增长都在5倍以上。外贸体制改革无疑是高速增长最为合理的解释。1992年邓小平南方谈话后，党的十四大正式将发展社会主义市场经济确立为改革目标，中国对外开放的大门越开越大。外商直接投资如潮水般涌入，外贸总额，尤其是出口额，如春笋一般节节攀升。如图6-1所示，1994年出口额突破了1000亿美元大关。然而，1997年东亚金融危机的风暴，让整个地区出口态势遭遇了寒流，中国外贸也感受到了一丝凉意。

2001年"入世"以来，中国经济深度融入世界经济一体化，外贸规模和贸易顺差（即出口额减去进口额）快速增长。2007年，出口额和进口额分别达到了12205亿美元和9561亿美元，相较于2001年分别增长了

3.59倍和2.92倍，顺差规模增长了10倍多。"入世"不仅直接带来了中国针对特定国家或地区进口商品所适用的关税（即对口关税）的下降，还极大地减轻了贸易政策不确定性造成的负向冲击，确保了外部需求稳定。世界经济增长状况相对稳定，整体信贷环境也较为宽松，这又在供给层面促进了中国外贸的快速扩张。另外，在劳动力成本优势、大市场规模、稳定的金融环境以及优惠性税收政策等多重因素的影响下，主要发达国家的制造业部门陆续向中国转移，东亚范围内其他国家的生产部门也向中国转移，进一步推动了中国外贸的快速扩张。

2008年，国际金融危机如同一场突如其来的暴风雨，冲击了中国实体经济和对外贸易，暂时中断了21世纪以来外贸的快速增长趋势。从2009年开始，随着各国反危机政策的实施，全球经济逐渐稳定，中国外贸也再次起航，尽管增速有所放缓。进入2015年，世界经济需求疲软，大宗商品交易低迷，进出口贸易规模再次遭遇逆风。但中国外贸的航船并未就此搁浅，而是逐步回暖，货物出口总额基本保持在20000亿美元以上，展现出了中国经济的强大韧性与活力。

6.2 踏石留印："五个优化"筑牢稳中向好之势

中国采取了一系列措施来稳定和提升外贸表现。商务部发布了《对外贸易发展"十三五"规划》，提出推进国际市场布局、国内区域布局、外贸商品结构、经营主体结构和贸易方式"五个优化"。国务院办公厅也出台了《关于推进对外贸易创新发展的实施意见》《关于推动外贸稳规模优结构的意见》，明确"五个优化"具体措施。简单来说，就是要让中国外贸更加多元和高效。

全球布局——中国制造，世界舞台

中国对外贸易的版图不断扩大，形成了一个多层次、多规模、广泛覆盖的国际贸易新格局，这不仅帮助我们降低了依赖单一市场的风险，也反映了中国外贸竞争力的稳步提升。20世纪80年代初，中国的外贸伙伴还主要集中在港澳台地区、东亚和东南亚、欧洲和北非，那时候只有163个国家和地区与中国有经贸往来（见表6-1）。但到了2023年，这个数字已经增长到了230个，几乎世界上所有国家都与中国有着贸易往来。这就像是从一个小型的社交圈扩展到了全球性的大家庭，中国外贸"朋友圈"变得越来越大，越来越多元化。

表6-1　中国外贸市场数目与贸易份额的统计情况

市场分布	1998年		2023年	
	市场数目（个）	贸易份额（%）	市场数目（个）	贸易份额（%）
亚洲	44	57	48	49
欧洲	40	18	49	20
北美洲	2	18	4	13
拉丁美洲	25	3	47	8
大洋洲	6	2	22	4
非洲	46	2	60	5
合计	163	100	230	100

数据来源：基于国家统计局数据计算。

亚洲各国一直是中国重要的贸易伙伴。1998年，中国同亚洲地区的进出口额占同期外贸总额的57%（见表6-1）。伴随着中国外贸开放进程深入以及市场多元化政策的实施，亚洲市场在中国外贸中的作用和地位有所下降，2023年亚洲市场的贸易份额降为49%，同样下降的还有北美地区。贸易份额的增加主要集中在非洲、欧洲和大洋洲地区，这些区域在中国外贸市场中的地位稳步提升，成为促进中国外贸区域结构优化的重要力量。

区域均衡——你追我赶，协调发展

东部地区一直是中国外贸增长的主要力量，中西部地区虽然贸易份额较小但增速较快。1993年，我国东中西部地区[①]外贸进出口总值分别为1471亿美元、441亿美元和97亿美元，其中，东部地区占我国外贸的比重高达86.1%。在加入WTO当年，东部地区的比重最高为92%。到了2023年，我国东中西部地区对外贸易进出口总值分别为48243亿美元、5803亿美元和5312亿美元（见图6-2），分别比1993年增长了33倍、12倍和54倍，占到我国外贸总额的81.3%、9.8%和9.0%，这表明了我国外贸区域结构不断趋于平衡。

东部地区是我国最早进行改革开放的地区，也是我国经济最具活力的地区，天然的地理优势以及倾斜政策支持进一步提高了东部地区的贸易竞争力。多年以来，东部地区一直是我国外贸不断扩张的核心力量，在我国外贸总额中的占比也基本保持在80%以上。

西部地区虽然身处内地，但这一区域资源充裕，潜力巨大，西部大开发

---

① 东部地区包括北京、天津、河北、辽宁、上海、江苏、浙江、福建、山东、广东和海南11省（市）；中部地区包括山西、黑龙江、吉林、安徽、江西、河南、湖北和湖南8省；西部地区包括内蒙古、广西、重庆、四川、贵州、云南、西藏、陕西、甘肃、青海、宁夏、新疆12省（区、市）。

以及近年来共建"一带一路"更是为西部地区的发展提供了有力的政策保障。因此，从外贸增速来看，西部地区也成为我国外贸规模增速最快的地区。

相较于东西部地区，在东部大发展、西部大开发、东北大振兴的战略下，中部地区深受"经济洼地"的压力和影响，尽管地理位置要优于西部地区，但外贸规模优势并不明显。中部地区与西部和东部地区相邻、连接北方和南方地区，能够共享西部和东北地区的自然资源优势以及东部和南部地区的地理位置优势。伴随着东部地区人力成本的上升以及我国区域协调发展和开放进程的深化，中部地区的外贸也取得了较为显著的进步，未来很有可能成为中国经济建设中重要的经济力量。

总体而言，我国各地区间外贸发展存在差异，但各地不甘落后，你追我赶，均取得了举世瞩目的成就，在中国外贸发展中占据不可或缺的地位。

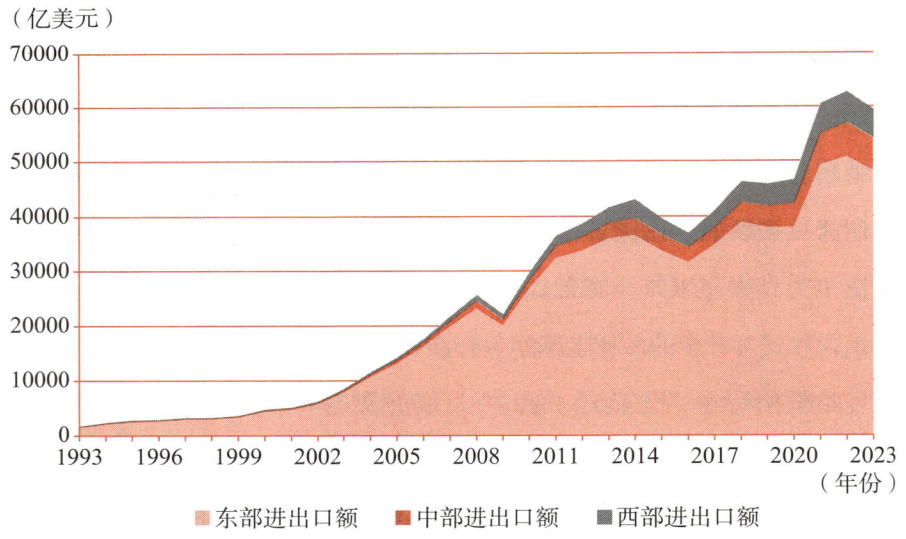

图6-2 中国进出口总值地区分布情况

数据来源：中国海关企业数据库。

商品升级——工业精品，技术引领

改革开放初期，我国出口结构中大类商品的构成差异不大，初级产品和工业制成品的出口额分别为91亿美元和90亿美元，所占比重基本相当。伴随着改革开放的持续深入，我国工业制成品在整个外贸中所占的比重明显上升，初级产品所占出口的比重则在不断地下降。这一趋势在进入21世纪后表现得更为明显。2000年，我国初级产品出口额255亿美元，同期工业制成品出口额2237亿美元，工业制成品在整个出口贸易中的比重接近90%。2023年，我国工业制成品的出口额是初级产品的约19倍。可以说，我国的大类产品出口构成已经由工业制成品和初级产品的并驾齐驱转变成为工业制成品占据绝对地位。

我国进口商品结构的变化与出口相似。改革开放以来我国初级产品和工业制成品的进口都有较大幅度的增长（见图6-3）。不同之处在于，初级产品进口增长速度以及工业制成品进口增长速度的相对大小在不同时期存在着明显差异。1980年，我国初级产品和工业制成品的进口额分别为70亿美元和131亿美元，到了2000年，我国初级产品进口额467亿美元，工业制成品进口额1784亿美元，分别比1980年增长了5.7倍和12.6倍，工业制成品的进口在总进口中的比重接近80%。进入21世纪之后，伴随着我国制造业大国地位的确立，工业制成品贸易逐渐转向出口贸易，其进口比例有所下降，随后在波动中回落至2023年的57%；初级产品的进口份额有所上升，由2002年的16.7%上升至2008年的32%，随后攀升至2023年的43%。整体而言，无论是在规模还是在增速上，相较于初级产品，工业制成品在进口产品中继续保持重要的地位。

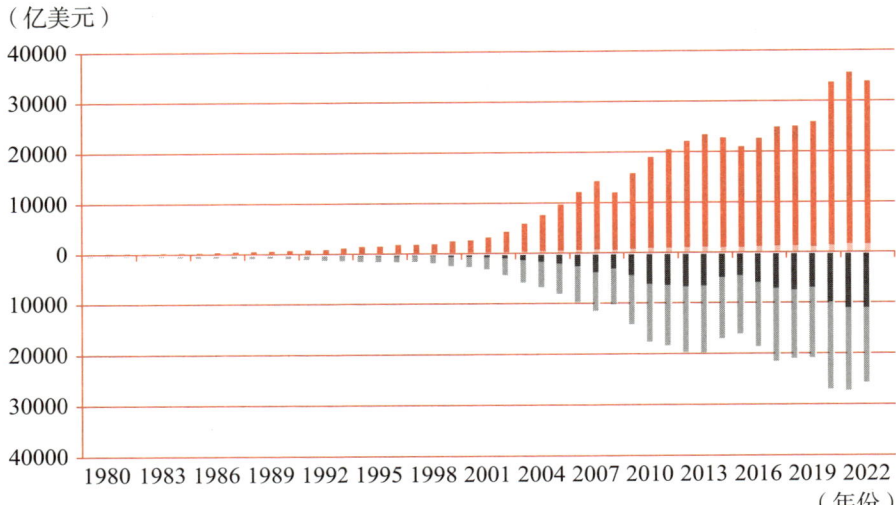

图6-3 我国初级产品和工业制成品进出口变化情况

数据来源：中国海关统计。

在工业制成品逐渐成为支撑我国外贸发展的主要推动力量的同时，在具体的工业制成品内部，技术结构也在不断地优化升级。改革开放之初，我国劳动力资源禀赋丰裕，但生产率状况却相对落后，出口产品主要以劳动密集型和低技术产品为主。伴随着我国经济的不断发展以及改革开放的不断深入，传统的劳动密集型产品的出口优势随着我国劳动力成本的上升而逐渐丧失，取而代之的是生产技术水平的提升和技术密集型产品的出口增长。据海关总署统计，2023年，我国出口机电产品13.92万亿元，增长2.9%，占出口总值的58.6%；机电产品中，电动载人汽车、锂离子蓄电池等"新三样"产品合计出口1.06万亿元，首次突破万亿元大关，增长了29.9%；中高技术密集型产品的进口也有所增加，如集成电路、自动数据处理设备及其零部件、二极管及类似半导体器件等产品。

技术密集型产品进出口增加有利于推动国内企业优化产品结构，加强产品研发创新，提升产品技术附加值，从而提升产品质量，推动中国"质造"不断升级。

主体活力——民营力量，贸易先锋

改革开放之初，我国对外贸易经营权还没有放开，从事外贸业务的企业主要是国有外贸企业。随着外贸行业体制改革和开放的不断深入，国有外贸企业的垄断地位被打破，国有贸易占比逐渐下降，其他所有制企业逐渐参与到我国的对外开放进程。特别是在进入20世纪90年代之后，随着外贸企业经营制度改革和大量外资涌入，外贸企业主体初步形成多元化格局，外商投资企业和私营企业逐渐在中国外贸发展中占据主导地位。2001年之后，外贸主体多元化的格局越发显现。

国有企业是最早参与到对外开放进程的企业主体，在我国对外开放水平走向深入的过程中，起到了非常重要的作用。据海关统计，2000年，我国国有企业进出口总值2153亿美元，占同期外贸总额的45.4%，接近半壁江山。此后，国有企业进出口额在外贸总额中的比重不断下降，2023年占比仅为16%。

与国有企业在外贸中逐步弱化的地位相比，民营企业的地位逐步增强，呈现出"国退民进"的趋势。据海关统计，2000年，民营企业进出口额不及国有企业的2%，而后迅速扩张，于2010年首超国有企业。事实上，在加入WTO之后，民营企业就成了贸易增速最快的企业主体，即便是在美国金融危机以及2015年之后我国外贸整体下滑的时期，民营企业仍然保持了一个相对较高的贸易水平。2023年，民营企业进出口额占我国外贸总额的比重达到53.5%。

外资企业一直是我国外贸开放过程中的重要主体。21世纪以来，发达国家对外产业转移的加速更是使外来要素在我国外贸活动中的作用和地位得以提升。2000年，我国外资企业进出口额已经超过2000亿美元，占外贸总额的49.9%，基本与国有企业平分秋色。除了2008年金融危机时期，外资企业的进出口额一直呈现着扩张态势，但由于民营企业增长更快，外资企业占全国进出口总额的比重逐步下降。2023年，外资企业进出口额占全国对外贸易总额的比重仍然达到30.2%，低于民营企业而高于国有企业。

方式创新——贸易多元，方式多样

改革开放初期，中国在大力开展一般贸易的基础上，采用了来料加工、进料加工等加工贸易方式，大力推动了外贸发展。1981年，加工贸易只占我们进出口总额的6%，但到了1998年，这个比例飙升到了53.4%。随着时间的推移，中国开始优化贸易结构，加工贸易的比重逐渐下降。党的十八大以来，中国更加注重调整结构和转变发展方式，培育外贸竞争新优势。根据海关数据，加工贸易的比重从2012年的34.8%减少到了2022年的20.1%，而一般贸易的比重则从52%增加到了63.7%。与此同时，中国鼓励加工贸易转型升级、向产业链两端延伸。现在，中国加工贸易出口的产品技术含量越来越高，高新技术产品的占比已经超过了60%。特别是在新材料、生物医药、医疗仪器、高端装备、电子信息、新能源汽车和仪器仪表这些高端产业领域。

6.3　空山新雨：新旧动能转换释放出强劲动力

培育外贸发展新动能有助于推动外贸高质量发展、实现高水平对外开放以及巩固经济回升向好态势。2024年7月底召开的中央政治局会议指出，要积极培育外贸发展新动能，拓展中间品贸易、服务贸易、绿色贸易。究竟什么是新动能与旧动能？如何实现新旧动能转换？能否为外贸发展注入强劲动力？

从传统引擎到未来加速器

动能转换包含着旧动能的改造以及新动能的培育。新旧动能既是一个相对概念，也是一个动态概念，在不同的时点其含义也存在着一定的差异。通常我们所谈到的旧动能，是推动我国外贸扩张和产业发展的传统动力，强调传统产业以及采用传统生产经营方式的农业、工业和服务业在对外贸易和经济增长中的作用。相对于传统动能，新动能则是新一轮科技革命和产业变革中形成的经济社会发展新动力，包括新技术、新产业、新业态、新模式。

新旧动能转换涵盖了三个核心层面：通过增加新动能来抵消传统动能的衰退，加速新技术和新产业的发展，以发掘经济增长的新源泉；通过经济体制改革、聚焦科技创新以及推动产业结构调整升级等策略，来改造提升传统产业，催生新的商业模式和经营方式；利用新动能带来的广阔发展空间，为传统产业的转型升级提供机会。[1] 简言之，新旧动能转

---

[1] 熊丽.深化改革推动新旧动能接续转换［N］.经济日报，2024-09-06（009）.

换的目标是发展壮大新产业、新业态和新商业模式（以下简称"三新"），并对传统产业进行升级改造，以实现经济增长与外贸发展的高效率、环保性和竞争力。

为动态监测我国经济发展新动能变动情况，国家统计局发布了经济发展新动能统计指标体系，即利用"三新"调查基础数据，采用线性加权的综合评价方法构建而成的复合指数，用来反映经济新动能发展趋势和进程。[①]据测算，2023年我国经济发展新动能指数为119.5，比上年增长19.5%，表明我国经济发展新动能持续壮大，经济活力进一步增强，动能转换成效明显。

另有两组数据，为观察新旧动能转换提供了更多的视角。一组是工业企业利润数据。据国家统计局工业统计司数据，2024年1—9月，高技术制造业利润同比增长6.3%。另一组是制造业景气度数据。2024年10月，中国制造业PMI升至50.1%，自4月以来首次重回扩张区间，装备制造业PMI和高技术制造业PMI分别为51.3%和50.1%。由此可以看出，我国产业结构不断优化升级，新动能的支撑力持续增强。

动能转换与中国外贸转型发展

改革开放以来，中国外贸经历了一场新旧动能转换的转型发展之旅。起初，中国三大产业在国际市场上的竞争力都不强，贸易规模相对较小。但随着改革开放的推进，工业迅速崛起，成为外贸主力，而农业和服务业的增长较慢、所占份额较低。党的十八届三中全会以来，服务业开放

---

① 宁吉喆.领导干部统计知识问答［M］.中国统计出版社，2021.

逐步成为改革重点，服务贸易迎来了快速增长，从2008年的3223亿美元飙升至2013年的9186亿美元，增幅高达185%。至此，中国服务进出口规模连续9年位居世界第二。

在制造业领域，中国外贸结构也经历了从劳动密集型产品和低技术产品向高技术产品的转变。政府出台了《进一步实施科技兴贸战略的若干意见》《关于加快培育外贸竞争新优势的若干意见》《关于加快发展外贸新业态新模式的意见》等一系列政策，鼓励高技术产品贸易，推动外贸结构优化升级。在转换增长动力的攻关期，推动新旧动能实现平稳接续转换，需要紧扣3个关键词。

其一，创新驱动。强调通过创新来引领新旧动能转换，破除制度障碍，建立以创新为引领的体制机制，激发全社会的创新创业活力。控制要素成本过快攀升，继续发掘传统的比较优势，促进内地承接沿海产业转移，优化加工贸易经营环境，重视作为货物贸易主体的中间品贸易，稳定传统货物出口，巩固中国作为世界制造中心和出口大国地位。同时，做好外贸优势和动能转化的衔接，按照新发展理念，以创新为引领，培育外贸新的竞争优势，优化出口结构。抓住新一轮工业革命契机，强化数字技术赋能外贸，优化数字贸易发展环境，鼓励发展数字贸易、跨境电商等新贸易模式、新贸易业态。①

其二，结构优化。关键在于推动传统产业转型升级，通过差别化政策和智能化、绿色化、融合化发展，促进资源要素向高效益企业集聚，实现产业链协同提升。打造产业链条长、附加价值高、可持续发展的"新

---

① 桑百川，武云欣.高水平开放推进中国式现代化的着力点［J］.开放导报，2024（1）：7—14.

一代"出口产品,促进高附加值的中间产品和高端零部件出口,从低附加值出口产品为主向高附加值出口产品为主转化,从劳动密集型出口产品为主向资本、技术密集型出口产品为主转化,从世界工厂向世界中间品供应基地转变,从世界制造中心向世界创造中心转变;培育一批拥有一流技术、质量、品牌、服务体系的外贸企业,打造"中国品牌",形成一批能够整合全球资源、占据全球或区域价值链高端的全球公司,推动企业从价值链低端向价值链高端迈进。

其三,环境优化。通过深化"放管服"改革和行政审批制度改革,降低企业成本,构建有利于新产业新业态发展的制度环境,为新旧动能转换创造良好的创业环境、营商环境和创新生态。鼓励环保产业外商投资,吸引具有领先环保技术的外资企业,加大环保投入,推动绿色发展;完善外商投资企业社会责任体系,鼓励外资企业参加社会公益事业,依法保护外资企业劳动者的合法权益,推动共享发展。积极参与新兴领域全球经济治理规则制定,提出中国议题和主张,促进建立互利共赢、公开透明的贸易投资国际规则,推进绿色发展等新议题谈判落地。

第 7 章
加工贸易的发展轨迹与历史贡献

中国加工贸易始于改革开放之初。一路走来，加工贸易从"三来一补"到"进料加工"和"深加工结转"，从"外销"到"内销"，从"乡镇小厂"到"跨国公司"，从"纺织服装"到"机电及高新技术产品"，其发展和升级轨迹贯穿了改革开放的全过程，成为改革开放推动外贸发展的重要缩影。

7.1 雄关漫道：从"三来一补"到创新发展

加工贸易最突出的特征是"两头在外"，也就是从国外进口原材料，在国内完成加工或者组装，再把成品卖到国外去。这就像我们从超市买了面粉和糖，在家烤了个蛋糕，然后卖给邻居一样。加工贸易主要有来料加工和进料加工两种形式，二者区别在于"料"的所有权和责任归属[①]。有学者把加工贸易比作一场"国际贸易接力赛"。在这个比赛中，有的企业只跑一棒（仅作为简单的加工车间）；有的企业则跑好几棒，从买面粉到卖蛋糕都一手包办。

---

① 严格来讲，加工贸易还包括"出料加工贸易"（亦称为境外加工贸易）。鉴于出料加工贸易属于对外直接投资的范畴，此处的加工贸易并不包括出料加工贸易情形。

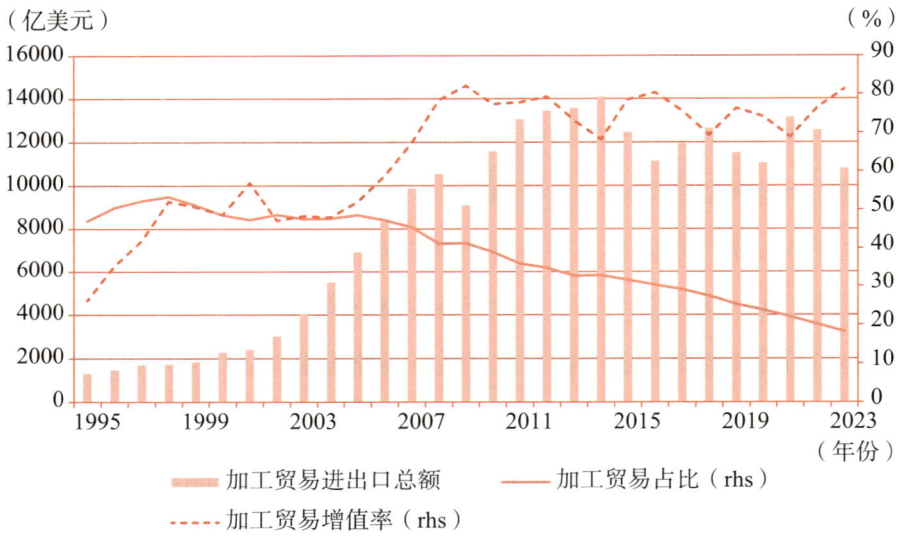

图7-1　1995年以来中国加工贸易进出口情况①

数据来源：整理自历年的中国国民经济和社会发展统计公报。

加工贸易为中国外贸增长和经济腾飞做出了重要贡献。加工贸易在中国外贸发展中的重要地位不言而喻，加工贸易增值率也稳步攀升、十分可观（见图7-1）。回看来时路，1978年，珠海香洲毛纺厂签下了中国第一份加工贸易合同，中国的加工贸易从此拉开了序幕。那时候，加工贸易主要是"以进养出"，也就是"来料加工、来件装配、来样加工、补偿贸易"的简单形式（简称"三来一补"）。国家先后出台了《以进养出试行办法》《开展对外加工装配和中小型补偿贸易办法》等法规，明确提

---

① 加工贸易占比 $= \dfrac{\text{加工贸易进出口额}}{\text{全国进出口总额}} \times 100\%$，

加工贸易增值率 $= \dfrac{\text{加工贸易出口额} - \text{加工贸易进口额}}{\text{加工贸易进口额}} \times 100\%$。

出了"大力发展以进养出业务",增加国家外汇收入。据统计,全国来料加工进口额从1978年的13.3亿美元增至1987年的116.7亿美元。

随着国内加工贸易企业实力增强,进料加工贸易比重逐年增加,1986年已经达到了35.2%。1988年国家出台了一系列鼓励"大进大出""两头在外"的政策措施,如海关总署发布的《对进料加工进出口货物管理办法》,外经贸部发布的《关于加强进料加工复出口管理工作的通知》等。一系列的鼓励和规范措施出台,大大促进了进料加工贸易的发展。据统计,进料加工贸易的比重迅速从1986年的35.2%提高到1992年的60.7%,占据主导地位;加工贸易进出口总额占外贸总额的比重也从1987年的23.2%上升到1991年的42.4%,几乎占到中国外贸的"半壁江山"。

1992年海关总署发布了《对外商投资企业进出口货物监管和征免税办法》,鼓励外商投资企业从事进料加工贸易。在政策利好之下,国内出现了外资涌入大潮,外资企业逐渐成为加工贸易企业的主体,外资企业加工贸易进出口额占全国加工贸易的比重从1990年的28.8%提高到2008年的84%。同时,国家出台了一系列政策措施规范和完善加工贸易管理制度,其中最重要的法规文件是1999年出台的"国办发35号文"(《国务院办公厅转发国家经贸委等部门〈关于进一步完善加工贸易银行保证金台账制度意见〉的通知》)。"国办发35号文"勾勒出了加工贸易的基本管理思路,构成了加工贸易管理制度的雏形。

2001年中国加入WTO,中国经济进一步融入全球经济,加工贸易也迎来了转型升级与调整阶段。一方面,加工贸易成为中国承接国际产业转移、参与全球分工的重要形式;另一方面,环境污染和资源消耗又极大削弱了经济的可持续发展能力,加工贸易面临着转型升级、梯度转移的挑战。2007年商务部确定河南新乡市、焦作市，山西太原市，安徽合肥市、芜湖市，江西南昌市、赣州市，湖北武汉市，湖南郴州市等九座中部城市为"加工贸易梯度转移重点承接地"，随后又批准了第二批、第三批加工贸易重点承接地。2010年商务部、人力资源社会保障部、海关总署确定东莞和苏州为"全国加工贸易转型升级试点城市"。通过以上加工贸易目录调整、税收优惠调整、地区差别政策、试点示范措施等，引导加工贸易转型升级、促进加工贸易向中西部梯度转移。

受2008年美国次贷危机引致的外需下降影响，中国加工贸易发展遇到了较大困难。2009年加工贸易进出口额出现绝对下降，其占全国进出口总额的比重也开始持续下降，由2009年的41.23%下滑到2017年的29.05%。换言之，在不到10年的时间里，加工贸易进出口由中国外贸的"半壁江山"缩减为不到1/3。为此，国务院和商务部门相继出台了促进加工贸易内销、梯度转移、推行"不停产转型"等一系列促进加工贸易转型发展（从"大进大出"到"优进优出"）的政策措施。2023年12月，商务部等10部门联合印发《关于提升加工贸易发展水平的意见》，提出"提升加工贸易水平，支持产业向中西部、东北地区梯度转移，促进加工贸易持续健康发展"。

7.2 谋定而动：合理的政策设计与制度安排

国内学者对加工贸易的看法各有千秋：实行进口料件保税监管的加工制造企业的特殊贸易形式（政策监管视角）；通过对用于生产出口商品的进口料件免征关税方式促进本国制造业发展的贸易政策（贸易政策视

角);国际贸易中表现的一种国际分工(国际分工和国际贸易视角);国际制造业产业转移的实现途径之一(国际产业转移视角)。从中不难探寻到加工贸易的政策本质。

加工贸易的核心在于进口加工复出口活动

广义地看,加工贸易是国际生产分工的一种实现方式,主要反映的是全球生产分工协作关系。广义加工贸易强调的是进口加工复出口的"贸易—生产—贸易"的生产模式,并不涉及进口加工复出口的具体监管方式,换句话说,既可以是保税监管的,也可以是一般贸易形式的,只要其生产模式符合进口加工复出口即可。因此,广义的加工贸易活动处处可见,全球除资源、农产品等少量的产品外其他产品的生产流转方式大多可以归为加工贸易模式。

狭义地看,加工贸易是一种特殊的贸易形式,即部分国家对来料或进料加工采取海关保税监管的贸易形式,也就是我国商务部、海关总署等政府部门管理并执行的操作层面上的保税监管的加工贸易。狭义的加工贸易主要侧重保税监管的进口加工复出口活动,属于监管和政策范畴,并与政府部门规章中的加工贸易一致。之所以区分两者,主要的考虑在于人们在探讨加工贸易时,侧重点往往不一致,更重要的是进口加工复出口活动既可以保税监管,也可以采用一般贸易方式,换言之,进口加工复出口活动与进出口的监管与税收处理并无必然联系。

加工贸易政策本质上是一种税收优惠措施

从税收征缴看,加工贸易税收征缴方式主要有以下几点:加工贸易项下,进口料件缓征关税、增值税等进口税费,利用进口料件生产的产品出口免征增值税；若使用国产料件，进料加工贸易可以享受出口退税，而来料加工贸易不能享受免税和出口退税；进料加工贸易允许内销，但须补缴进口税费，而来料加工贸易不允许内销；加工贸易深加工结转视同内销，先征后退，但各地管理方式不一。

从外汇核销看，加工贸易外汇核销方式主要是差额抵扣外汇核销，这种方式有利于降低汇率短期变动带来的汇兑风险。进料加工贸易普遍采用差额抵扣（以收抵支）的收付汇核销方式，即进口时办理差额抵扣手续后不用付汇，待出口后按进出口收付汇差额核销。差额抵扣外汇核销方式有利于减少加工贸易企业的资金占压，降低汇率短期变动可能带来的汇兑损失。一般贸易则不适用差额抵扣法，而是采取进口付汇核销、出口收汇核销等方式，相对来说增加了贸易企业的资金占压和汇率短期变动的汇兑风险。

除税收征缴和外汇核销方式外，进料加工贸易企业的市场营销、生产管理等方面与一般贸易没有区别。因此，加工贸易政策本质上是一种税收优惠政策，是对进口加工复出口活动给予税收优惠和鼓励的政策。

加工贸易政策是加快中国工业化步伐的重要推动因素

加工贸易政策是中国工业化的加速器。自从改革开放以来，加工贸易政策吸引了大量外资企业将生产线转移到中国，让中国的工业化步伐加快了许多。最近几年，加工贸易下的机电产品和高新技术产品进出口增长迅猛，中国也因此成了全球机电和高新技术产品的主要生产和出口国。可以说，加工贸易政策在中国成为世界制造业中心和"世界工厂"的过程中，起到了关键作用。

加工贸易并不等同于低端产业。虽然人们常把加工贸易和低端产业、污染产业联系在一起，但实际上，加工贸易可以覆盖从低端到高端的各个环节。就像微笑曲线的两端，研发和管理等高附加值环节也可以通过加工贸易来实现国际分工合作，只是这些环节通常被称为"服务外包"。加工贸易包含的行业非常广泛，既有劳动密集型的，也有技术和资本密集型的；既有低端制造，也有技术含量高的高端制造，有些加工贸易企业甚至还有自己的研发机构。简言之，加工贸易并不是低端产业的代名词，它在现代产业体系中扮演着多样化的角色。

加工贸易政策的实现方式与特点

第一，创造性地形成了"区外保税监管"模式。将国外通行的保税监管模式扩展到海关特殊监管区域以外，企业从事保税加工贸易活动既可以在保税区域内，也可以在保税区域外。理论上讲，区外保税监管模式相当于最大限度地扩大了保税区的范围，将原来物理隔离的保税区域以加工贸易企业为基本单元打散分布于全国各地，即我们常说的"漫山放养"模式。这种模式可以简化流程、便于灵活经营以及促进地方经济，但监管难度大，深加工结转时会遇到较多障碍。

第二，监管制度设计从预防走私向促进转型升级转变。最初的制度设计以预防走私为主，从进出口、生产、外汇等各个方面对加工贸易加以监管。2004年海关总署制定了《加工贸易和保税监管改革指导方案》，计划建立起既能促进加工贸易转型升级，又适应中国加工贸易多元化发展要求严密监管、高效运作、有机统一、更加开放、更具活力的完整的加工贸易海关监管制度。

第三，部分加工贸易管理制度带有宏观调控色彩。如加工贸易限制类、禁止类目录的年度调整，保证金台账实转制度的调整，出口退税率调整等，这些政策措施均带有宏观调控色彩。以加工贸易保证金台账实转制度为例，海关总署2007年第44号公告规定，对开展限制类商品加工贸易业务实行银行保证金台账"实转"管理。2008年美国金融危机爆发后，商务部会同海关总署联合发布2008年第97号公告，暂停了加工贸易限制类保证金台账"实转"政策。

7.3 柳暗花明：加工贸易的历史贡献与争论

关于加工贸易对国民经济的影响，学术界有两种不同的声音：有人认为加工贸易对国民经济大有好处，应该长期发展，就像给国家经济加油一样；有人则认为加工贸易会带来一些负面影响，应该限制其发展。大家争论的焦点是加工贸易到底对经济好不好，特别是涉及外资的部分。比如，加工贸易能不能增加就业、能不能带动其他产业发展，对整体经济的贡献有多大，等等。

加工贸易是否增加社会就业？

加工贸易发展缓解了中国巨大的就业压力，是"以商品为载体的变相劳务出口方式"[①]，这反过来也成为支持发展加工贸易的主要理由之一。有

[①] 徐进亮.探寻提高我国加工贸易水平的有效途径［J］.财贸经济，2000（2）：62—65.

资料显示，加工贸易解决了约3000万人的就业[①]。但加工贸易缓解就业压力是以劳动密集型产品加工和外资新建投资为前提的，隐含条件之一是中国具有劳动力成本优势[②]。然而，联合国贸发会议数据显示，虽然中国劳动力名义成本低，但其生产效率也低，实际成本可能被低估。因此，一旦中国在受到其他发展中国家低成本劳动力威胁时，加工贸易就可能出现下滑，其增加社会就业的作用就会下降，从而构成加工贸易带来的风险之一。

加工贸易的产业关联问题

学术界普遍认为，加工贸易的产业间前后向联系并不紧密，是"体外循环"，以致有"飞地工业"或"无根工业"之称；从中国加工贸易发展现状来看亦是如此，这一状况在很大程度上就是现行加工贸易政策造成的[③]，只要加以合理引导和政策激励，这一局面是可以改变的。关键在于实现中间投入品的进口替代，或者说加大国产原材料和零部件的采购率[④]。但要确保加工贸易的转型升级应与新发展观相一致，向经济、社会和自然协调可持续发展的方向转型，尤其要坚决抵制对经济、社会和自然有长期负面影响的投资、生产和服务性活动[⑤]。

---

① 隆国强.对加工贸易的评价[J].经济研究参考，2003（11）：15—27.
② 余淼杰，袁东.贸易自由化、加工贸易与成本加成——来自我国制造业企业的证据[J].管理世界，2016（9）：33—43，54.
③ 廖涵.论我国加工贸易的中间品进口替代[J].管理世界，2003（1）：63—70.
④ 江小涓，孟丽君.内循环为主、外循环赋能与更高水平双循环——国际经验与中国实践[J].管理世界，2021（1）：1—18.
⑤ 张燕生.我国加工贸易未来转型升级的方向[J].宏观经济研究，2004（2）：15—17.

加工贸易在国际分工中的地位及利益分配

这一问题与加工贸易的主导权紧密相连。台港澳企业和外资企业一度是中国加工贸易的经营主体，总体上看，中国加工贸易在国际分工中处于价值增值链的下游，往往只存在于对零部件或原辅料件的简单加工、组装和装配等劳动密集型环节。从要素边际收益角度来看，"在外商投资企业中，外方将获得资本所得和管理、技术收入，中方只能获取劳动收入和部分资本所得（若合资）"。即便这样，"这种分配结构发生严重扭曲，对外资的盲目追求，导致中方工资水平偏低；对三资企业的过度优惠减免，致使外方获取经济租金，增加了外方不合理收入"[1]。甚至许多合资企业的外方利用加工贸易高进低出、转移利润，"把合资企业变成为单方捞取暴利的工厂，以致出现出口扩大而创汇收入不变甚至减少的'贫困化增长'"[2][3]。

加工贸易对国民经济影响的测算

加工贸易对国民经济的影响通常由加工贸易贡献度和加工贸易贡献率（拉动率）等指标加以测算。其中，贡献度为加工贸易净出口增量占当年GDP增量的百分比，贡献率为贡献度乘以GDP增长百分率。一些专

---

[1] 张海梅.加工贸易的非均衡结构及其负效应［J］.国际经济合作，2002（8）：23—25.

[2] 任烈，马传杭.中国加工贸易改革的思路［J］.中国工业经济，1999（12）：43—47.

[3] 朱廷珺.不容忽视的课题——外国直接投资与贸易摩擦：关联、影响、政策取向［J］.国际贸易，2006（10）：50—53.

家研究了加工贸易对中国经济增长的影响发现：1992—2002年，加工贸易平均每年为中国经济增长贡献了7.04%，拉动经济增长0.5%[1][2]；2008年美国次贷危机后，尤其是在2012年后，加工贸易对国民经济的贡献不增反减，这一方面与外需乏力和加工贸易转型升级紧密相关，另一方面与一般贸易比重迅速扩大有关[3][4]。

7.4 行深致远：推动加工贸易迈上更高水平

在我国经济高质量发展阶段，既需要加工贸易发展承载稳就业的功能，也需要提高加工贸易发展水平，推动加工贸易加强研发和技术改造，提升制造水平和产品附加值，发挥其推动产品、产业结构升级，实现创新发展的功能。

加工贸易转型升级的基础

改革开放以来，中国加工贸易企业逐步形成了自身的优势和特色，而这些优势和特色恰恰也是加工贸易转型升级依靠的基础。

---

[1] 刘志忠，王耀中.加工贸易对我国经济增长作用的实证研究［J］.财经理论与实践，2003（6）：89—92.

[2] 孙楚仁，沈玉良，赵红军.加工贸易和其他贸易对经济增长贡献率的估计［J］.世界经济研究，2006（3）：54—62.

[3] 商务部国际贸易经济合作研究院课题组，李俊.中国对外经贸70年：历程、贡献与经验［J］.国际贸易，2019（9）：15—24.

[4] 曹俊文，雷清雅.新发展理念下我国对外贸易高质量发展评价［J］.统计与决策，2021（15）：100—104.

第一，大规模生产制造能力是嵌入式外资代工生产型加工贸易转型升级的主要途径之一。对于加工贸易企业来说，强大的生产制造能力是它们的核心优势。这不仅仅是指生产规模大，还包括生产效率高、成本低、交货快。这种能力不是一蹴而就的，而是通过改善管理、提升质量和效率、扩大产能和配套产业逐步实现的。另外，不是所有的制造业加工贸易企业都转型为研发型、品牌型、总部型、服务型企业，换言之，不能让全部的加工贸易企业都去做研发设计，都去做品牌，况且也不现实，生产制造仍然是加工贸易企业的主要发展方向。

第二，完整产业链与高度产业集聚对于加工贸易转型升级有着重要意义。这不仅是地方产业发展成熟的重要标志，是现代化大生产和地方工业化进程的重要体现，还会降低外资企业的搬迁成本和风险，有助于外资企业"落地生根"。同时，随着加工贸易的深入发展和加工贸易生产协作活动的扩大，产业链渐趋完整，产业的地理集聚也日趋明显，这是加工贸易高级阶段的特征。

第三，不断提升生产管理的研发创新能力。加工贸易以代工生产为主，这在一定程度上妨碍了代工厂的研发创新活动，故生产管理领域的研发创新就成为此类加工贸易企业转型升级的主要途径之一。生产管理的研发创新主要指的是加工贸易企业在加强质量控制、改进生产工艺、提高生产效率、代设计（ODM）等领域所进行的研发创新活动。主要包括企业生产过程中与质量控制、生产工艺、生产效率等有关的研发创新；加工贸易企业从事代设计业务。

因此，加工贸易企业转型升级工作要分阶段推进，针对不同类型的企业采取不同的策略，并确保政策与目标一致，以实现可持续发展。

2023年12月，商务部等10部门联合印发了《关于提升加工贸易发展水平的意见》，出台一系列支持措施优化加工贸易发展环境，助推加工贸易高水平发展。

促进加工贸易企业向中西部地区梯度转移

加工贸易大多集中在我国沿海地区。面对沿海地区劳动力成本、房地产成本、环境成本等更快上升的压力，加工贸易谋求区位转移，推动向中西部、边境地区和东北地区等成本相对较低的区域梯度转移，以加工贸易发展带动相关地区对外开放和经济发展，缩小地区发展差距。[1]

但现实中，加工贸易企业向中西部地区梯度转移还面临着严峻的挑战。

第一，成本驱动动力不足。当前全球经济复苏乏力、消费需求疲弱，加工贸易企业向中西部转移基本上不可能在保留东部产能的基础上新增中西部产能，而是常常将原在东部地区的全部或部分产能转移到中西部。这种情况就造成了东部地区加工贸易企业向中西部转移的动因绝大部分源自市场战略调整而非成本驱动。主要方向则是盯住中西部内销市场和与中西部相邻的"一带一路"共建地区市场。尽管仍然有部分企业基于"成本驱动"考虑进军中西部，但中西部内外销市场才是加工贸易企业向中西部转移的核心目标。

第二，市场开拓动力不足。市场空间有限，与中西部地区相邻的"一带一路"共建国家，尤其是中亚、南亚和部分西亚地区，普遍市场规模狭小，消费能力不足，无法消化加工贸易企业的巨大产能；物流成本和

---

[1] 桑百川.推动提升加工贸易发展水平［N］.经济日报，2024-01-18.

通关压力较大，中西部地区较高的运输物流费用和较低的海关通关效率也给"大进大出"的加工贸易带来较大成本压力；中西部地区内销市场虽然广阔，但竞争异常激烈，加工贸易企业西进后面临较大的市场开拓和竞争压力，以及尚不健全的内销机制。

第三，海关监管和通关便利化水平仍有不足。中西部地区的海关特殊监管区数量远远少于东部地区，不仅严重制约着中西部加工贸易企业的通关效率，而且大大提高了加工贸易的监管成本。此外，通关便利化水平有待提升。目前海关监管过细，程序烦琐，不利于中间品出入海关。

雄关漫道，中国加工贸易的历史地位和作用毋庸置疑，现今在转型升级、区位转移的道路上，正在艰难探索之中。

第 8 章
从"贸易大国"迈向"贸易强国"

中国在改革开放中主要依赖成本优势承接全球制造业转移、扩大进出口规模，逐步成长为世界制造中心和第一货物贸易大国，出口国际市场份额从 2011 年的 10.4% 升至 2023 年的 14.2%[①]。如今，培育国际竞争新优势，实现对外贸易优化升级，从贸易大国迈向贸易强国，已成为对外贸易发展的核心问题。

8.1 追本溯源：深度把握贸易强国的十大特征

党的二十大报告中指出："推动货物贸易优化升级，创新服务贸易发展机制，发展数字贸易，加快建设贸易强国。"这是党中央站在新的历史起点上，统筹中华民族伟大复兴战略全局和世界百年未有之大变局做出的重大战略安排。追本溯源，贸易强国的本质是在获得稳定的国际贸易利益基础上，分享国际贸易高端收益。建设贸易强国必须深刻把握其基本特征[②]。

第一，进出口规模大。 一个经济大国，如果其进出口规模小、在全

---

① 数据来源：中华人民共和国商务部。
② 桑百川.贸易强国的十大特征［J］.旗帜，2024（2）：54—55.

球贸易中占比低,则表明其贸易开放度低、在国际贸易中的影响力小,称不上贸易强国。世界公认的贸易强国,如第一次工业革命时期的英国、第二次工业革命时期的美国和德国、20世纪80年代的日本,都是进出口规模巨大的贸易大国。当今世界,国际生产、服务分工日益细密,为全球货物贸易和服务贸易扩张奠定了基础,进出口规模不仅表现在货物贸易上,也体现在服务贸易上。

第二,进出口基本稳定。进出口基本稳定既包括价格的稳定,也包括规模的稳定。当国际经济、政治和法律环境恶化,进出口活动不确定性增加、风险上升,进出口商品的规模和服务价格会发生变化。如果出口贸易价格大幅下降,不仅影响出口效益,而且影响出口规模,不利于出口企业发展;如果进口价格大幅上涨,不仅会制约进口规模扩大,而且容易产生输入性通货膨胀,造成国内物价水平上升;如果出口规模大幅下降,就会影响国内投资、就业、消费和经济的稳定性;如果进口规模不稳定,供应链中断,国内急需的投资品不能正常进口,就会导致企业的生产经营活动无法正常进行或被迫中断,进而影响产品供给。

第三,进出口相对平衡。进出口平衡是国际贸易长期稳定发展的基本保障。如果贸易逆差过大,说明出口缺乏竞争力、国内市场供给对外依赖性强,进口品大量挤占国内市场,可能影响国内企业正常经营,冲击经济平稳运行,不利于国民经济长远发展。如果贸易顺差过大,虽然说明出口竞争力强,但由于国家之间贸易不平衡,容易产生贸易摩擦,影响出口市场政策环境的稳定性,不利于出口企业长远发展;顺差大,外汇储备增加,从长期来看,本币面临升值压力,出口成本会上升,冲击出口的稳定性,还会导致外汇储备缩水,造成国民财富损失。目前,我国进出口顺差较大,尤其是货物贸易顺差大,主动扩大进口是我们顺应经济规律的战略选择。

第四,贸易伙伴多。市场多元化、贸易伙伴多,可以分散贸易风险。如果贸易伙伴少,进出口集中在少数国家和地区,容易受贸易对象国牵制,或因贸易对象国的贸易环境变化影响进出口稳定性。当贸易对象国经济不景气,进口需求萎缩,为该市场生产的产品出口就会遇到困难,提供的服务数量就会下滑,从而反噬出口国经济;当贸易对象国政治动荡、经济政策变动、经贸关系恶化,进出口贸易就会遭受冲击。目前,我国有230多个经贸伙伴,遍布欧美澳和亚非拉各地;贸易伙伴中既有发达国家和地区,也有新兴市场国家和广大发展中国家和地区。当局部市场收缩,可以开拓其他的多元市场。

第五,贸易产品种类丰富。进出口规模大、贸易伙伴多,往往与贸易产品种类丰富直接相关。如果仅有少数几种或单一的贸易产品,自然无法达到巨大贸易规模,也很难有众多贸易伙伴,不可能分享全球贸易的巨大利益。贸易产品种类丰富,意味着能够广泛参与国际分工,在国际贸易中发挥更大影响力,产生较大规模的贸易利益。中国拥有门类齐全的工业体系,进出口产品种类繁多,涵盖国际贸易各大类及各基本类商品中的资本品、中间品和消费品。这是广泛参与国际贸易活动、获得较大规模贸易收益的基本条件,也是成长为贸易强国的重要基础。

第六,能够主导全球价值链。贸易大国不等于贸易强国,贸易大国只是成为贸易强国的基础。要成为贸易强国,必须拥有一批能够主导全球价值链的跨国公司。在新一轮工业革命中,面对着全球的激烈竞争,只有建立起本国众多的全球领先公司,充分整合利用全球的技术、资本、市场、人才、信息、营销渠道、先进管理经验等优质资源，掌握国际领先的技术，形成价值链高端环节上的竞争优势，才能避免在国际竞争中被锁定于国际产业链低端而难以自拔。

第七，出口商品和服务的附加值高。 要成为贸易强国，就要拥有大批掌握关键核心技术、具备自主知识产权的出口商品和服务。只有保持技术领先，才能保持生产和服务的高效率和高附加值，进而有效降低出口成本，在国际市场竞争中立于不败之地。国际贸易的竞争，也是产品和服务质量的竞争。只有与国际先进管理、标准对接，培育起以先进技术为基础的产品和服务，塑造出国际品牌，改变廉价低质的产品和服务形象，才能提高附加值，获得高端收益。

第八，掌控国际营销渠道。 国际贸易的竞争，还是营销渠道的竞争，营销环节在价值链中居于高端。如果缺少自己掌控的营销渠道，营销环节被外国企业控制，容易被排斥在全球产业链、供应链之外，在国际贸易的价值分配中处于不利地位。在数字贸易蓬勃发展的时代，有效利用数字技术手段，采用新贸易模式，开发新贸易业态，掌控贸易营销渠道，才能分享营销环节的价值链高端收益。

第九，建立高水平的开放型经济体制。 作为国际贸易强国，离不开以市场化、法治化、国际化为基础的开放型经济体制的制度保障。开放型经济体制，首先是市场经济发达，主要由市场机制调节进出口贸易，并更好发挥政府的作用，有效调控进出口活动；其次，法治健全，既有完善的国际贸易法规体系，也有完备的执法体系，依法规范国际贸易活动，协调国际贸易关系，处理国际贸易争端；最后，遵循国际经贸规则，贸易自由化、便利化水平高，贸易经营主体公平有序竞争，贸易政策措施透明、可预期，贸易支持政策合法合规，知识产权保护严格有度，环境和劳工标准有章可循，贸易风险防范安全可控。

第十，全球经济治理的重要贡献者。 矫正世界市场失灵、维护国际经济秩序、规范国际经济与贸易行为，离不开全球经济治理。要成为国际贸易强国，就要积极参与全球经济治理改革，能够提出全球经济治理新议题，主导全球经济治理制度建设，支持多边主义，维护开放型世界经济，成为全球经济治理的重要贡献者，为国际贸易创造良好的外部环境。

8.2 百舸争流：抓住全球产业分工格局重塑的机遇

国际力量对比正在发生前所未有的积极变化，新兴市场国家和发展中国家群体性崛起正在改变全球政治经济版图。[1]据国际货币基金组织数据，2023年，发展中国家GDP全球占比约为60%，出口全球占比超过2/5，对世界经济增长的贡献率超过30%。各国都是全球合作链条中的一环。受成本、效率等经济因素，以及政治、安全等非经济因素的影响，全球产业分工和产供链布局呈现以下四个方面的趋向。

"多彩融合"——多元化趋势

2008年金融危机后，发达国家重新审视经济全球化对本国产业、就业等影响，推动"制造业回流"，希望重建自己的工业基地。新冠疫情叠加地缘政治的紧张局势，让一些国家更加坚定了"降依赖"和"去风

---

[1] 王文涛.经济全球化发展走向与扩大高水平对外开放[N].学习时报，2024-03-01（001）.

险"的决心，他们开始搞"脱钩断链"，试图在周边和盟友国家建立新的"近岸"和"友岸"产业链。在这种情况下，一国对外依存度高的基础产品和技术供应一旦被中断，尤其是粮食、核心技术和能源资源被"卡脖子"，整个产业链就会像多米诺骨牌一样倒下，影响到产业发展乃至国家安全。因此，各国纷纷推动本国产供链多元化布局，跨国公司主动调整战略，分散投资，多点布局产能，推进能源矿产等来源地和运输通道多元化，像在建设一个强大的"经济免疫系统"。①

"地域联盟"——区域化趋势

受逆全球化、贸易保护主义抬头和发达国家推动产业链回迁等多重因素影响，世贸组织改革举步维艰，经济全球化遭遇重重挑战，相对灵活的区域贸易协定大量涌现并快速发展。各国在产业链供应链布局中更加重视安全和韧性，并逐渐将产业链相关核心环节迁回本土或进行"友岸外包"。这就推动制造业关键环节加速向北美、欧洲和亚洲主要生产基地集聚，从而形成了北美、欧盟和亚洲等区域供应链"三足鼎立"格局。不同区域间的投入产出活动交织在一起，共同构成了全球产业分工格局区域化演变特征。具体地，北美供应链以USMCA为重要纽带，区内融合程度加深，并与亚洲产业链联系密切，贸易产品以计算机、电子和光学产品、电气设备、基本金属等为主②；欧美供应链一体化程度较高，内部产业链关联密切，与多个国家和地区有着多双边经贸合作，如与加拿大的CETA、与

---

① 王明辉.把握全球产业链供应链新态势［N］.经济日报，2023-07-27（10）.
② 中国社会科学院世界经济与政治研究所，虹桥国际经济论坛研究中心.世界开放报告2023［M］.北京：中国社会科学出版社，2023.

日本的经济伙伴关系协定等；亚洲供应链贸易增长显著，据OECD TiVA数据计算，区域内贸易在亚洲中间品出口中的比重从2000年的44.4%升到2020年的50.4%，RCEP的签署和实施使得产供链网络变得更加紧密[①]。

"绿色革命"——绿色化趋势

过去，各国之间产业竞争主要是看谁的成本更低、产品质量更好、技术更先进。如今，"绿色"变得越来越重要。世界主要国家都在想办法，用各种政策来推动绿色低碳的发展目标。一是通过环境法规和国家执法来实现碳减排，全球共有73项碳定价机制正在运行，覆盖了全球约23%的温室气体排放，其中碳排放权交易体系和碳税是主要手段。二是碳关税成为国际规则博弈的焦点[②]。欧盟推出全球首个碳边境调节机制（CBAM），英国和美国也在考虑实施类似政策。三是推动国际协定谈判，如WTO成员通过《关于贸易与环境的决定》，CPTPP中设立了专门的环境章节。四是制定实施绿色国际标准，联合国环境规划署、国际标准化组织（ISO）等国际组织都在推动绿色标准的制定和实施，推动绿色供应链合作。绿色贸易正成为新的趋势。

"数字浪潮"——数字化趋势

数字经济是新一轮工业革命的重要内容。数字经济蓬勃发展，并与

---

① 根据国际货币基金组织预测，2022—2028年，RCEP区域的经济总量增长额将达到13.3万亿美元，比美国和欧盟的经济增量总和高17%。

② 陈红娜，黄德生.绿色贸易引领国际经贸规则重塑[J].中国外汇，2024（20）：13—17.

许多传统产业深度融合，对世界各国经济增长和生产生活方式产生了重要影响，成为重组全球要素资源、改变全球分工格局的关键力量。在全球数字技术领域，竞争主要集中在中国和美国之间。根据世界知识产权组织的数据，2023年中国以164万件专利申请量高居榜首，华为以6494件专利申请成为最大的申请者。在全球前十大申请者中，中国的京东方科技（1988件）、宁德时代（1799件）和OPPO（1766件）也榜上有名。美国则以518364件专利申请量位居第二，其中高通以3410件专利申请成为美国最大的申请者。在中美两国已申请专利中，计算机技术是申请量最大的领域。中美两国在数字技术领域的激烈竞争，也在推动全球数字化转型格局加速演变。数字革命催动着数字贸易蓬勃发展。

8.3 立柱架梁：夯实货物、服务、数字贸易"三大支柱"

面向全面建设社会主义现代化国家的目标，精准应对内外部形势变化，把握贸易强国的十大特征，研判全球产业分工演化趋势，按照党的二十大报告提出的要求，从以下三个方面立柱架梁，加快建设贸易强国。

货物贸易升级版

强大的制造业是建设贸易强国的坚实基础。在继续发掘传统比较优势，巩固国际货物贸易大国地位的同时，做好外贸优势转化衔接，培育新竞争优势，优化外贸结构。继续扩大进口，促进进出口平衡，提升进口与经济结构转型升级需要之间的契合度。让出口的商品更有价值，就像给商品穿上品牌、质量、技术和服务的"新衣"，特别是新能源汽车、数控机床、精密仪器等高价值的产品；给贸易多添点"绿色"，让传统出口产业更加节能环保，走绿色低碳之路；加工贸易也不能落后，鼓励企业向产业链上下游拓展，推动整个产业链升级；尝试一些新的贸易方式，如离岸贸易、转口贸易、新型易货贸易等，让贸易更加多元化。

中国故事：阿里巴巴通过其跨境进口平台天猫国际，帮助卢旺达的"大猩猩牌"咖啡豆销往中国，亮相首届中国国际进口博览会，收获越来越多的中国"粉丝"。这一合作案例体现了阿里巴巴在货物贸易升级中的重要作用，通过电商平台推动了农产品的全球化贸易，提升了出口商品的价值和品牌影响力。

服务贸易创新篇

让服务业更加开放，制定完善相关规则、规章和管理标准，特别是简化跨境服务贸易负面清单，鼓励在清单之外大胆尝试；利用好服务贸易创新发展试点、服务外包示范城市和特色服务出口基地等"先锋队"，培育服务贸易市场主体和龙头企业，提升中国服务品牌的国际竞争力和影响力；加快建设国家服务贸易创新发展示范区，把那些基础好的服务贸易中心城市打造成全球服务贸易的"领头羊"；完善服务贸易合作机制，建立国际合作示范区，让"中国服务"品牌在世界舞台上更加闪亮；办好中国国际服务贸易交易会，不断提升其国际化、专业化水平，打造成为中国服务对接世界的重要窗口。

中国故事：钛动科技自主研发了 MarTech 技术产品矩阵，在行业内首创聚合全球数字媒体的 SaaS 管理工具钛动云，整合全球数字媒体资源，为出海全行业客户提供一站式数字化工具支持，并将 AI 技术赋能营销全链路，满足不同国家和地区的出海需求。该公司在全球超过40个国家组建本地执行合作团队，为客户提供专业、高效的出海数字营销服务，助力中国企业打造国际品牌。

数字贸易发展篇

重视"数字强贸"，研究出台一些国家层面的政策，专门支持数字贸易的发展，帮助中国数字企业走出国门，到世界市场上大展拳脚；在数据跨境流动和数字服务市场准入等新领域，勇于尝试，改善数字贸易环境；建立数字贸易统计分类体系，以便能够更好地和国际上的数据对接，也能和我国现有的服务贸易统计制度相衔接；推动跨境电商的升级，以数据为核心，以平台为支撑，以商业和产业的融合为主线，打造一个数字化、网络化、智能化的发展新模式；积极参与到全球数字经济和数字贸易规则的制定中，还要加快数字贸易标准化工作，让标准化成为推动数字贸易发展和国际合作的重要工具。

中国故事：蚂蚁集团旗下的万里汇为跨境电商和外贸B2B客户提供一站式跨境收款和支付产品解决方案，成功助力企业出海远航。截至2023年底，该支付平台已覆盖200多个国家和地区，提供40多种付款币种、30多种收款币种，帮助中小企业降本增效、实现高效全球经营。

8.4 兼权尚计：统筹开放合作与贸易安全

对外开放既推动我国现代化建设不断取得新成就，也使我国与外部世界的联系互动更加频繁紧密，我国经济发展也更容易受到外部市场的冲击。习近平总书记在深圳经济特区建立40周年庆祝大会上指出："越是开放越要重视安全，统筹好发展和安全两件大事，增强自身竞争能力、开放监管能力、风险防控能力。"

推动开放发展走得更广更深

充分发挥我国超大规模市场优势，发挥巨大内需潜力，集聚全球优质资源，实现国内市场和国际市场相互联通、国内资源与国际资源互接互补；以共建"一带一路"高质量发展为抓手，推动在更大范围、更广领域和更高层次上开展国际经济合作；通过自贸区和自贸港敢为先锋的创新实践，探索更深层次的开放。如此，我们就能在全球经济中更安全地融入。

解决经济安全的痛点和难点

在开放合作中确保经济安全，要增强忧患意识，确保不发生系统性风险。建立开放型经济体系的安全屏障，提高应对风险、化险为夷的能力，防范那些可能对经济稳定造成冲击的"灰犀牛"和"黑天鹅"事件。加大对核心技术和关键基础材料等薄弱领域的支持力度，补齐产业链供应链创新链短板，从而构建起一个自主可控的产业链、供应链体系；改善金融和市场监管，加强跨周期政策设计和宏观调控，防止资本无序扩张，防范跨境资本异常流动风险；树立共同体意识，积极承担与本国经济条件相适应的国际责任，积极参与到全球治理中，坚决维护和践行多边贸易体制，加强宏观政策协调。

第三篇
吸收外资

积极吸收外商直接投资是中国对外开放的重要内容。中国抓住经济全球化发展的机遇，承接全球产业转移，大胆吸收外商直接投资，推动国民经济高速增长，取得举世瞩目的成就。外资经济已经成为中国经济的重要组成部分。本篇总结我国吸引外资的政策规则演变，分析外商投资在中国的发展历程与环境变迁，深入分析外资对中国经济的贡献，梳理不同时期吸引外资的争论，总结吸引外资的基本经验，探讨吸引外资未来的发展战略。

第 9 章
吸引外资的政策规则演变

我国吸收外商投资的过程也是外资政策体系不断完善优化的过程。在吸收外商直接投资之初，为了弥补经济体制不健全、法律制度不完善所产生的制度缺陷，增强对外商直接投资的吸引力，设计了以所得税为核心的外资优惠政策。随着我国经济体制改革的深化以及法治体系的健全和完善，以及在加入世界贸易组织之后外资准入范围不断扩大，外资的影响力显著提升，我国对外资优惠政策做出重大调整，外资企业的"超国民待遇"被取消，转向谋求内外资企业享有同等的国民待遇。如今，以优惠政策吸引外商直接投资已经转向以法律和制度保障外商直接投资的权益，以行政官员许诺保障外商直接投资项目落地转向以产业导向政策引导外商直接投资流向。外商直接投资市场准入透明度提高，经营许可、税收、工商管理、知识产权保护、自主创新、技术研发、标准制定等待遇趋于公平，平等竞争的市场环境正在形成。[1]

---

[1] 桑百川.我国外商直接投资的变迁与前景展望[J].中国流通经济，2021(11)：112—119.

9.1 星星之火：为利用外资开创条件（1978—1992年）

我国国民经济在该时期的基本任务为"调整"，把严重失调的经济关系调整过来。这在1979年提出的"调整、改革、整顿、提高"方针[1]和1989年提出的"调整、整顿、改造、提高"方针[2]中得以清晰体现，外资主管部门待解的首要问题是为利用外资开创哪些有利条件。

1978年召开的党的十一届三中全会，作出把党和国家工作中心转移到经济建设上来，实行改革开放的历史性决策。[3]在对待外资的态度上，亦扭转之前长期以"一无内债，二无外债"为宗旨的封闭思想与错误认识，将利用外资、引进技术和先进设备作为一项重要工作认真对待。以党的十一届三中全会为起点，中央开始制定利用外资政策，这一时期的政策规则有如下工作重点及特征：转变经济发展指导方针，由排斥外资转向利用外资[4]；开展区域倾斜政策试验，提供利用外资空间支撑[5]；初步出台外资法律法规，赋予外资主体法理地位[6]；制定优惠政策措施，创造利用外资条

---

[1] 1979年中共中央工作会议上，李先念做《关于国民经济调整问题》的讲话。

[2] 1989年党的十三届五中全会通过《中共中央关于进一步治理整顿和深化改革的决定》（中发〔1989〕11号）。

[3] 胡锦涛在2008年纪念党的十一届三中全会召开30周年大会上的主题讲话。

[4] 1981年《政府工作报告》提出要"尽量多利用一些外资以加快我国经济建设"。

[5] 1979年决定在深圳、珠海、汕头、厦门试办出口特区，次年更名为经济特区并给予充分政策支持。中共中央、国务院批转《沿海部分城市座谈会纪要》，决定"进一步开放十四个沿海港口城市"。

[6] 1979年颁布了《中华人民共和国中外合资经营企业法》，成为我国第一部利用外资重要法律。1982年将中国利用外资的政策正式写入宪法，以国家根本大法的高度权威性为外资合法地位进行背书。

件优势①；成立外资管理专门机构，明确中央与地方权责职守②。

1984年2月，邓小平视察深圳、珠海和厦门三个经济特区，在此期间发表重要讲话，充分肯定经济特区取得的成绩，以及利用外资决策的正确性和重大意义，明确进一步扩大对外开放、加快利用外资、引进技术的战略方针，成为我国继续积极利用外资的理论基础和实践保障。1984年党的十二届三中全会通过《关于经济体制改革的决定》，将经济体制改革的目标表述为"有计划的商品经济"，为长期受制于计划体制桎梏的中国经济打开缺口；强调"积极扩大对外经济技术交流和合作的规模，努力办好经济特区，进一步开放沿海港口城市利用外资，吸引外商来我国举办合资经营企业、合作经营企业和独资企业"，为当时尚处于观望状态的外资下决心进入我国产生重要的激励作用。这一时期的政策规则有如下工作重点及特征：进一步解放发展思想，阐明利用外资战略部署③；实现开放区域范围扩张，形成区域倾斜战略布局④；初步结合国家产业政策，

---

① 《中共中央、国务院关于加强利用外资工作的指示》（中发〔1983〕32号）提出对中外合资经营企业给予企业所得税、进口设备关税及工商统一税减免等优惠。而后将受惠外资主体扩展至"中外合资经营企业、中外合作经营企业、外商独立经营企业"，并赋予地方政府税收减免自主权。

② 1979年成立外国投资管理委员会统管利用外资工作。1982年又将国家进出口管理委员会、对外贸易部、对外经济联络部和外国投资管理委员会合并为对外经济贸易部，下设外国贷款管理局和外国投资管理委员会作为外资管理专门机构。

③ 《国务院关于进一步改善外商投资企业生产经营条件的通知》（国发〔1986〕76号）。

④ 《中共中央、国务院关于批转〈长江、珠江三角洲和闽南厦漳泉三角地区座谈会纪要〉的通知》（中发〔1985〕3号）指出，对外开放工作应为"经济特区—沿海开放城市—沿海经济开放区—内地这样多层次的探索和实践"。1988年七届全国人大一次会议通过《关于建立海南经济特区的决议》将"沿海经济开放区扩展到北方的辽东半岛、山东半岛等，批准设立海南经济特区"。

合理引导利用外资方向[①]；坚持"以市场换技术"方针，践行技术引进战略[②]；拓展外资优惠政策手段，扩大利用外资自有优势[③]；制定完善外资法律法规，赋予多形式外资主体合法地位[④]；完善利用外资管理体制，下放权力激发地方积极性[⑤]。

1989年，党的十三届五中全会提出"必须认真研究新情况和解决新问题，坚定不移地把治理整顿深入进行下去"。在利用外资问题上，这次会议除要求"积极地吸收符合我国产业政策的外国直接投资，多办一些利用我国现有企业进行改造的合资、合作企业，对能够争取到的长期低息外国政府贷款和国际金融组织贷款，要积极争取"外，还强调"必须加强对外债的借、用、还三个环节的管理"。建立完善更加规范的外资管理体制，成为这一阶段利用外资工作的显著特征。整体而言，这一时期

[①] 《国务院办公厅转发国家计委关于〈指导吸收外商投资方向暂行规定〉的通知》（国办发〔1987〕76号）将"我国对外商投资项目分为鼓励、允许、限制和禁止四类"，使得国家产业政策与外资政策相结合。

[②] 《中共中央、国务院关于加强利用外资的指示》（中发〔1983〕32号）决定"为了积极有效地利用外资，引进先进技术……提供一部分国内市场"。《国务院关于进一步改善外商投资企业生产经营条件的通知》（国发〔1986〕76号）强调"要坚决贯彻以市场换技术的方针"，并出台"以产顶进"政策并推动其有效执行。

[③] 《国务院关于鼓励外商投资的规定》（国发〔1986〕95号）提出将外资优惠政策朝着多元优惠手段的方向拓展，重点给予"产品出口企业和先进技术企业"在外汇、税收、自主权、扩大内销比例的优惠。

[④] 1986年和1988年，我国先后颁布《中华人民共和国外资企业法》与《中华人民共和国中外合作企业法》。至此，我国外资政策体系所依附的三大主干法律全部颁布实施。

[⑤] 《国务院批转对〈对外经济贸易部、国家经委、国家计委关于加强吸收外商投资工作报告的通知〉》（国发〔1986〕25号）提出"对吸收外商直接投资实行中央和地方分级管理制度"。《国务院关于沿海地区发展外向型经济的若干补充规定》（国发〔1988〕22号）提出继续放宽地方政府外资审批权限及金额限制。

的政策规则有以下工作重点及特点：深化持续发展指导思想，转变利用外资主体侧重[1]；适度收紧区域倾斜政策，实现外资工作战略迁移[2]；加紧制定适宜产业政策，积极引导外商投资方向[3]；推动优惠政策法条化建设，巩固利用外资条件优势[4]；修订既有外资法律法规，主动适应利用外资新形势[5]；规范利用外资管理体制，提高审批流程工作效率[6]。

1992年，邓小平发表重要讲话，在国内外产生巨大影响。他在中国面临向何处去的重大历史关头，高举改革开放旗帜，坚持解放思想，抓住历史机遇，大大加快了中国的发展。对邓小平南方谈话的学习、贯彻成为中共十四大思想源泉、理论准备和推进改革开放步入新阶段、跨上

---

[1] 《中共中央关于进一步治理整顿和深化改革的决定》（中发〔1989〕11号）提出"要进一步完善法律法规，改善投资环境"。1991年七届人大四次会议通过《关于国民经济和社会发展十年规划和第八个五年计划纲要的报告》，强调"把吸引外商投资与加快企业技术改造结合起来"。

[2] 《国务院关于批转沿海地区对外开放工作会议纪要的通知》（国发〔1989〕5号）明确"把过高的发展速度降下来""今后一个时期内国家不再批准建立新的经济特区、经济技术开发区和出口加工区，不再扩大沿海经济开放区""地方各级政府作出的减免税规定，凡违反国家税法规定和超越权限，都要纠正"。从此，我国开始探索实现外资工作战略迁移。

[3] 《国务院关于当前产业政策要点的决定》（国发〔1989〕29号）明确"按照资金来源的不同，结合各产业的特点，制定吸收外国投资序列表和相应的政策，以引导外资流向"。

[4] 1991年颁布《中华人民共和国外商投资企业和外国企业所得税法》，将此前散落于多个文件中的外资优惠政策进行归总，对施行税率、减免税办法、关联企业等做了规定。

[5] 1990年七届全国人大三次会议通过《关于修改〈中华人民共和国中外合资经营企业法〉的决定》，对已运行十年的《中外合资经营企业法》进行修改，将诸多规定限制进行重新表述。

[6] 《国务院关于加强外资企业重大项目审批工作的通知》（国发〔1991〕14号）。

新台阶的强大动力,其后各届领导集体均给予高度评价[①]。以此为分水岭,我国利用外资工作迈入新时期。

9.2 遍地开花:吸引外资内容应有侧重(1992—2001年)

我国国民经济在该时期的基本任务为加快改革开放。自党的十一届三中全会以来,我国经济体制改革的目标由"有计划的商品经济"过渡至"计划与市场内在统一的体制"[②],再到"计划经济与市场调节相结合的经济体制和运行机制"[③],最终确定为"社会主义市场经济体制"[④]。在经济体制改革和对外开放的强力推动下,我国经济驶入发展快车道,利用外资工作大幅提速,外资主管部门待解决的基本问题为"吸引外资内容应有哪些侧重",即必须对分属不同产业属性的外资加以甄别后方能有效利用。具体分为两个阶段。

强化产业导向阶段:1992—1997年

"按照产业政策,积极吸引外商投资,引导外资……适当投向金融、

---

① 1997年党的十五大报告《高举邓小平理论伟大旗帜,把建设有中国特色社会主义事业全面推向二十一世纪》指出:"九二年邓小平南方谈话,是在国际国内政治风波严峻考验的重大历史关头,坚持十一届三中全会以来的理论和路线,深刻回答长期束缚人们思想的许多重大认识问题,把改革开放和现代化建设推进到新阶段的又一个解放思想、实事求是的宣言书。"

② 1987年党的十三大报告《沿着有中国特色的社会主义道路前进》。

③ 1990年党的十三届七中全会上通过《第十三届中央委员会第七次全体会议公报》。

④ 1992年党的十四大报告《加快改革开放和现代化建设步伐,夺取有中国特色社会主义事业的更大胜利》。

商业、旅游、房地产等领域"①，成为该时期我国利用外资的主要特征。而关于利用外资的政策方针，提出"积极合理有效地利用外资"，并强调"逐步统一内外资企业政策，实行国民待遇"全新表述。

为解决前一时期外资准入领域过窄问题，大力拓宽外资准入领域，并对准入条件做了规定②。划分鼓励类、允许类、限制类和禁止类四类产业，并规定详细的审批制度和法律责任；列明不允许外商独资经营及应当由国有资产占控股或主导地位的项目。这些政策在规范外资准入方面操作性极强，实现由单纯引进资金，向借力外资实现引进技术并促进产业结构调整升级的转变。在机构设置上，1994年成立全国外资工作领导小组，并设办公室，协调各部门意见；在审批权限上，对内地各省、自治区、计划单列市和国务院有关部门对生产性项目的审批权限"提高到3000万美元以下"③。

审批权力下放后，中央并非安居"甩手掌柜"，亦并非将所有产业一视同仁对外资贸然放开，加之对某些产业开放后实际后果超出监管控制等情况，故又进行了一些纠偏，清理不适宜优惠政策，渐进落实外资国民待遇。从1993年开始，我国着手实施税制改革，进入全面立法高潮④。为解

---

① 1992年党的十四大报告《加快改革开放和现代化建设步伐，夺取有中国特色社会主义事业的更大胜利》。

② 《指导外商投资方向暂行规定》（国家计委、国家经贸委、对外贸易经济合作部令〔1995〕5号）；《外商投资产业指导目录》（1995年版）。

③ 《国务院关于扩大内地省、自治区、计划单列市和国务院有关部门等单位吸引外商直接投资项目审批权限的通知》（国发〔1996〕34号）。

④ 《中华人民共和国增值税暂行条例》（国务院令〔1993〕134号）；《中华人民共和国消费税暂行条例》（国务院令〔1993〕135号）；《中华人民共和国营业税暂行条例》（国务院令〔1993〕136号）；《中华人民共和国土地增值税暂行条例》（国务院令〔1993〕138号）；《中华人民共和国资源税暂行条例》（国务院令〔1993〕139号）等。

决先前因令出多门、规划不当等因素而累积的外资优惠政策相互冲突、失范问题，在个人所得税方面，规定不分内、外，所有中国居民和有来源于中国所得的非居民，均应依法缴纳个人所得税[①]；在其他税制方面，规定内外资企业适用于统一的增值税、消费税和营业税的缴纳标准[②]。这些重要举措，为涉外企业逐步归并国民经济序列，落实外资国民待遇创造条件。

注重区域导向阶段：1997—2001年

1997年东南亚金融危机冲击我国经济，加之为加入WTO所做的前期筹备进入关键期，我国外资政策取向总体为"稳中求进"。一方面，致力于调整既有外资政策体系，以求匹配国际惯例及世贸组织规则等相关要求；另一方面，通过引导外资流向，着手调整我国东中西部产业结构及经济发展不平衡。

除重申"积极合理有效地利用外资，是必须长期坚持的指导方针""坚持以市场换技术的方针"等既有思想外，还出现一些新提法：要"适应经济持续增长的需要"，要"保持必要的外汇储备"，要"维护国家经济安全"。对这些关键点的强调，成为我国应对国内外经济突发事件及重大风险的基石[③]。

---

① 1993年八届人大常委会第四次会议通过《关于修改〈中华人民共和国个人所得税法〉的决定》（主席令第12号）。

② 《国务院批转国务院关税税则委员会关于清理政策性关税减免文件意见的通知》（国发〔1993〕88号）；八届人大常委会第五次会议通过《关于外商投资企业和外国企业适用增值税、消费税、营业税等税收暂行条例的决定》（主席令第18号）。

③ 《中共中央、国务院关于进一步扩大对外开放，提高利用外资水平的若干意见》（中发〔1998〕6号）。

积极引导外资空间分布，促进东中西经济协调发展。强调"积极引导和鼓励外资投向中西部地区"，允许"中西部的省、自治区可选择确有优势的产业和项目……设立条件和市场开放程度，可比东部地区适当放宽"，"国家要优先安排一批……项目在中西部地区吸引外资，并加大对项目配套资金及相关措施的支持"，"鼓励东部地区的外商投资企业到中西部地区再投资"，"开展试点的开放领域和试点项目，原则上应在东中西部地区同时进行"等。这是"西部大开发"和"中部崛起"战略的前期构想，成为日后中西部制定优惠政策重要着力点[①]。

审慎调整产业指导目录，加大国内市场开放力度。1997年，《外商投资产业指导目录》首次修订。新版本《外商投资产业指导目录》扩大鼓励外商投资范围，可享优惠条目占总条目比例提升至83%，并将一些档次不高、市场已开始萎缩的条目列入允许类，尤其鼓励外商向中西部地区投资。我国坚持贯彻"以技术换市场"方针，加快发展信息等高新技术产业，大力推进重大科研成果产业化，并加快技术引进速度[②]。此外，为实现"主动进行产业调整，完善国家产业体系"目标，坚持技术引进与自主创新相结合，鼓励29个领域共440种产品、技术及基础设施和服务的发展[③]，并很快顺应需求，将范围调整为28个领域共526种[④]。

---

① 《国务院关于实施西部大开发若干政策措施的通知》（国发〔2000〕33号）。
② 《国务院关于设立中外合资研究开发机构、中外合作研究开发机构的暂行办法》（国科发政字〔1997〕430号）。
③ 《当前国家重点鼓励发展的产业、产品和技术目录（试行）》（国家计委令第6号）。
④ 《当前国家重点鼓励发展的产业、产品和技术目录（2000年版）》（国家计委、国家经贸委令第7号）。

合理重构优惠政策体系，促进利用外资重心迁移。由于我国为利用外资而实施的诸多优惠政策与WTO倡导的"非歧视"等原则存在矛盾，这一阶段力图进行重构。决定"对国家鼓励发展的国内投资项目和外商投资项目进口设备，在规定的范围内，免征关税和进口环节增值税"[①]；积极倡导"东中西"区域调整，尤其"鼓励外商向中西部地区投资"并制定相关优惠政策[②]。调整后，我国外资优惠政策新体系在其覆盖范围与产业引导政策、区域调整政策间更加体现出强相关性，并很快在全国得以贯彻实施[③]。

加快修改主干法律法规，大力提高外资规则普适性。随着我国改革开放深入、国民经济发展和"入世"日期临近，既有主干法律中某些条款难以适应要求，亟待进行修改。2000—2001年，我国完成对《中外合资法》《中外合作法》与《外国企业法》的修改。三大主干法律的修改要点包括：取消外商投资企业自行解决外汇收支平衡的要求；取消外商投资企业原材料购买地的限制；取消外资企业的出口义务。这些修改要点充分体现"与时俱进"的立法精神。这一阶段，我国继续深化涉外投资体制改革。先是在相关法律限制规定下，赋予涉外企业中外资部分以股权变更自由；又允许外商投资企业实施境内投资，并对投资必要条件、实际限制、审批机构、投资方式、出资期限、待遇保障等做了规定；再

---

① 《国务院关于调整进口设备税收政策的通知》（国发〔1997〕37号）。

② 《国务院办公厅转发外经贸部等部门关于当前进一步鼓励外商投资意见的通知》（国办发〔1999〕73号）。

③ 《海关总署关于进一步鼓励外商投资有关进口税收政策的通知》（署税〔1999〕791号）；国家税务总局《关于实施对设在中西部地区的外商投资企业给予三年减按15%税率征收企业所得税的优惠的通知》（国税发〔1999〕172号）。

向境外投资者开放我国创投市场,并规定参与形式与条件。实施这些举措,对鼓励境外投资者来华投资高新技术产业、建立和完善我国创投机制具有深远影响。

9.3 相得益彰:辩证认识内外资关系(2001—2008年)

2001年12月,我国正式加入WTO。"入世"初期我国经济面临多重压力与内外风险。一方面归因于长期的计划经济体制累积的惯性,虽经逾20年改革仍存巨大改进空间,难以迅速适应国际经济规则;另一方面归因于我国"入世"时在市场准入、要素流动等方面所做承诺必须切实兑现,而本国相当多产业还不具备与世界先进水平进行竞争的实力。因此,要求我国切实善用"入世过渡期",通过灵活调整、持续改革等多元措施化解上述矛盾。外资主管部门待解的基本问题是"如何辩证认识、科学协调外资——内资关系"。

在《中华人民共和国国民经济和社会发展第十个五年计划纲要》精神引领下,我国践行"深化涉外经济体制改革,进一步扩大对外开放,更好地利用外资加快发展","进一步推进西部大开发"[①]。将利用外资重点引向东北老工业基地,强调"积极吸引外资参与老工业基地的改革改制和调整改造"[②]。强调"要重点鼓励外资以多种方式参与国有企业改组改制、鼓励外资参与中部地区不良资产重组处置、积极吸收外资加快重点

---

① 《国务院关于进一步推进西部大开发的若干意见》(国发〔2004〕6号)。
② 《国务院办公厅关于印发2004年振兴东北地区等老工业基地工作要点的通知》(国办发〔2004〕39号)。

行业和重点企业技术改造",并制定实施十余条引资措施[①]。至此,我国区域调整三大战略基本成形,连同东部地区既有政策共同组成区域发展总体战略。与改革开放初期区域倾斜政策不同,这一阶段区域政策主要强调先发区域对落后区域的带动作用。

《外商投资产业指导目录》2002年版、2004年版及2007年版相继发布。《外商投资产业指导目录》修改的重点落在大幅放开行业准入,尤其是服务行业准入门槛。此前,我国已经以试点方式向外资渐进开放银行、保险等行业中的某些业务,但系统程度不足且推进速度缓慢。"入世"后,我国服务业开放明显提速。此外,还积极鼓励外资进入包括电子信息、软件、航空航天、光机电一体化、生物医药与医疗器械等11个大类、917项高新技术产品及其产业,并给予多项配套优惠政策[②]。这些举措是在贸易顺差高企、外资并购门槛提高的情况下,外资政策调整思路逐步明朗的重要体现。

创新探索外资企业改革,完善相关的优惠政策设计。党的十四大后,我国着手实施国有企业股份制改革试验,探寻"建立适应市场经济要求,产权清晰、权责明确、政企分开、管理科学的现代企业制度"经验[③]。为充分利用外资参与国有企业改革,助力国有企业改组改制,逐步放宽外资参股限制[④]。而后着手实施税制改革,2007年颁布实

---

① 《商务部办公厅关于扩大开放、提高吸收外资水平、促进中部崛起的指导意见》(商资字〔2005〕130号)。
② 2003年,科技部、商务部联合发布《鼓励外商投资高新技术产品目录》。
③ 1993年,党的十四届三中全会通过《中共中央关于建立社会主义市场经济体制若干问题的决定》。
④ 《外国投资者并购境内企业暂行规定》(对外贸易经济合作部、国家税务总局、国家工商总局、国家外汇管理局令第3号)。

施《中华人民共和国企业所得税法》，及时制定法规解决过渡期涉外企业所得税率问题，以稳定市场预期[①]。自此，我国税收体系中包括增值税、消费税、营业税、企业所得税、城镇土地使用税、车船税、耕地占用税、房产税、城市维护建设税及教育费附加等原来以内外资企业而分设的制度宣告结束，意味着中国境内所有企业逐渐享受一致的国民待遇。

外资管理体制改革方面也进行了积极探索。在机构设置上，2003年组建商务部，与国家发展改革委、工商总局等部门协调外资审批等工作。在管理体制上，据《外商投资项目核准暂行管理办法》（发改委令〔2004〕22号），省级政府对量大面广的其他鼓励类和允许类外商投资项目的核准权限提高至1亿美元，限制类项目提高至5000万美元，其核准权限得以扩大。而后又规定"已设立的鼓励类、允许类……新增投资额1亿美元及以上的，以及限制类……新增投资额5000万美元及以上的，由商务部办理审查批准手续"，以及"原经地方外经贸（商务）主管部门或国务院授权部门审查批准的外商投资企业和港澳台投资企业增加经营范围等事项涉及国家专项规定须报商务部审查批准的，应由商务部办理变更手续"等[②]，进一步谋划外资审批制度改革。

[①] 2007年，十届全国人大五次会议上通过，中华人民共和国主席令第63号发布，2008年1月1日正式执行；《中华人民共和国企业所得税法实施条例》于2007年国务院第197次常务会议通过，国务院令第512号发布。

[②] 《商务部关于依法行政做好外商投资企业审批工作的通知》（商资函〔2005〕3号）。

9.4 纵深谋划：提高利用外资质量和效益（2008年至今）

2007年美国次贷危机及2009年欧洲主权债务危机导致主要发达国家金融市场动荡，造成世界各国不同程度出现债务危机、银行挤兑、流动性紧张、借贷成本增加等现象，波及中国经济。危机余波致使发达国家对外直接投资大幅缩减、资本输出下降，直接影响我国利用外资工作。在此背景下，外资主管部门待解的首要问题转换为"如何开启吸引外资新模式"。

两次危机造成的多边机制受损尚待修复，区域主义蔚然成风，区域协定（RIA/RTA）越发在发展中国家与发达国家间达成，后者热衷于发起高标准区域合作，深层含义是应对新兴市场崛起而采取的主动进攻。中国自改革开放以来始终保持中高速经济增长，被发达国家视为重要对手，故许多区域安排明显指向中国以图遏制。在此不利情势下，我国利用外资工作亟待寻求突围，利用外资方针确立为"提高利用外资水平"，具体要"提高利用外资综合优势和总体效益，推动引资、引技、引智有机结合"。在"我国经济深度融入世界经济，经济发展进入新常态"[1]、"由高速增长阶段转向高质量发展阶段"[2]后，利用外资政策方针调整为"提升利用外资综合质量"，将"引资"和"引技"有机结合[3]。

---

[1] 《国务院关于扩大对外开放积极利用外资若干措施的通知》（国发〔2017〕5号）。

[2] 《国务院关于积极有效利用外资推动经济高质量发展若干措施的通知》（国发〔2018〕19号）。

[3] 2016年，十二届全国人大四次会议通过《中华人民共和国国民经济和社会发展第十三个五年规划纲要》。

同时，我国积极履行入世承诺，持续扩大自主开放，改善外商投资环境。2014年外商投资项目管理由全面核准制转向普遍备案和有限核准，提高外商投资自由化、便利化程度。

2015年5月，中共中央、国务院《关于构建开放型经济新体制的若干意见》提出，要"分层次、多领域、有重点地推进利用外资工作"，放宽制造业外资准入，放开服务业外资准入，多种方式创新合力以提高外资效益。《外商投资产业指导目录（2011年修订）》持续增设鼓励类项目，减少限制类和禁止类项目，取消原先的11条涉及外资股比的限制内容，鼓励外资进入高端制造业、服务业和战略性新兴产业。《外商投资产业指导目录（2015年修订）》再次放宽外资准入限制，鼓励外资流入金融业、房地产及电子商务等服务领域；《外商投资产业指导目录（2017年修订）》又进一步增设节能环保、现代服务业等鼓励类目，取消原先对外商投资施加的诸多限制，为下一步利用外资工作打开更大的空间。2019年11月，中央从深化对外开放、加大投资促进力度、深化投资便利化改革和保护外商投资合法权益等方面提出共计20条措施，以优化外资营商环境为着力点，大力创新利用外资的方式及内容[①]。2021年10月，商务部印发《"十四五"利用外资发展规划》，充分发挥外资在"联接国内国际的独特优势"和"推动创新、协调、绿色、开放、共享发展"中的重要功能，并对如何打造国际化营商环境提出更高的要求。

创新突破不仅体现在外资准入政策制定中，还体现在区域利用外资的实践中。国务院办公厅在2015年印发了自贸试验区外资准入管理措

---

① 《关于进一步做好利用外资工作的意见》（国发〔2019〕23号）。

施[1]，逐批扩大自贸试验区试点城市，创新外资准入管理方式。中国（上海）自由贸易试验区率先试行外商投资"准入前国民待遇＋负面清单"的管理模式。《外商投资产业指导目录（2017年修订）》随即将该项管理模式纳入其中，承诺在负面清单之外给予内外资企业平等待遇。2018年，《外商投资准入特别管理措施（负面清单）》正式予以发布。随后，国家发展改革委和商务部发布了《鼓励外商投资产业目录（2019年版）》，作为对原先《外商投资产业指导目录》中的鼓励类条目和《中西部地区外商投资优势产业目录》的优化合并。同年12月，十三届全国人大二次会议通过《中华人民共和国外商投资法》，将外资准入负面清单管理的基本规则写入其中。至此，《中华人民共和国外商投资法》取代"外资三法"，成为新时代中国利用外资的基础性法律。

中国用行动表明了深化外商投资管理制度改革的决心。然而，近年来中国土地、劳动力等要素资源价格上涨，加上全球产业链竞争激烈，国内企业竞争也日趋白热化等，导致外资增长面临压力。潮平两岸阔，风正一帆悬。可喜的是，中国正总结历史经验、把握新时代规律、擘画新发展部署。可以期待的是，随着中国投资环境不断改善，利用外资必将扬帆远航、迈上新的台阶。

---

[1] 《关于印发自由贸易试验区外商投资准入特别管理措施（负面清单）的通知》（国办发〔2015〕23号）。

第 10 章
外商投资的发展历程与环境变迁

改革开放后，尤其是自20世纪90年代后，经济全球化高速发展，全球市场真正形成，商品、服务、资本、技术、信息等全球流动规模以惊人的速度扩大，国际贸易、投资、生产自由化程度迅速提高。如今，经济全球化的快速发展加剧了经济失衡，不仅各国的贸易、投资、经济增长不平衡，各国在全球化中的利益不平衡，而且国家内部不同阶层参与经济全球化的能力不平衡，加剧了国内利益分配不均衡，导致改变全球化格局的倾向上升，贸易投资保护主义加剧，经济全球化正面临空前的挑战。应对环境变迁，我国深化外资政策，扩大外资开放领域，营造更加公平透明便利、更有吸引力的投资环境，推动经济高质量发展。

10.1 稳中求进：稳步扩大利用外资的新领域

改革开放后，以美国为代表的西方发达国家一方面看到中国的巨大商机，在经历了观望犹疑后，确认了我国欢迎外商直接投资的坚定立场，认识到在经济体制改革中我国外商直接投资营商环境不断优化，在华投资能够获得丰厚收益，支持本国企业扩大在华投资；另一方面，认为通过加强与中国的经济合作倒逼中国改革，中国的社会经济制度会发生根本性变化，最终融入资本主义国家主导的社会经济制度体系。因此，各国对我国的对外开放和吸收外资政策普遍持欢迎态度。1979—2001年，中国利用外资经历了从以对外借款为主到以外商直接投资为主的转变[①]，利用外资规模不断扩大（见图10-1）。2002—2008年，中国实际利用外资额4796.96亿美元，外商直接投资占比95.35%；2008年外资企业利用外资额723.15亿美元，合资经营企业为173.18亿美元，这两种方式占比达到94.1%；大量外资流向房地产行业，2008年是2001年的三倍之多。

但是，由于我国的快速发展，近年来美国感受到来自中国的竞争。尤其是2008年金融危机后，美中两国此消彼长的经济发展态势令美国政界、商界惶恐不安，在现有国际经贸规则下，美国公司在市场竞争中几无胜算，美国政府为了帮助本国企业提升竞争力，不仅谋求改变国际经贸规则，而且把中国作为战略竞争对手，走上遏制中国经济发展的道路，我国吸收外商直接投资的国际环境发生了深刻变化[②]。据商务部数据，2009年以来，我国每年新设立的企业数都维持在两万至三万家的水平。2010年，我国实际使用外资1057.35亿美元，首次突破千亿美元。在此基础上，直至2017年，实际使用外资以年均3.1%的增幅稳步前进，2017年达1310.4亿美元；鼓励外资投向高技术产业，包括高端装备、基础元器件、关键零部件等领域，2017年，高技术产业利用外资占总额的比重为27.4%，较2012年提高13.6个百分点。

---

① 外商直接投资于1992年首次超过对外借款，成为我国利用外资的主要方式。
② 桑百川.我国外商直接投资的变迁与前景展望［J］.中国流通经济，2021（11）：112—119.

图10-1 我国实际利用外资情况

数据来源：国家统计局。

2018年3月22日，特朗普政府发布了一份报告，表达了对中国在技术转移、知识产权和创新方面做法的担忧，并在4月3日宣布将对1333种中国产品征收25%的关税，涉及金额约500亿美元，这标志着中美之间为期两年的贸易战的开始。2018年7月至2019年9月，美国对华加征了4轮关税，涉及约3700亿美元美国自中国的进口商品，约占美国自华进口商品的63.4%。在美中贸易摩擦中，外商直接投资企业利益受到不同程度影响，部分出口导向型外商直接投资企业输美产品关税税率提高，虽然增加的关税一般由出口企业和美国进口商分担，但也增加了这些外商直接投资企业和消费者的负担；许多美国企业错失拓展中国大市场的商机，高通、英特尔、德州仪器、安森美、谷歌、博通、美光、伟创力等大批高科技企业对华业务收入下滑。在这一背景下，我国利用外资逐步向多元化领域扩展，放宽外资金融机构在华业务范围，取消或放宽交通运输、商贸物流等服务业外资准入限制，并在自贸试验区范围内加大了电信、文化、旅游等服务业对外开放压力测试力度。

新冠疫情使制度竞争加剧。新冠疫情作为突发公共卫生事件，具有负的外部性，疫情扩散威胁社会公众生命安全，而防疫类似提供公共产品，具有正的外部性，防疫属于市场失灵的领域，靠市场机制无法解决防疫问题，不能控制疫情蔓延。为了弥补市场失灵，政府干预并主导防疫不可或缺。那些崇尚自由市场、动员和调动社会资源能力弱的国家，防疫行动缓慢，疫情快速蔓延，严重威胁公众生命安全。相反，崇尚以人为本、政府调动资源、组织协调社会行动能力强的国家，能够更好发挥政府作用，协同社会行动，更快建立起政府主导的防疫体系，保护公众生命安全。在应对严重的新冠疫情过程中，以人为本的防疫安排显然优于市场为本的制度体系。当然，以行政强制手段推动防疫抗疫，弥补市场失灵，也会冲击市场机制的运行，带来次生经济危害。这激发人们思考到底该建立以人为本的制度，还是尊崇自由市场的理念和价值观，未来的制度竞争将更加激烈。在中国强调以人为本的举国体制的优越性时，拜登政府则把贸易战引向制度战，加紧构筑遏制中国发展的西方国家同盟，对其盟友施压要求其断绝与我国经济交往，扰动一些国家与我国的经济合作关系。2021年5月，欧洲议会通过冻结《中欧全面投资协定》的决议；2021年6月，G7峰会公报和北约公报对我国横加指责，恶意渲染中国威胁世界安全，恶化我国外部经济环境，构成吸收外商直接投资的重要约束条件。这一时期，中国利用外资保持增长态势，尽管在2023年有所下降，但在全球范围内中国仍然是重要的外资流入国。外资结构持续优化，高技术产业吸收外资增长显著，自贸试验区引资作用增强。

10.2　百尺竿头：优化外资产业结构及区域分布

第三产业、高技术产业吸收外资表现良好

中国使用外商投资的三次产业分布结构变化，主要表现在第二产业和第三产业的份额变化上，两者呈现出对称但明显相反的变化趋势。改革开放初期，外商在华投资主要集中在中低档加工贸易型制造业和建筑业。20世纪80年代后，工业领域的投资项目不断增加，外资在华投资的行业分布主要以制造业和第三产业为主。根据统计数据，1979—1991年，我国累计外商协议投资中第一产业占比12.8%，第二产业占比64.1%，接近总量的2/3，而第三产业的比例则为24.1%（见表10-1）。进入20世纪90年代后，外商在华投资的行业分布仍然以第二产业为主，原因在于：第一，当时中国作为人均收入水平较低的发展中国家，廉价的劳动力和丰富的自然资源条件是发展制造业的重要优势，中国制造业产品在国际市场上有较强的竞争力；第二，90年代中期之前，中国服务业领域的对外开放一直在较小的范围内试点，对外资的限制较多，影响了服务业领域的对外开放，农业经营承包责任制的实行也使农业领域吸收外商直接投资受到限制；第三，我国对外商投资的税收优惠政策主要针对的是工业。

表10-1　1979—2023年分阶段各产业吸引外商投资情况（单位：%）

年份	第一产业吸引FDI	第二产业吸引FDI	第三产业吸引FDI
1979—1991	12.8	64.1	24.1
1992—1996	5.7	59.2	35.1

续表

年份	第一产业吸引FDI	第二产业吸引FDI	第三产业吸引FDI
1997—2001	1.6	71.4	27
2002—2008	1.4	67.2	31.4
2009—2023	1.1	36.0	62.9

资料来源：由于统计数据可得性，表中1979—1996年数据是根据外商协议直接投资额整理计算而得，1997—2022年数据则为实际利用外资占比。初始数据来源于历年《中国统计年鉴》和《国际直接投资》[1]。

20世纪90年代末以来，第三产业在我国利用外资总量中占的比重持续上升。相应地，第二产业的占比则呈下降趋势。进入21世纪，服务业成为我国利用外资的新的增长点。一方面，按照加入WTO所做出的承诺，服务业是中国开放程度最大的领域，也是外资政策调整最集中的领域，服务业FDI迅速增长，特别是银行业、保险业、证券业、电信业、物流业以及会计、法律、计算机和其他咨询服务业，成为外资流入的重要部门。2005年前后，英国汇丰银行入股交通银行、美国新桥集团成为深圳发展银行第一大股东、汇丰控股保险并购平安保险公司股权等服务业大型并购案件的不断出现，表明了跨国公司进入中国服务业的信心。另一方面，第三产业的迅速崛起也离不开我国最近十几年经济的高速发展，前一阶段制造业的快速发展为我国服务业发展提供了良好的基础设施和资源。

"十二五"以来，我国政府大力推动"创新驱动"的经济增长模式，推出一系列鼓励高技术产业外商投资的政策举措，包括放宽外资准入门槛、简化外资进入审批手续等，对高技术产业投资起到积极的导向作用。据商务

---

[1] 桑百川，李玉梅.国际直接投资[M].北京：北京师范大学出版社，2008：321—322.

部统计，2016年高技术产业引进外商投资占整体引资的比重达19.33%，比2012年提高了4.94个百分点。2017年，高技术制造业实际使用外资665.9亿元，同比增长11.3%；高技术服务业实际使用外资1846.5亿元，同比增长100.3%。

2018年，国家发展改革委、商务部联合发布了《外商投资准入特别管理措施（负面清单）》和《自由贸易试验区外商投资准入特别管理措施（负面清单）》，大幅开放22个领域的外商投资市场准入，真正意义上实现了对外商投资的负面清单和准入前国民待遇管理。2024年2月，国务院办公厅印发《扎实推进高水平对外开放 更大力度吸引和利用外资行动方案》（国办发〔2024〕9号），提出"开展放宽科技创新领域外商投资准入试点""扩大银行保险领域外资金融机构准入""拓展外资金融机构参与国内债券市场业务范围"等内容。2023年，高技术产业引资4233.4亿元，占实际使用外资金额比重为37.3%，创历史新高。其中，高技术服务业实际使用外资428.8亿美元，高技术制造业实际使用外资181亿美元。

外商直接投资由东部向中、西部的转移不断增加

改革开放初期，由于经验不足，管理水平和技术水平有限，外商对我国的投资多为试探性投资，集中在广东、福建两省及其他沿海城市，投资区域范围有限。随着我国对外开放的起步以及相关法律法规的初步建立，吸收外资的范围和力度进一步扩大，除沿海地区外，一些内陆地区也开始引进FDI。据国家统计局相关数据计算得到，1979—1991年（相关数据从1983年开始进行统计），东部地区吸收外资188.05亿美元，占全国比重为90.6%，拥有绝对性的优势；中部、西部地区吸收外资分别为10.64亿美元、8.87亿美元，占比分别为5.12%、4.28%。

1992年，邓小平发表南方谈话。自此以后，中国加快了对外开放的步伐，在放宽外资准入行业的同时，也对沿海地区实行更为开放的政策，新增了34个开放口岸。从1992年开始，60%以上的外商直接投资都集中在广东、江苏、福建、上海和山东等沿海省份和直辖市。此外，对外开放的区域也进一步扩大，中国政府逐步开放了陆地边境城市、长江沿岸城市和内陆省会城市，1999年，我国实施西部大开发战略，对进入中西部地区进行投资的外商给予多种优惠政策，从2000年3月起，国务院先后颁布了一系列鼓励外资投向西部的优惠政策，主要表现为扩大外资的投资领域和实行税收优惠政策。在这一阶段，一系列的政策利好使得东部地区继续保持为吸收外商直接投资的主体，中西部地区对外资吸引力度逐步加大，一些内陆省份城市和西部地区投资环境较好的城市成为新的投资热点，由此形成了全方位对外开放的局面。

2001年以来，我国对利用外资的相关政策法规做了相应的修改和完善，出台《关于支持沿边重点地区开发开放若干政策措施的意见》，两次修订《中西部地区外商投资优势产业目录》，明确《国务院关于促进外资增长若干措施的通知》要求，扩大中西部地区鼓励外商投资产业范围，支持中西部地区承接外资产业转移，积极引导外资更多投向中西部地区。在此期间，东部地区吸收外资的速度明显放缓，但仍处于FDI分布主体地位；中、西部地区稳中有升，尤其是2008年、2009年，中部地区外资利用增速明显大于其他地区。

随着"一带一路"建设、长江经济带发展、京津冀协同发展战略的深入推进，东部地区引领带动作用逐渐发挥，中西部地区承接东部地区产业的转移也将进一步增多。未来随着我国进一步加大西部大开发和招商引资的力度，沿边地区由对外开放的末梢转为前沿，沿边省份加强与周边国家投资合作，外商对华投资会逐步由东部沿海向西部转移，区域结构不断优化，但在一个较长的时期内，东部沿海地区仍将占有主导地位，FDI分布不均现象仍将持续。

亚洲地区一直以来是中国外资的主要来源地

进入21世纪的第二个十年后，来自亚洲的FDI占比缓慢上升并保持在80%的历史高位上（见图10-2）。拉丁美洲由于拥有两大离岸投资中心——英属维尔京群岛和开曼群岛，也成为重要的外资来源地，但直接投资波动较大。拉丁美洲对华直接投资自2008年金融危机前达到历史顶峰后持续下滑，也只是近年来有所回升。来自欧洲和北美洲地区的FDI所占份额较之于21世纪初，出现了不同程度的下滑，处于低位徘徊的状态。

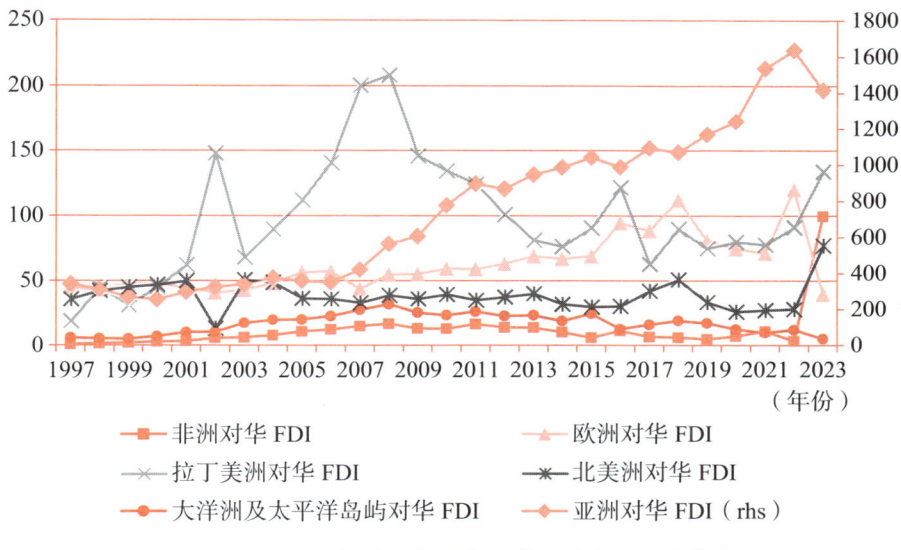

图10-2　1997年以来中国实际利用外资来源地变化

数据来源：国家统计局数据，鉴于数据的可得性，从1997年开始计算。

当视角放在具体地区和国家后，根据表10-2中的数据，香港地区长期保持对华直接投资最大来源地地位，且遥遥领先第二名。新加坡是国家和地区中对华投资最大来源地，2023年在华新设立外商投资企业1468家，同比增长24.9%；实际使用外资金额约合97.8亿美元，占"一带一路"地区总量的32.2%。自2012年起，韩国对华投资逐年增长，2017年在中国实际使用外资金额中的占比超越日本，排名第四。另外，我国外商直接投资来源相对较为集中，前五位地区对华直接投资总额占全年FDI比重常年维持在较高水平。

表10-2 对华直接投资前五位国家/地区（单位：亿美元）

排名	1985年	1991年	2001年	2008年	2017年	2023年
1	香港地区 9.6	香港地区、澳门地区 24.9	香港地区 167.2	香港地区 410.4	香港地区 989.2	香港地区 1632.5
2	美国 3.6	日本 5.3	维尔京群岛 50.4	维尔京群岛 159.5	新加坡 48.3	新加坡 97.8
3	日本 3.2	台湾地区 4.7	美国 44.3	新加坡 44.4	台湾地区 47.3	维尔京群岛 68.6
4	英国 0.7	美国 3.2	日本 43.5	日本 36.5	韩国 36.9	荷兰 53.6
5	法国 0.3	德国 1.6	台湾地区 29.8	开曼群岛 31.5	日本 32.7	日本 38.9
占比	88.5%	90.9%	71.5%	73.8%	88.%	84.0%

数据来源：历年《中国外资统计公报》。

10.3　张弛有度："准入前国民待遇+负面清单"

准入前国民待遇，是指在投资准入阶段给予外国投资者及其投资不低于本国投资者及其投资的待遇。准入前国民待遇不是绝对的，允许有例外。世界各国较为普遍采用负面清单的方式。因此，国家在实施外商投资准入前国民待遇的同时，一般都会列出"负面清单"。负面清单，是指关于外资准入或者限定外资比例的行业清单，是国家规定在特定领域对外商投资实施的准入特别管理措施。在该清单上，国家明确列出不予外商投资准入或有限制要求的领域，清单之外领域则充分开放。国家对负面清单之外的外商投资，给予国民待遇。

早在1992年美加墨三国签署的《北美自由贸易协定》中，有关投资议题就采取了"准入前国民待遇+负面清单"的模式。所谓"准入前国民待遇"原则，即在投资发生和企业建立阶段就开始给予外资国民待遇，这也是投资自由化的根本内容；而"负面清单"是指在清单中列举准入前国民待遇和国民待遇的例外，确定外资不能自由进入的行业。负面清单中没有列举的内容，都是自由投资的领域，外资享受准入前国民待遇。目前，在亚太地区诸多国家所签署的自由贸易协定中，投资条款都包含"准入前国民待遇"和"负面清单"。其中既有美、加、澳、新西兰、日本、韩国等发达国家，也有新加坡、泰国、马来西亚、印尼、菲律宾、文莱、越南、墨西哥、智利、秘鲁等发展中国家。一直很谨慎的印度也同意在与新加坡、韩国和日本谈判的自由贸易协定中纳入"准入前国民待遇"，并考虑采取"负面清单"，巴西也接受这一原则①。

实施外商投资"准入前国民待遇+负面清单"的管理模式，符合国际投资规则发展趋势，为创造各类所有制企业公平竞争的市场环境、提高外商投资管理透明度、促进投资便利化和自由化，奠定了制度基础。在全球贸易保护主义盛行的背景下，中国按自己的节奏推出外商投资准入负面清单②，并不断修订、缩减负面清单，放宽外资市场准入，保障外资更多分享中国经济发展机遇。2017—2021年连续5年修订全国和自贸试验区外资准入负面清单，两个清单的限制措施分别由93条、122条缩减至31条、27条，在制造业、采矿业、农业、金融业等领域推出了一系列重大开放措施，其中自贸试验区外资准入负面清单制造业领域限制措施已于2021年率先实现"清零"。2024年11月1日，《外商投资准入特别管理措施（负面清单）（2024年版）》正式施行，限制措施由31条压减至29条，其中制造业领域外资准入限制措施实现"清零"。

"准入前国民待遇+负面清单"有效提升了中国外商投资监管框架的透明度与可预见性，通过保障国民待遇和加强投资保护，增强了外商投资企业在华长期发展的信心，缩减外资准入负面清单则进一步扩大了市场准入，极大地提高了外商投资自由化便利化水平。

---

① 桑百川.新一轮全球投资规则变迁的应对策略——以中美投资协定谈判为视角［J］.人民论坛·学术前沿，2014（2）：82—89.

② 《中华人民共和国外商投资法》于2019年颁布并于2020年实施，将准入前国民待遇加负面清单管理制度写入法律。

10.4　一往无前：持续提供更优质的营商环境

近几年，中央在各种会议上也一直在强调"稳外资"的重要性。所谓"稳外资"，一方面存量外资的撤离要减少，特别是符合中国经济发展要求的存量外资要保持稳定，避免大量撤离；另一方面，增量的外资要相对稳定，变动幅度应该低于全球国际直接投资的变动幅度，或者说，新增的外资能够回升，有适当的增长。这样才能够称得上是稳住了外商投资。[①]

外资是整个经济发展状况的一个重要风向标。就2024年上半年而言，中国吸收外商直接投资更大的可能性是能够企稳。这主要取决于几个因素：一是国际经济的状况。虽然主要的国际组织对于今年的全球经济增长预期普遍低于去年，但是增速的变动幅度并不大。二是美国持续加息后，货币政策到底怎么变化。之前因为加息，美元升值，吸引全球资本流入，扰动了全球投资的区域布局。如果美国接下来能够更早降息，那就会使得像中国这样的新兴市场资本外流的情况有所缓和，同时也会吸引更多的投资进入。三是中国国内的经济恢复，在一系列积极的宏观政策下，中国经济如果能够保持持续的复苏态势，并且有效地化解风险点，那么，国际投资者对中国经济的预期也会改善，外商投资则会相对企稳。

在"稳外资"工作中，中央推出了一系列举措（见图10-3），核心思想是扩大高水平开放。什么是扩大高水平开放？主要就是要对标高标准国际经贸规则，尽快地建立起完善的开放型经济制度体系。近年来，国际经贸

[①]　桑百川. "稳外资"，要先做好自己的事情［J/OL］. 三联生活周刊，2024（4）：70.［2024-12-24］. https://www.lifeweek.com.cn/article/218971.

规则在深刻地变动，特别是"边境后规则"，朝着贸易投资自由化、便利化的方向在迈进，一系列新的国际经贸规则被越来越多的国家接受。我们对标高标准国际经贸规则，可以为外商直接投资创造更好的制度环境。

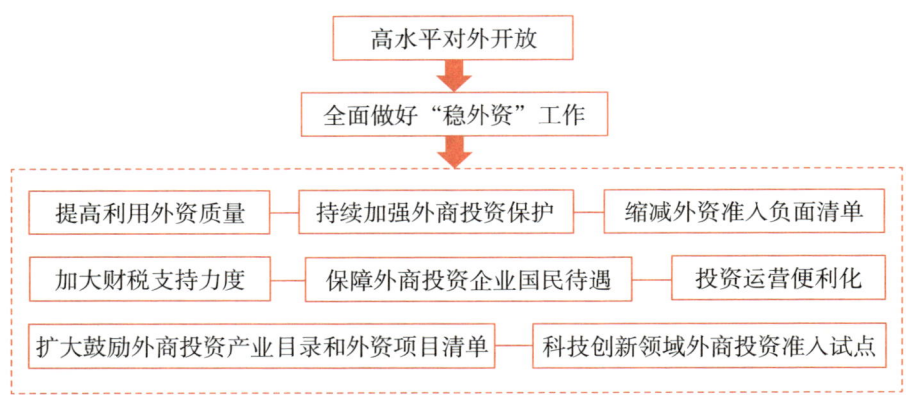

图10-3　近年来我国在"稳外资"方面的重要举措

资料来源：根据相关政策文件整理。

努力改善外资营商环境，特别是从建立市场化、法治化、国际化的一流营商环境方面发力。在建立市场化的营商环境过程中，要进一步缩减外商投资准入的负面清单，扩大开放空间，使得市场真正地在资源配置中起决定性的作用。2020年颁布实施的《中华人民共和国外商投资法》，则是要完善配套的法律环境，在知识产权保护、政府采购、标准制定，以及这些要素的可得性等各个方面保证内外资企业一视同仁。另外，还要努力地升级区域开放平台，使得各种特殊经济区打造出具有特色的中国投资品牌，成为外资的聚集地。例如，我国在2024年初出台推动加工贸易高水平发展的措施，特别是推动加工贸易向中西部地区和东北地区转移，建立更优化的加工贸易承接基地。通过这些组合措施，外商投资的总体环境在优化之中，外资对中国经济环境的信心也会趋于稳定。

第 11 章
吸收外资在对外开放中的贡献与纷争

如今外资经济已成为我国经济极其重要的组成部分，但在吸收外商投资的实践历程中，关于外资在对外开放中的贡献和一些经验做法，曾存在不少的纷争。我国在吸收外资实践中不断更新引资观念，总结经验，推陈出新，完善制度设计和外资政策调整，促进外资经济高质量发展。

11.1 吴越同舟：外资经济是国民经济的重要组成部分

外商投资与中国经济增长

改革开放初期，我国资金短缺现象比较严重，可谓百废待兴。由于当时计划经济体制还占据着主导地位，利用外资的主要方式是向国外借款，外资规模占全社会固定资产投资的比重约为4%~5%。20世纪90年代初期，我国经济发展的良好势头改变了国际投资者对中国市场的预期，外资进入速度明显加快，外资规模占全社会固定资产投资的比重由1991年的5.7%升到1995年的11.2%[①]。吸收外资的规模和领域不断扩大，缓解了资本短缺对我国经济发展的制约。

---

① 据国家统计局数据计算得到。

读懂对外开放

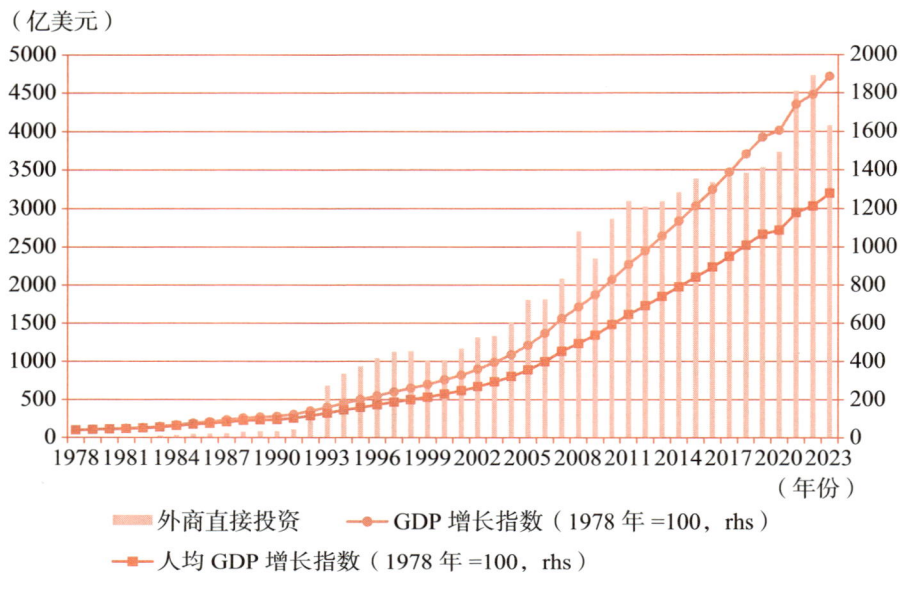

图11-1　中国国内生产总值增长指数与外商直接投资情况

数据来源：历年的中国统计年鉴。

到20世纪90年代后期，我国经济增长点主要矛盾转向了提高资金利用效率和投融资体制改革方面，要利用好国内外两个资本市场、两种金融资源的市场开放，为我国经济开创更广阔的发展空间。2000年后，吸收外资的规模和领域持续扩大，总体保持增长趋势。但受2008年经济危机的影响，经历了2009年的波谷之后缓缓回升（见图11-1），成为世界名列前茅的外资流入地，外商直接投资对中国经济增长的贡献持续增大。

吸收外资不仅是中国经济增长的内在需要，也是推动中国企业制度改革和经济结构转型升级的重要力量。外商投资企业长期在市场经济中生存，习惯和熟悉市场经济的理念、规则和体制。中国在吸收外资的过程中需要创造适宜外资生存的制度环境，提供更完善的法律保护，这会倒逼国内的经济体制和行政体制的改革。以收入分配制度为例。一般而言，与内资企业相比，外资企业员工收入较高。据测算，在蓝领阶层，外资企业员工比内资企业大约高出3倍；在白领阶层，外资企业员工比内资企业高5倍；在金领阶层，外资企业员工约高10倍甚至更多。外资企业收入分配制度打破了长期以来国内"不患寡而患不均"的大锅饭体制，把资金、技术、管理、知识纳入收入分配范畴，全方位提高资源配置效率，促使内资企业在市场竞争中改变分配方式，实行按要素效率贡献分配。

外商投资与贸易、就业和技术进步

中国从1993年以来引进外商直接投资的规模连续15年居发展中国家之首。中国原来存在严重的"两缺口"现象，持续增长的FDI彻底改变了这一局面，从1994年开始，中国再未出现过外贸赤字，转而出现贸易顺差持续增加的局面。据商务部统计，2023年，外商投资企业进出口12.61万亿元，对整个外贸的贡献达到了30.2%。不仅如此，FDI流入对于出口和进口都会产生巨大的影响，每累计增加1美元的FDI，所引起的进出口变化会大于外商直接投资的增加额。这表明外商投资对进出口贸易的影响不仅在于其直接贡献，还在于其对贸易结构的改变和优化。另外，外商投资企业自身的进出口活动和规模还会对国际收支产生影响，对保持资本及金融账户顺差及国际收支平衡具有重要作用。①

外资对就业的影响可分为三种效应：第一，扩大就业。外资企业直接提供工作岗位，同时通过投资带动其他行业和企业的发展，间接创造

---

① 中国社会科学院经济研究所宏观课题组.贸易、资本流动与汇率政策［J］.经济研究，1999（9）：3—14.

更多就业机会。第二，转移就业。外资企业通过合资、合作或收购内资企业，使得原本在内资企业工作的员工转而在外资企业就业。第三，挤出就业。外资企业与内资企业竞争，可能导致内资企业缩小规模或退出市场，从而减少就业机会。开放初期，外商主要投资于我国劳动密集型产业，市场竞争不激烈，外资对就业的贡献主要是创造和转移就业，挤出效应较小。随着中国加入WTO，外资企业增多，市场竞争加剧，外资对就业的影响变得复杂，直接创造就业的能力相对减弱[1]。据国家统计局数据，从三次产业来看，外商投资服务业的比重逐年上升，第三产业就业人数占比在1995年超过制造业人数占比，在2011年超过第一产业占比，成为从事人数最多的产业。

外商投资促进技术进步的途径主要有两条：一是提高外资企业自身的相对要素生产率；二是通过外资企业对国内企业产生的技术外溢效果。外资企业技术进步的直接效应要远大于其对国内企业技术外溢的间接效应，即现阶段外资企业促进中国技术进步主要依赖其自身要素生产率的提高，而非外资企业对国内企业的技术外溢作用。[2]对处于经济转型期的中国而言，能否充分利用开放经济提升本土企业的自主创新能力以及产业核心竞争力是一个迫在眉睫的现实问题。外商投资通过技术溢出能够对我国技术进步带来积极的影响，但也不能一概而论，具体影响还取决于溢出渠道、企业所有制、所属行业机构等异质性因素，政策制定者应

---

[1] 桑百川.外商直接投资：中国的实践与论争[M].北京：经济管理出版社，2006.

[2] 包群，赖明勇.中国外商直接投资与技术进步的实证研究[J].经济评论，2002（6）：63—66，71.

充分考虑到这一点。①

11.2　八方风雨：大规模利用外资的不休争论

回顾我国吸收利用外资的发展历程，有许许多多值得总结的经验，也有不少关于外资的不休争论。②

如何看待对外开放与外商投资？

中华人民共和国成立后，受国际国内环境的约束，逐步走上了闭关自守的道路。从封闭走向开放，就必须突破思想禁锢，排除束缚对外开放的思想障碍，摒弃排斥开放和外商投资的错误认识。关起门来搞建设，把自力更生与对外开放对立起来，排斥外商投资，导致中国经济落后，与世界的发展差距不仅没有缩小，而且越拉越大，1952年，中国GDP总量占世界GDP的比例为5.2%，1978年下降为5.0%③，人均GDP只有381元，人均可支配收入仅343元，排名世界后列。要发展经济，改善人民生活，必须走改革开放之路，不改革开放"只能是死路一条"。1978年确立了实践是检验真理的唯一标准，突破了"两个凡是"的束缚。在总结我国的历史经验教训和世界各国发展经验、判断和平与发展成为时代主题的基

---

① 王华，赖明勇，柴江艺.国际技术转移、异质性与中国企业技术创新研究[J].管理世界，2010（12）：131—142.

② 桑百川，钊阳.中国利用外资的历史经验与前景展望[J].经济问题，2019（3）：1—7.

③ 周天勇.三十年前我们为什么要选择改革开放[N].学习时报，2008-08-26.

础上，提出实行对外开放和利用外资的重大决策。

要不要发展经济特区并利用外资？

对外开放和利用外资，我国没有经验，国际上也不了解中国的做法，中央决定设立经济特区，发挥其"技术的窗口、管理的窗口、知识的窗口、对外政策的窗口"作用。随着经济特区的发展，外商投资增多，市场调节的作用日益扩大，冲击了高度集权的计划经济，有人指责设立经济特区威胁到社会主义计划经济制度。邓小平在1984年考察深圳经济特区后高度肯定了对外开放和经济特区："深圳的发展和经验证明，我们建立经济特区的政策是正确的。"[1] 生产力的发展要求是决定制定政策的根本因素，如果设立经济特区、利用外资冲击了原有的经济体制，但是有利于生产力发展，应予以支持，并改革不合理的体制。

利用外资是"爱国"还是"卖国"？

要对外开放，利用外资，就必须允许外国资本家获得利润、利息，有人把这等同于"卖国主义"，"建合资饭店？与外国资本家联盟一起赚中国人民的钱？这是阶级立场问题！……简直就是卖国主义！"[2] 这对于刚刚打开国门、开始利用外资的中国来说，是一个严重的思想禁锢。1986年国务院出台《关于鼓励外商投资的规定》，肯定了外商投资对于促进生产力发展的积极作用，给对外开放利用外资是"爱国"还是"卖国"的争论画上了句号。

---

[1] 邓小平.邓小平文选（第三卷）[M].北京：人民出版社，1993：51.
[2] 李岚清.突围[M].北京：中央文献出版社，2008：243.

外商投资会不会冲击"民族经济"、威胁国家安全？

有人担心外商投资会冲击"民族经济"发展，动摇社会主义经济基础。"开放不坚决不行，现在还有好多障碍阻挡着我们。说'三资'企业不是民族经济，害怕它的发展，这不好嘛。发展经济，不开放是很难搞起来的，世界各国的发展都要搞开放，西方国家在资金和技术上就是相互融合、交流的。"① 还有人担心对外开放会影响国家安全，邓小平指出：对外开放有利于发展社会生产力、增强国家实力，改善人民的物质文化生活，发展对外经济贸易，我国对国际市场的依赖增加，外国对我国的依赖也增加，这是国家安全的重要保障。

在不利的国际环境下要不要继续对外开放利用外资？

对外开放和利用外资，难免受到国内外政治环境的影响。20世纪80年代末，国际上出现排斥中国对外开放的声音，国内也有人认为"对外开放是自由化泛滥的根源"，甚至怀疑改革开放的基本国策。针对这种观点，邓小平明确指出改革开放这个基本点没有错，并强调"重要的是，切不要把中国搞成一个关闭性的国家"②，当务之急是"要把进一步开放的旗帜打出去，要有点勇气"③。我国在不利的国际环境下，冲破内外部的重重阻力，坚定实行对外开放的基本国策，大胆利用外资，有效促进了社会生产力发展。

---

① 邓小平.邓小平文选（第三卷）[M].北京：人民出版社，1993：376.
② 邓小平.邓小平文选（第三卷）[M].北京：人民出版社，1993：372.
③ 邓小平.邓小平文选（第三卷）[M].北京：人民出版社，1993：313.

要不要遵循国际惯例？

要对外开放利用外资，就要遵循国际经贸惯例。有人则认为，国际经贸惯例是资本主义经济的产物，我们社会主义国家不能接受。其实，它是在资本主义发展中创造出来的符合社会化生产规律要求的人类文明成果。邓小平强调："必须大胆吸收和借鉴人类社会创造的一切文明成果，吸收和借鉴当今世界各国包括资本主义发达国家的一切反映现代社会化生产规律的先进经营方式、管理方法。"[①]正是由于中国在接受、遵循国际经贸规则和国际惯例中，推动着外商投资营商环境改善，才使中国成为外商投资的热土。

"姓资"还是"姓社"？

在对外开放和利用外资中，长期存在着"姓资""姓社"的争论。有些人认为，创办经济特区、利用外资就是发展资本主义。邓小平批驳了这类观点，"改革开放迈不开步子，不敢闯，说来说去就是怕资本主义的东西多了，走了资本主义道路。要害是姓'资'还是姓'社'的问题。判断的标准，应该主要看是否有利于发展社会主义的生产力，是否有利于增强社会主义国家的综合国力，是否有利于提高人民的生活水平"[②]。"有的人认为，多一分外资就多一分资本主义，'三资'企业多了就是资本主义的东西多了，就是发展了资本主义。这些人连基本常识都没有。'三资'企业受到我国整个政治、经济条件的制约，是社会主义经

---

① 邓小平.邓小平文选（第三卷）[M].北京：人民出版社，1993：373.
② 邓小平.邓小平文选（第三卷）[M].北京：人民出版社，1993：372.

济的有益补充，归根到底是有利于社会主义的。"① "社会主义的本质，是解放生产力，发展生产力，消灭剥削，消除两极分化，最终达到共同富裕。"② 邓小平还指出了把改革开放说成是引进和发展资本主义的实质就是"左"③。1992年邓小平南方谈话中，反复强调改革开放和利用外资的重要性。中共十四大以后，历届党代会和历届领导人都一再强调顺应生产力发展的要求推进改革开放事业，中国开放的大门越开越大，外商投资不断增长。

"姓中"还是"姓外"？

2001年以来，在履行"入世"承诺中，中国扩大市场准入，外商投资快速增加，内外资企业之间的竞争加剧，有些人又担心外资会挤垮民族经济，消灭民族品牌，冲击自主创新，提出了外资企业"姓中"还是"姓外"的问题，认为自主创新不包括外资企业的创新，甚至把自主创新与利用外资对立起来。对此，时任国家副主席的习近平在2010年9月7日出席联合国贸易和发展会议第二届世界投资论坛的主旨演讲中强调："中国政府鼓励自主创新的政策是覆盖中国境内所有企业的，也是适用于依法在中国设立的一切外商投资企业，可以说，这是广泛开展国际合作条

---

① 邓小平. 邓小平文选（第三卷）[M]. 北京：人民出版社，1993：374.
② 邓小平. 邓小平文选（第三卷）[M]. 北京：人民出版社，1993：374.
③ 1992年邓小平在南方谈话中谈道："现在，有右的东西影响我们，也有'左'的东西影响我们，但根深蒂固的还是'左'的东西。有些理论家、政治家，拿大帽子吓唬人的，不是右，而是'左'。……把改革开放说成是引进和发展资本主义，认为和平演变的主要危险来自经济领域，这些就是'左'。"（参见《邓小平文选》第三卷，第374页）。

件下的开放式创新。"外商投资企业是依法在中国注册设立的法人，为中国提供就业机会，向中国政府缴纳税金，创造的增加值属于中国的GDP，理所当然是中国的企业。把外资企业作为中国企业，平等对待内外资企业，给予外资企业国民待遇，既符合国际惯例，也与世界贸易组织的国民待遇原则相吻合，能够更好促进外资企业融入中国经济，推动中国经济发展。

"双缺口"消失后还要不要积极利用外资？

随着中国储蓄和外汇"双缺口"消失，再次出现了是否还要积极利用外资的议论。在实践中，中央政府反复强调了积极利用外资的态度，并创新外资理论，突破"双缺口"理论的局限，强调利用外资是顺应生产全球化和投资全球化的要求，发达国家也在积极吸收外资，并且是吸收外资的主体，利用外资不仅是为了弥补"双缺口"，更重要的是可以增加就业和税收，扩大对外贸易规模，推动技术进步和工业化进程，促进经济结构升级，倒逼改革，即便中国强大起来，也要积极利用外资，发展起来的中国更没有理由关起门来、排斥外资。随着中国经济发展，对外开放和利用外资的大门越开越大。在2013年以来设立的自贸试验区中，率先实行外商投资准入前国民待遇加负面清单的管理模式，并在全国推广，不断修订缩减负面清单，扩大外资准入范围，打造外商投资法治化、国际化、便利化的营商环境。2017年，国务院连续发布《关于扩大对外开放积极利用外资若干措施的通知》和《关于促进外资增长若干措施的通知》，深刻认识吸引外资的重要性，积极吸引外商投资以及先进技术和管理经验，优化投资环境和市场竞争环境，对接外商投资需求，以扩大开放吸引外资，以开放促增长。

11.3 勇立潮头：更新观念加大吸引外资力度

近年来，国际上出现了逆全球化思潮，一些国家走向单边主义和贸易投资保护主义道路。针对这种违背国际生产力发展趋势的观念和行为，中国高举开放的大旗，坚定地维护经济全球化和全球多边体制。2016年，中国成功举办G20杭州峰会，制定了《G20全球投资指导原则》，明确指出要遏制少数国家贸易保护主义冲动，降低国际投资面临的有形无形壁垒，通过制度创新与政策调整为贸易投资注入更大活力，加强投资保护，确保政策制定透明度，投资者企业责任等九大原则，填补了国际投资治理领域缺乏全球性政策指引的空白。2013年，习近平主席提出"一带一路"倡议，这是我国与共建国家实现优势互补，资源共享的重要途径。共建"一带一路"需要构建公正、合理、透明的国际经贸投资规则体系，建设人类命运共同体，让世界分享中国改革开放和发展的红利。2018年4月，习近平主席在博鳌亚洲论坛主旨演讲中宣示了中国坚持扩大开放的坚定决心，"中国开放的大门不会关闭，只会越开越大。"宣布了大幅度放宽市场准入、创造更有吸引力的投资环境等重大举措。

新时代扩大开放再出发，中国致力于建立更高水平、多层次、全方位的对外开放格局，优化外资利用结构，通过提高外资质量助推中国经济高质量发展。2023年10月，习近平主席在第三届"一带一路"国际合作高峰论坛开幕式上宣布，全面取消制造业领域外资准入限制措施。2024年3月，国务院办公厅印发《扎实推进高水平对外开放　更大力度吸引和利用外资行动方案》，从扩大市场准入、加大政策力度、优化公平竞争环境、畅通创新要素流动、更好对接国际高标准经贸规则等五方面，采取务实措施，更大力度吸引外资，增强外资质量。

11.4 循序渐进：推动外商直接投资高质量发展

我国未来在利用外资方面需要保持定力，破除错误思想禁锢，积极吸收外商直接投资，坚定走自主开放道路，这才是实现中华民族伟大复兴的根本出路。

第一，摒弃狭隘的民族主义，抛开不必要纷争，不断深化对外开放。面对国内外生产力、生产关系条件的变化，我国需要摒弃狭隘的民族主义，抛开不必要的纷争，不断深化对外开放。在深化开放的过程中，国内经济利益格局会重新调整，对开放的认识也会出现分歧，但只有以开放的心态对待这些问题，在开放中做大蛋糕，才能获得更快的发展。

第二，以开放反制单边主义和贸易、投资保护主义，维护多边经济体制。在当前全球范围内逆全球化思潮泛起，贸易保护主义盛行的背景下，中国应坚持开放发展推动互利共赢，推动经济全球化朝着更加开放、包容、普惠、平衡、共赢的方向发展。这包括扩大鼓励外商投资产业目录和外资项目清单，加大对先进制造、高新技术、节能环保等领域的支持力度，以及落实税收支持政策和加大金融支持力度，从而增强对外资的吸引力。

第三，完善由市场机制决定资源配置的经济体制。继续利用经济特区、自贸区、自贸港等特殊经济区开放先行的功能，打造对外开放新高地的同时，及时总结推广特殊经济区改革开放的经验。这涉及推进实施跨境贸易投资外汇管理便利化政策,持续提升外商投资企业外汇业务便利度,以及深入实施合格境外有限合伙人境内投资试点等。

第四,重塑引资优势。中国作为发展中大国,区域发展不平衡是一个现实问题。要充分发挥中西部地区劳动力资源丰富、要素成本较低的优势,推动沿海制造业向中西部地区转移和集群。重视塑造市场优势、营商环境优势、制度优势等新的竞争优势,以吸引高质量的外商投资。降低外商投资成本,减轻外资企业税费负担,提高外商直接投资收益率,建设国际一流营商环境,促进外商投资稳定增长。构建外资企业环境责任体系,引导外资企业行为,推动国民经济绿色、可持续发展。

第五,推动经济高质量发展。与国际高标准贸易和投资自由化便利化规则对标,改进知识产权保护,利用外资技术溢出效应,推动经济创新发展。营造开放的技术创新环境,鼓励外资引进国际标准和输出我国技术产品标准,促进国际国内标准互认。支持外企融入国内创新链,为外资研发中心参与政府科研项目及成果转化、专利申请、研发设备和用品进口等提供系统性服务,以提升外资对我国经济高质量发展的贡献度。

第四篇
对外投资

中国在吸收外商投资推动工业化进程中，形成庞大产能，扩大出口，积累起丰厚外汇储备，大批企业具备对外投资能力，开始在海外寻找有利的投资场所。从"引进来"到"走出去"，中国逐步成长为对外直接投资大国，越来越多的企业在全球配置资源，从"出口"到"出海"，"出口"与"出海"两翼齐飞，标志着一个经济体、一家企业深度融入了全球经济体系。本篇梳理中国对外直接投资制度演变的脉络，分析对外直接投资的发展历程，总结对外直接投资的经验，探讨对外直接投资的前景。

第 12 章
对外直接投资的制度演变

对外直接投资的政策和制度优化，推动着企业对外投资发展。与时俱进完善对外投资政策，构建对外投资综合服务体系，签署双边投资协定，顺应国际投资规则变迁趋势，为中国企业对外投资提供了有效的制度支撑。

12.1 春风十里：与时俱进更新政策导向

改革开放后，中国在积极吸收利用外资的同时，也逐步寻求开展对外直接投资。对外直接投资经历了从尝试探索、快速发展、迅速增长到调整的各个阶段，对外直接投资政策也在不断调整优化，引导着对外投资活动。

尝试探索阶段：1978—2000 年

从 1978—1992 年，中国对企业海外投资管控非常严格，对外直接投资主要是政府层面主导，通过建立海外分支机构和办事处等形式进行，各项投资均需上报国务院审批。1982 年国家设立了对外经济贸易部，负责审批对外直接投资，但审批项目繁多、手续复杂，效率低下。1992 年后，中国对外开放迅速发展，企业开始逐步参与对外直接投资活动，尽管这一时期中国的对外投资存量仍然较小，且管制措施依旧严格，但促进对外投资的基本思想已经确立。1993年，国家外汇管理局出台《境外投资风险及外汇资金来源审查规范》，规定了不同金额的对外投资审批规范，"金额在100万美元以下的对外投资要到省级相关部门进行审批，金额在100万美元到3000万美元之间的对外投资要上报中央有关部门进行审批，金额超过3000万美元时则要由中央相关部门上报国务院进行再次审批"，管制依然较为谨慎。随着企业对外投资需求增加，政府开始大幅简化项目审批和外汇管理流程。1994—2000年，取消对外直接投资行政审核事项30余项，简化合并10余项，审批时限大幅缩短。

快速发展阶段：2001—2013年

2001年加入WTO，为对外直接投资提供了新的机遇。2001年，"走出去"正式写入《国民经济和社会发展第十个五年计划纲要》。2002年，党的十六大提出推进"走出去"战略，对外直接投资步伐加快。国家在加强引导和监督的同时，也为有条件走出国门的企业提供多方支持，鼓励企业拓展海外市场。2007年，党的十七大明确指出要把"引进来"和"走出去"更好结合起来，鼓励创新对外投资和合作方式，支持企业在研发、生产、销售等方面开展国际化经营，加快培育我国的跨国公司。2009年，商务部发布《境外投资管理办法》，进一步简化了海外投资的审批流程，企业只需通过商务部的"境外投资管理系统"填写申请表，在3个工作日内就可完成投资审批，大大简化缩短了核准程序和时限。2012年第十一届全国人民代表大会第五次会议上提出，我国正处于对外投资加快发展的重要阶段，要加强宏观指导，强化政策支持，简化审批手续，健全服务保障。此后，国家逐步放宽对外直接投资的管制政策，许多企业成功走向国际市场。

迅速增长阶段：2014—2016年

这期间中国的对外投资更加注重国内政策和对外投资政策的协同。"一带一路"倡议为企业"走出去"拓展了新的国际空间；加快实施自由贸易区战略，签订更多自由贸易协定，进一步优化了对外直接投资的环境。2014年，国家发展改革委发布《境外投资项目核准和备案管理办法》（国家发展改革委令第9号），商务部修订发布新的《境外投资管理办法》（商务部令〔2014〕3号），以投资便利化为目的，确定了以备案制为主、审核制为辅的投资管理模式，除了涉及敏感国家和敏感行业的投资需要审核以外，其他一律采用备案制，并取消投资限额的审批。2014年，国家发展改革委办公厅发布《关于启用全国境外投资项目备案管理网络系统的通知》（发改办外资〔2014〕1386号）、2015年商务部办公厅发布《关于境外投资备案实行无纸化管理和简化境外投资注销手续的通知》（商办合函〔2015〕197号），开始实施网络化、无纸化管理。政策和制度优化推动了对外直接投资快速增长，净额持续上升。

调整阶段：2017年至今

2017年之后，中美经贸关系变化、新冠疫情暴发以及地缘政治冲突等因素，导致中国对外直接投资有所回落，对外直接投资进入调整阶段。2017年，国务院办公厅转发国家发展改革委、商务部、人民银行、外交部《关于进一步引导和规范境外投资方向的指导意见》（国办发〔2017〕74号），旨在引导和规范境外投资方向，推动境外投资持续合理有序健康发展，并明确了限制开展的境外投资项目。同年，国家发展改革委发布《企业境外投资管理办法》（国家发展和改革委员会令2017年第11号），进一步加强了对境外投资的宏观指导，完善了境外投资监管。中国对外直接投资逐渐向质量优先转变，强调优化投资结构，防范境外投资风险，应对全球化逆流挑战。

12.2 锦上添花：持续优化境外投资综合服务体系

中国对外直接投资服务体系是各级政府部门为推动国内企业"走出去"和开展对外直接投资业务而设立的相关机构、制定的相关政策法律及采取的各种促进方式与手段等的集合体。在对外直接投资发展中，服务体系发挥着重要作用，其形成、发展和完善的过程也是中国对外直接投资相关法律、政策和机构不断成熟的历程。

萌芽阶段：1978—2000年

随着中国企业"走出去"投资，相应的投资服务体系也逐渐建立起来。初期，国家设立了许多专业机构，承担对外投资服务工作。1983年后，对外经济贸易部负责对外投资管理和服务，各省市也相继成立了专门的对外投资管理和服务机构，形成"中央—地方"审核与服务体系，并陆续出台了多项相关政策文件，明确了各级单位在对外直接投资中的主要职能。

初步形成阶段：2001—2008年

2003年成立了中华人民共和国商务部，进一步加强了对外直接投资的管理和服务。在外汇管理方面，建立了以人民银行和国家外汇管理局为代表的组织机构，负责外汇管理、人民币结算以及企业海外融资等事宜。伴随中国对外直接投资扩大，中国人民银行和国家外汇管理局下设的服务机构不断增多，能够开展外向型金融服务的机构数量也在增加。外交部、全国工商联、工信部等国家部委也积极参与到对外投资服务体系的建设中，制定了相应的政策以支持对外投资发展。2002年后，在实施"走出去"战略中，有关部门开始定期发布投资东道国信息和风险评估，对外投资服务体系逐渐发展成形。

完善巩固阶段：2009年至今

2008年国际金融危机后，中国经济发展步入新常态，对外直接投资服务体系进入了完善和巩固阶段。商务部和各级地方投资促进部门不断完善"中央—地方"对外投资服务管理，为企业提供高效便捷的项目核准流程，中国人民银行、国家外汇管理局以及银行等金融机构不断完善企业结汇售汇机制，拓宽海外融资渠道；国家税务总局则为企业在海外的纳税提供了保障性服务；商务部联合各有关部门不断完善对外直接投资信息服务，编制各种信息汇编、目录等供企业参考；商务部、外交部等部委建立起专门的对外投资纠纷协调部门，为企业提供法律援助。

12.3 以邻为友：积极推进多双边国际投资协定

中国签订双边投资协定的演变

1982年，中国与瑞典签署了第一个双边投资协定。到2024年底，中国已成为世界上签订双边投资协定最多的国家之一。中国签订双边投资协定经历了四代的演进：第一代"保守主义范式"（1982—1991年）；第二代"自由主义范式"（1992—1997年）；第三代"平衡主义范式"（1998—2012年）；以及当前的第四代以中美BIT、中欧BIT谈判为代表的"新阶段"。

在"保守主义范式"时期，中国急需外部资金来发展国内经济，所以在20世纪80年代中国与外方签订了十多个双边投资协定，签署对象主要为欧洲发达国家。此时签订的双边投资协定在许多方面都持保守立场，承诺为投资国提供公平合理待遇和最惠国待遇，但未普遍授予国民待遇。

1992年中国确立了建立社会主义市场经济的改革目标，对外开放步伐加快，双边投资协定进入"自由主义范式"阶段。在这一阶段，中国与更多国家签署双边投资协定，地理范围涵盖欧洲、亚洲、大洋洲、非洲以及美洲，中国也表现出更加自由开放的态度，加强了东道国的义务，同时强调对投资者的保护，并开始加入了国民待遇原则。

在"平衡主义范式"阶段，中国开始从资本输入国向资本输出国转变。中国与非洲、中东、南美等地区签署双边投资协定的数量大幅增加，双边协定内容更注重平衡东道国权益和投资利益之间的关系。

2013年7月，中国同意以"准入前国民待遇+负面清单"模式为基础开展中美BIT实质性谈判，中国签署双边投资协定进入了新的阶段。此外，随着"一带一路"倡议的提出，中国与"一带一路"共建国家签订了大量双边投资协议，这些协议不仅为双方的投资提供了法律保障，也促进了经济合作和市场准入。

中国参与多边投资协定的演变

20世纪80年代，关税与贸易总协定（GATT）在乌拉圭回合谈判中达成了《与贸易有关的投资措施协议》(TRIMs)，这是国际社会第一份涉及投资的协定。但由于全球各国经济发展水平差距较大，即使在WTO框架下也很难达成协调一致的多边投资协定，特别是在多哈回合谈判中，投资问题始终未取得实质性进展。发达国家试图在OECD框架内达成多边投资协定，但最终并未能如愿。目前，全球缺乏统一的多边投资协定，全球的双边协定之间又存在不小的差异，导致国际投资规则碎片化。

由于全球多边投资协定谈判受阻，各国开始通过签署区域协定来实现投资合作。目前中国已签署的代表性区域投资协定主要有中国—东盟自由贸易区投资协议、中日韩三边投资协定等。中国—东盟自由贸易协定极大促进了中国与东盟国家之间的投资；2012年中日韩投资协定的签署，给三国相互投资带来利好。另外，中国还通过区域协定中的投资规则与协定成员达成投资合作，2020年签署的《区域全面经济伙伴关系协定》(RCEP)，投资规则是协定的重要组成部分，涉及投资保护、投资自由化等内容，促进了中国的对外直接投资。

12.4 见招拆招：国际投资新规则及中国应对

2008年金融危机后，国际投资环境发生变革。发达国家经济增长乏力，发展中国家成为拉动世界经济发展的重要动力，新兴经济体成为主要的资本输入国和重要的资本输出国。国际投资环境的变革也推动了国际投资活动及其规则的变化。

投资自由化程度提高。当前，"准入前国民待遇+负面清单"模式已经成为许多国家投资谈判的标准，其中接纳准入前国民待遇的国家有美国、加拿大、澳大利亚、新西兰、日本等发达国家，也包括一系列发展中国家，如泰国、马来西亚、印度尼西亚、菲律宾、文莱、越南、墨西哥、智利、秘鲁等。

东道国监管权力和政策空间扩大化。由于新兴经济体在国际投资活动中的活跃度不断提高，发达国家开始从强调投资自由化逐渐转向平衡东道国和跨国公司之间的权利和义务，关注新兴经济体投资对本国经济发展产生的影响，进而设计补充新的规则并将其引入国际投资规则的制定中，以完善和扩大东道国政府对国际直接投资的监管权力和政策空间。随着新兴经济体和发达国家在国际投资中的地位转变，以及全球保护主义盛行，发达国家开始将国家安全作为对外投资审查的重要措施，并且"国家安全"这一概念没有明确定义和清晰范围，为政府维护自身利益而扩大对外资的审查范围保留充分的空间。

争端仲裁规则透明化。国际投资争端仲裁是解决投资者和东道国投资争端的重要机制，但因其拥有的保密性而使公众对国际投资争端仲裁的透明度产生争议。在《北美自由贸易协定》《ICSID仲裁规则》《透明度规则》《透明度公约》中，国际投资仲裁透明度得到了显著提升。规则的透明化使仲裁程序公开受到国际投资者的监督，敦促东道国更加审慎处理国际投资争端问题以维护其自身信誉，同时也能促进投资者和东道国双方在公开透明的环境下享有实体和程序权利。

国际投资规则开始更加关注环境问题和劳工标准问题。随着经济全球化的深入发展，国际投资规则逐渐将可持续发展、环境保护和社会责任等问题纳入其中。许多投资协议开始纳入有关环境保护和劳工标准的条款，越来越多国家开始认识到不应为吸引外资而削弱东道国环境法和劳工法的执法刚性。国际投资规则的这一变化反映了全球对可持续发展的共识，也标志着投资协议逐步朝着更加负责任的方向发展。

当前，国际投资规则的谈判方式也发生了新的变化。区域投资协定已经逐渐取代双边投资协定，成为国际投资规则体系的重心，北美自由贸易区（NAFTA）、全面与进步跨太平洋伙伴关系协定（CPTPP）、区域全面经济伙伴关系协定（RCEP）、非洲大陆自由贸易区（CFTA）等都涉及投资条约，为构建统一的多边投资体系奠定了基础。

美欧等发达国家为了争夺构建新一轮国际投资规则的主导权并维护自身利益，正在推进高标准的国际投资规则谈判，涉及的内容更加广泛且制定标准更高。其中关于投资准入和市场开放方面、国企竞争中立性、环保要求、劳工保护等投资权益保护方面以及要求资本项目可自由兑换等，都对中国的投资制度和政策带来冲击，要求我们加快改革开放步伐。

中国不仅是吸收外商投资大国，也是对外直接投资大国，这一国际投资地位决定了必须顺应新一轮国际投资规则的大趋势，对标高标准国际投资规则，并根据国家经济的发展阶段和实际需要，积极参与国际贸易与投资规则的重构，为吸收外资和对外投资创造良好的制度环境。

第 13 章
对外直接投资的发展历程

中国对外直接投资起步晚，增长快，已经跃升为对外直接投资大国，截至2024年底，对外直接投资存量3万亿美元，境外企业遍布190多个国家和地区。

13.1 固本生根：总量规模连续多年排名全球前三

中国对外直接投资经历了初步探索到全球领先的过程，年度投资规模连续13年列全球前三位，投资存量连续8年排名全球前三。对外直接投资的跨越正是中国开放发展和积极参与全球化的缩影。

从2001年中国加入WTO后，中国的对外直接投资进入高速扩张阶段。2015年和2016年，中国连续两年成为世界第二大对外投资国家，并实现对外投资的净输出。商务部发布的《2023年度中国对外直接投资统计公报》显示，2023年中国对外直接投资流量达到1772.9亿美元，较上年增长8.7%，是2002年的65.7倍，年均增速达22.1%，连续12年列全球前三，占全球份额的11.4%，连续8年占全球份额超过一成。2023年末，中国对外直接投资存量2.96万亿美元，连续7年排名全球前三。2024年，中国对外直接投资流量和存量继续保持世界前三。

初步探索阶段：1979—1985年

新中国成立初期，中国的对外直接投资几乎为零。1978年改革开放后，重点在于吸收利用外资。1979年，中国提出"出国办企业"。这一时期，并没有形成系统的对外投资战略。对外投资不仅受到资金、技术、经验等的制约，而且由于国内外环境的差异，对外投资只是一个试水性的探索。随着改革开放的深入推进，中国逐渐认识到对外投资的重要性，开始积极参与国际经济合作。通过不断积累经验和完善政策，对外直接投资逐步扩大。

加速扩展阶段：1986—2000年

这是中国对外直接投资史上一个重要的转折期。随着对外开放政策深入人心，国内经济实力有所增强，以及全球化进程加快，中国的对外直接投资步入了快车道，逐步从试探性的经济活动转向国家战略。这一时期，经历了1986年中国提出恢复关贸总协定缔约国地位，1992年邓小平南方谈话，中共十四大召开，确立建立社会主义市场经济体制的改革目标，对外直接投资开始加速增长，呈现出从"摸索"到"逐步扩展"的特点。

1986年，中国提出"发展对外经济合作"战略，标志着扩大对外直接投资的政策方向明确化。此后，开始逐步放松对外投资的管制，采取了更加积极的对外投资政策措施。伴随着国内经济快速增长，外汇储备积累和资金实力增强，中国企业逐渐有了更多的资金支持进行跨国投资，出现一次对外直接投资的小高潮。

高速扩张阶段：2001—2016年

2001年，中国正式加入WTO，标志着中国经济进一步融入全球化进程，并深刻影响了中国的对外投资格局。加入WTO不仅为中国企业提供了更多的市场准入机会，还为中国的对外直接投资提供了更加宽松的政策环境和稳定的外部经济条件。同年，"走出去"战略正式写入《国民经济和社会发展第十个五年计划纲要》，为中国企业走向全球市场奠定了战略基础。这一阶段是中国对外直接投资史上最具变革性的时期。2001年，对外直接投资总额为69亿美元，而到2016年，这一数字激增至1961亿美元，15年增长超过28倍。尤其是在非金融类投资方面，2016年达到1701.1亿美元，这意味着中国企业在全球经济中的角色日益重要。同时，中国对外投资存量也从2001年的272亿美元激增至2016年底的1.36万亿美元，是全球直接投资的主要力量之一。这一阶段中国对外直接投资不仅提升了企业的国际化程度，也使中国在全球经济中的地位显著上升，成为世界经济体系中的重要一员。

高质量发展调整期：2017年至今

2017年，中国对外投资增长首次出现逆转，增速由正转负，投资额自2016年的1961亿美元降至1582.8亿美元，降幅超过19%。相比之下，全球直接投资在同一时期仅下降了2.94%。这一变化标志着中国对外直接投资进入了一个全新的阶段，对外直接投资的增速开始放缓。从2018年至2020年，中国对外直接投资持续走低，尤其是2019年和2020年，投资额明显下降。此后，中国仍然保持着全球对外直接投资前三的位次，但增速放缓、结构调整成为主线。

这一阶段的中国对外直接投资调整并非偶然，中国企业的海外投资行为面临来自内外部的双重挑战。从内部来看，中国经济在进入高质量发展阶段后，经济结构深度调整，企业对外投资的方向也发生了变化，投资目标逐渐从传统的资源型投资转向更注重创新、技术、高附加值；从外部来看，全球投资环境变化，全球化逆流涌动，中国企业对外直接投资环境产生重大变化，中美贸易摩擦引发的全球贸易紧张局势直接影响了企业的跨境投资决策。而全球经济增长放缓，尤其是欧洲和其他发达经济体的低迷，抑制了中国企业的海外投资扩张。2020年，新冠疫情全球蔓延，国际市场的不确定性进一步加剧，也同样导致跨国投资活动普遍收缩。

13.2 倍道而进：以绿地投资和跨国并购为主要方式

中国对外直接投资包括绿地投资和跨国并购两种主要方式。绿地投资是指企业直接在海外投资建厂，创建全新的公司、仓储、工厂和生产基地；而跨国并购是指企业通过购买或合并海外企业的方式，迅速进入目标市场。

绿地投资

早在2015年，中国的对外绿地投资总额就已经达到530.76亿美元，仅次于美国，位居世界第二；投资项目总数为483个，位居世界第六。其中，东南亚成为中国绿地投资主要目的地。东南亚国家与中国地理上相邻，人口红利丰厚，具有生产成本优势，不但能为劳动密集型产业提供充足的劳动力，还能提供广阔的销售市场。具体来看，中国向越南、印尼等国转移的产业类型以纺织服装、鞋帽皮革等劳动密集型制造业为主，向马来西亚等国转移以光学仪器、机电设备等资本和技术密集型制造业为主。北美是中国重要的贸易伙伴，墨西哥占据连接北美和拉美的特殊区位，具有显著的供应链和运输成本优势，加上其制造业基础良好，劳动力资源丰富，吸引了不少中资企业选择去设厂。

跨国并购

与绿地投资相比，跨国并购通常更侧重于收购目标企业的整体资产，特别是技术、生产工艺、品牌和专利等无形资产。在跨国并购中，收购方不仅仅是获取企业的实际物质资产，还往往通过并购获得先进的技术、管理经验、市场份额及其全球化布局，从而实现快速的资源整合与产业升级。近年来，中国跨国并购金额的增长主要体现在高技术和高附加值行业，并且跨境并购的地域分布也呈现出多元化的趋势。随着中国产业升级和对经济新动能的需求不断上升，中国企业的跨境并购不再局限于传统的资源型产业，越来越多的企业将目光投向了技术密集和创新驱动的并购对象，如高端制造、信息技术、大健康等新兴行业。

2023年，中国企业海外并购交易维持在500起左右，跨国并购的目的地主要集中在亚洲、欧洲和北美洲，形成了亚欧美"三足鼎立"的态势。2023年，这三个地区的并购金额分别为117亿美元、104.7亿美元和99.2亿美元。在亚洲，尤其是东南亚和印度市场，中国企业主要关注的是资源、市场以及数字化转型的机会；而在欧洲和北美，许多中国企业则聚焦在获取高端技术、创新产品和全球品牌等方面。

中国对外直接投资的形式正在转变

2023年，中国以绿地投资形式进行的对外直接投资金额大幅增长并创历史新高。UNCTAD数据显示，2023年，中国通过绿地投资的对外直接投资金额高达1654亿美元，同比大幅增长225%，超过2016年的1076亿美元，创历史新高；项目数量达到817个，同比大幅增长72%。通过跨国并购的对外直接投资金额仅40亿美元，同比下降58%；项目数仅95个，小幅高于2022年的92个；2021—2023年，中国跨国并购对外投资的金额和项目数量均较疫情前大幅下降。

绿地投资已取代跨国并购投资成为中国企业对外投资的重要形式，主要有以下两点原因。

一是由于中国企业自身竞争力增强。现如今，中国企业海外投资增量更多集中于新能源汽车、清洁能源、高科技制造、互联网等行业。中国企业在这些领域已经积累了国际领先的技术、管理、供应链优势，因此更倾向于以绿地投资方式输出这些优势，参与海外市场竞争。通过绿地投资，中国企业可以更有效地发掘并响应海外消费市场需求，在东道国进行长期业务布局，塑造品牌影响力。

二是由于中国企业的绿地投资在共建"一带一路"中发挥着重要作用。根据FDI Markets发布的数据，2023年，中企对"一带一路"的绿地投资项目数量已占同期中企全球绿地投资项目总数的约61%，较2017年提升了约24个百分点。得益于"一带一路"合作深入推进，中国与共建国家之间的经济关系持续巩固，东道国政府对中企投资持欢迎态度，为投资创造了相对有利的环境和条件。相较于并购投资，绿地投资会为东道国带来更多增量效益，如增加就业、引入先进技术和管理经验等。

13.3 履践致远：投资结构和区域分布不断优化

从整体来看，中国对外直接投资的集中度较高。尽管如此，近年来，中国投资者逐步加强了全球资产配置的多元化，旨在通过分散投资风险、提高收益潜力来优化投资组合。这种投资策略不仅有助于降低市场波动性，也能帮助中国企业在全球经济变动中更加稳健地增长。

对外直接投资产业结构

2023年，中国对外直接投资涵盖了国民经济的18个行业门类，行业分布极为广泛，几乎覆盖了全球经济的各个方面，呈现出多元化的投资趋势。在这些行业中，流向租赁和商务服务、批发零售、制造、金融四个领域的投资均超过百亿美元，合计占当年流量的78.1%。其中，租赁和商务服务业以541.7亿美元的投资额位列行业门类之首，占当年流量总额的30.6%，增长24.6%。批发和零售业投资增长83.4%，达到388.2亿美元，占当年流量总额的21.9%。制造业投资273.4亿美元，增长0.7%，占当年流量总额的15.4%。金融业投资182.2亿美元，下降17.6%，占当年流量总额的10.3%。除了主要投资领域外，中国对外投资正逐渐向高技术领域和基础设施建设领域倾斜，对建筑业、信息传输及软件和信息技术服务业等领域的投资增长较快，增速分别为97.2%、34.9%。随着新一轮科技革命和产业变革的推进，中国对外投资在数字经济、绿色发展等新兴领域稳步拓展。2022年中国企业宣布的海外并购总额中，科技、媒体和通信，医疗与生命科学，先进制造与运输三个行业占据了53%。同时，中国对外承包工程转型升级步伐加快，在交通基础设施建设方面，中国企业承揽的境外基础设施类工程新签合同额和完成合同额占比最高，重点包括交通、能源、数字基础设施等。

中国对外投资行业覆盖多元化，从传统制造业向高附加值产业和服务业转型，且对外投资的产业结构正在经历持续优化和升级。随着国内经济发展和产业结构的转型，中国企业的海外投资逐步从传统的资源型产业和制造业，向数字经济、绿色投资、科技创新等新兴领域扩展，成为新的增长点。商务部统计数据显示，2023年中国对外直接投资存量主要集中在第三产业，对外投资金额达到23604.7亿美元，占中国对外直接投资存量的79.9%；第二产业的投资存量为5823.3亿美元，占19.7%，其中制造业（不含金属制品/机械和设备修理业）为2830.9亿美元，占第二产业的48.6%；第一产业的投资存量为126亿美元，仅占0.4%，主要涉及农、林、牧、渔业。

对外直接投资地区分布

截至2023年底，中国对外直接投资覆盖全球超过80%的国家（地区），亚洲的境外企业覆盖率为95.7%，欧洲为87.8%，非洲为85%，北美洲为75%，拉丁美洲为67.3%，大洋洲为58.3%。中国境内投资者共在全球190个国家和地区设立境外企业4.8万家，其中在共建"一带一路"国家设立境外企业1.7万家。这些企业在投资所在国家（地区）累计缴纳各种税金5185亿美元，年均解决超过250万个就业岗位。

亚洲地区是中国企业最主要的投资目的地，中国在亚洲的投资存量为20148.4亿美元，占68.2%，主要分布在中国香港、新加坡、印度尼西亚、中国澳门、越南、马来西亚、泰国、老挝等，特别是对中国香港的投资占亚洲存量的87%。中国在拉丁美洲的投资存量为6008亿美元，占20.3%，主要分布在英属维尔京群岛、开曼群岛、巴西、墨西哥、秘鲁、智利、巴哈马、牙买加、巴拿马、阿根廷等。其中英属维尔京和开曼群岛合计5808亿美元，占对拉美地区投资存量的96.7%。中国在欧洲的投资存量为1476.8亿美元，占5.0%，主要分布在荷兰、英国、德国、瑞典、卢森堡、俄罗斯联邦、法国、瑞士、意大利、西班牙、爱尔兰、塞尔维亚、匈牙利等。其中，在中东欧17国的投资存量为53.6亿美元，占对欧投资的3.6%。中国在北美洲的投资存量为1101.1亿美元，占3.7%，主要分布在美国、加拿大。中国在非洲的投资存量为421.1亿美元，占1.4%，主要分布在南非、刚果（金）、尼日利亚、埃塞俄比亚、安哥拉、尼日尔、毛里求斯、肯尼亚、阿尔及利亚、赞比亚、坦桑尼亚、莫桑比克、埃及、津巴布韦等。中国在大洋洲的投资存量为398.5亿美元，占1.4%，主要分布在澳大利亚、新西兰、巴布亚新几内亚、萨摩亚、马绍尔群岛、斐济等。

13.4 百花齐放：多元投资主体阔步"出海"

自改革开放以来，中国的对外直接投资政策逐步开放与调整，形成了具有中国特色的对外直接投资体系。尽管国有企业在对外直接投资存量中占据绝对领先地位，但民营企业对外直接投资的数量和规模日趋增加，中国对外直接投资的投资主体从单一的国有企业向多种所有制经济主体并存转变。

探索起步阶段：1978—2000年

改革开放初期，中国的对外直接投资处于起步阶段。在这一阶段，由于中国经济尚处于转型期，国内市场和资源的缺乏成为制约经济发展的重要因素。基于此，中国的对外投资主要以弥补国内市场需求和资源短缺为目的，所以对外投资的主体主要是国有企业。特别是在能源、矿产资源、制造业等领域，国有企业凭借着政府的政策支持和资金优势，开始尝试进行对外投资活动。

与此同时，中国对外投资的管理体制尚处于探索阶段，政策体系较为滞后，仍然实行审批制。审批制要求企业在进行对外投资前，需要经过政府部门的批准。这一体制在一定程度上限制了投资的灵活性与速度。然而，这一阶段的对外投资仍为后来的发展奠定了基础。政府在管理体制上进行了初步的调整与改革，为日后的投资政策逐步放开创造了条件。从20世纪80年代到90年代，中国的对外投资逐渐开始试探性地进入国际市场，特别是在东南亚、非洲等资源丰富但市场较为薄弱的地区。国有企业凭借资本与技术优势，逐步将目光投向海外，为国内的产业发展提供了必要的原材料和技术支持。

促进发展阶段：2001—2012年

2001年，中国正式加入WTO这一事件成为中国对外直接投资发展的一个重要转折点。加入WTO后，中国的对外投资政策迎来了快速发展期，政府逐步放宽了对外投资的限制,并通过多种渠道鼓励企业"走出去",特别是鼓励企业在全球范围内进行资源的并购与整合。这一阶段的最大特点是中国的对外投资主体发生了显著变化——非国有企业,尤其是民营企业,开始崭露头角。

在这一阶段,国有企业依然是中国对外直接投资的主力军,但民营企业的加入为中国对外投资注入了新的活力。民营企业凭借灵活的市场反应、较低的运营成本以及对海外市场的敏锐洞察力,迅速在全球市场中占据一席之地。这一阶段,民营企业不仅参与了低成本劳动力市场的开拓,还积极进入高附加值行业,如高科技、互联网、消费品等领域,为中国的经济增长注入了新的动力。这一阶段,中国的对外投资管理体制发生了根本变化。政策由原先的"审批制"转变为"核准(备案)制",投资的审批程序得到简化,政府对外资流动的控制逐步减少,更加注重市场在资源配置中的主导作用。备案制使得企业在进行对外投资时能够更加灵活地把握市场机会,避免了不必要的行政干预。此外,随着中国企业"走出去"的步伐加快,国家也逐步加大了对企业海外投资的政策支持力度。政府不仅出台了一系列鼓励企业国际化的政策,还为企业提供了更多的金融支持和政策指导。民营企业在这一阶段抓住了全球化的机遇,借助政策的东风,迅速扩大了在国际市场中的影响力。

趋向成熟阶段:2013年至今

党的十八大以来,中国经济进入了新常态,经济增长的方式逐渐从高速增长转向高质量发展。与此同时,中国的对外直接投资也进入了趋向成熟的阶段。在这一阶段,民营企业的地位越发重要,已经成为中国对外投资的主力军。

中国的对外投资管理体制进一步简化,从"核准制"转变为"备案制",大大减少了政府对对外投资的干预,使得企业在进行跨国投资时更加灵活。备案制政策的出台,标志着政府对外资流动的管理更加注重市场的主导作用,也体现了中国在推进经济全球化和对外开放方面的信心和决心。这一阶段,中国对外投资的管理框架逐步确立了"鼓励发展+负面清单"的管理思路。所谓"鼓励发展",是指政府在政策上鼓励企业进行国际化投资,支持企业参与全球竞争;而"负面清单"则是指政府仅对某些敏感行业或领域进行限制或禁止投资,其他行业和领域则不加干预。这一政策框架的形成,有效地激发了民营企业的海外投资热情,也使得更多的企业能够在全球范围内实现资源优化配置。许多民营企业通过跨境并购、海外设厂等方式,成功进军全球市场,特别是在"一带一路"倡议下,民营企业不仅加大了在亚洲、非洲的投资,还通过资本输出、技术转移等形式,带动了中小企业在全球的业绩增长。特别是在新能源汽车、智能制造、新材料等新兴行业,民营企业通过对海外企业的收购和合作,推动了中国制造业的高端化与全球化。国有企业在这一阶段依然发挥着重要作用,但与民营企业相比,其对外投资的方式和领域逐渐趋于保守,仍旧集中于能源、矿产资源等传统行业。相比之下,民营企业不仅积极布局传统产业,还广泛涉足高新技术、消费品、文化产业等领域,展现出更加多元化的国际化投资趋势。

第 14 章
对外直接投资的经验与展望

中国的对外直接投资实践，生动描绘了一个后发国家在对外开放中快速成长为国际投资大国的精彩画卷，并积累了丰富的对外投资经验。面对全球经济大变局，中国企业正在调整中寻求对外投资的新突破。

14.1 定海神针：将"走出去"作为国家重要发展战略

战略驱动，引领对外直接投资。2002年中国制定实施"走出去"战略，鼓励有条件的企业参与国际经济合作与竞争。"走出去"战略推动中国企业加快全球布局，为中国的经济发展和国际地位的提升做出了重要贡献。

拓展经济发展空间和促进产业升级

随着中国经济快速发展，国内劳动力、房地产、资源、环境等成本高企，依靠要素成本低廉的比较优势扩大出口之路难以为继，越来越多的企业在"走出去"战略支持下，从出口转向"出海"，到劳工等要素成本更低的东南亚、非洲、墨西哥等投资，在海外寻找投资机会。同时，通过对外投资，获取先进技术、管理经验和国际品牌，加速技术创新和产品升级，提高在全球市场的竞争力。

对外投资使中国企业能够更好地利用国际资源和市场，实现生产要素的全球配置，提高生产效率和经济效益；对外投资也有助于中国企业实现规模经济和范围经济，通过跨国经营降低成本、分散风险、提高效益；通过对外投资，不仅能够获取国际市场的资源和信息，还能够学习国际先进的管理经验和技术，提高自身的技术创新能力和品牌影响力；对外投资还促进企业国际化，提升了企业的国际竞争力，使企业能够更好地参与国际分工和合作，提高在全球经济中的地位和影响力。

深化国际经济合作和缓解贸易摩擦

在中国成为全球出口大国后，对美国等贸易顺差扩大，美国为了削弱中国日益增强的国际经济竞争力，遏制中国经济结构升级和快速发展，走上贸易保护主义道路，对中国输入商品加征关税，把更多中国龙头企业和研发机构纳入出口管制实体清单。企业出口环境恶化，大批企业加快"走出去"步伐，通过在海外建立生产基地，实现产品市场多元化和原产地多元化，降低对单一市场的依赖，平衡国际收支，缓冲贸易保护主义的影响。这种多元化的投资和生产布局，使中国企业能够更好地应对国际市场的波动和不确定性，提高企业的国际竞争力和抗风险能力。

"走出去"战略还有助于提升中国企业的国际声誉和形象。在海外投资和运营中，不仅增加东道国的就业和税收，促进东道国社会经济发展，而且因为中国企业积极履行社会责任，注重环境保护和可持续发展，赢得当地社会的认可和尊重，这能够推动与东道国建立良好的合作关系，制约贸易保护主义行为。

提升国际竞争力和培养国际化人才

"走出去"战略推动中国企业在全球范围内吸收国际先进的管理经验和技术,提升了技术创新能力。在管理全球资产中,企业内部逐渐建立起更为科学和高效的管理体系,提升了运营效率。

除了提升技术和管理水平,实施"走出去"战略,还培养和锻炼了一批具备广阔国际视野、能够适应全球化经营要求、具备跨文化沟通和协调能力的国际化人才。随着对外投资扩大,中国企业在海外市场的经营管理亟须具备国际化背景的管理人才,这些人才不仅要精通企业运营,还要具备深厚的跨文化交流能力和对国际市场的敏锐洞察力,可以从容应对文化差异、法律法规等多方面的挑战,在与全球合作伙伴、客户以及海外员工的互动中,能够有效沟通和协调,推动企业顺利进入新的市场,并在全球竞争中生存和发展。在对外投资实践中,一大批适应企业国际化要求的管理人才迅速成长起来。

14.2 春华秋实:对外直接投资的企业案例与启示

中国企业"走出去",在海外投资设厂,涌现出很多具有代表性的中国对外直接投资的精彩案例,为其他企业对外投资发展提供了借鉴和参考。

跨国并购:吉利集团收购沃尔沃汽车(Volvo Cars)

在全球化浪潮中,跨国并购已成为企业拓展国际市场、提升品牌影响力的重要途径。2010年3月28日,中国浙江吉利控股集团有限公司与美国福特汽车公司在瑞典哥德堡正式签署了收购沃尔沃汽车的协议。吉利以18亿美元收购了沃尔沃100%的股权，这一交易在当年被视为中国汽车企业海外并购的重要里程碑。收购内容包括沃尔沃轿车商标的所有权和使用权、10963项专利和专用知识产权、10个系列可持续发展的产品及产品平台、两大整车厂约56万辆的生产能力和设施、1家发动机公司及3家零部件公司、整车和关键零部件开发独立数据库及3800名高素质科研人才的研发体系和能力，以及分布于100多个国家和地区的2325个网点的销售服务网络等。

收购完成后，吉利集团坚持"吉利是吉利，沃尔沃是沃尔沃"的原则，尊重沃尔沃汽车的独立运营和品牌价值。吉利集团为沃尔沃汽车提供了资金支持和市场拓展的平台，同时沃尔沃汽车的技术优势和管理经验为吉利集团的技术创新和品牌升级提供了有力支撑。在吉利集团的支持下，沃尔沃汽车加快了新产品的研发和市场布局，推出了一系列备受市场欢迎的新车型，如XC90、S90等，这些车型不仅在安全性和环保性上延续了沃尔沃汽车的传统优势，更在智能化和电动化方面展现了新的竞争力。同时，吉利集团借助沃尔沃汽车的技术，推出了领克等品牌，进一步拓展了国内外市场。这种互利共赢的合作模式，使双方在激烈的国际竞争中实现了优势互补，共同发展。此次收购不仅对吉利集团和沃尔沃汽车产生了深远影响，也为中国汽车工业的国际化发展提供了宝贵经验。同时，为其他中国企业提供了国际化发展的新思路，即在尊重合作伙伴的基础上，通过资源共享、技术互补，实现共同发展。

吉利收购沃尔沃的成功案例，为中国企业对外投资提供了宝贵的启示。首先，文化融合是并购成功的关键之一，企业在进行跨国并购时，必须重视文化适配和沟通，以避免管理冲突和员工抵触。其次，在全球竞争中，技术是提升企业竞争力的核心驱动力。通过并购沃尔沃，吉利获得了先进的技术和研发经验，提升了自主创新能力，极大地提升了企业的全球竞争力。此外，借力被并购方的品牌和营销网络资源是拓展国际市场的捷径。吉利借助沃尔沃的品牌优势和销售网络，成功开拓了欧洲市场版图，提升了全球市场的竞争力。

绿地投资：华为俄罗斯拓荒史

华为在俄罗斯的投资历程是一部充满挑战与坚持的传奇。自1996年进入俄罗斯市场以来，华为经历了从无到有、从小到大的发展历程，充分展现了中国企业在国际市场上的开拓精神和战略眼光。1996年，华为首次参加莫斯科国际通信展，开启了开拓俄罗斯市场之旅。最初的几年，华为在俄罗斯市场几乎一无所获，但在1999年，华为终于实现了零的突破，接到了价值38美元的电源模块订单，这是华为在俄罗斯市场的首个订单，也是其出口贸易第一单。进入21世纪，随着俄罗斯经济逐渐"回暖"，华为敏锐地捕捉到了这一变化，并加快了与俄罗斯电信运营商的合作步伐。2000年，华为获得了乌拉尔电信交换机和莫斯科MTS移动网络两个重要项目，这两个项目的成功不仅为华为带来了可观的收入，更重要的是，为华为在俄罗斯市场打开了局面。2001年，华为在俄罗斯市场的销售额超过1亿美元，与俄罗斯国家电信部门签署了上千万美元的GSM设备供应合同。2002年，华为又取得了从莫斯科到新西伯利亚地区3739公里超长距离的光传输干线的订单，进一步巩固了其在俄罗斯市场的地位。

华为在俄罗斯的投资不仅仅限于产品销售，还包括与当地企业合作建立合资企业，如"贝托-华为"合营企业，这是中国当时在俄罗斯境内规模最大的工业合资企业之一。此外，华为还承诺将扎根俄罗斯，增大对俄投入，进一步深化与俄罗斯的合作关系。2011年，华为在俄罗斯的销售额突破16亿美元，成为俄罗斯电信市场的重要参与者。2013年，华为智能手机、平板电脑在俄罗斯共售出60万台，显示了华为在消费电子领域的强劲增长。2014年，华为与俄罗斯公司签订了一份为期7年的合约，总价值达6亿美元，涵盖了用于网络建设和更新换代的设备，以及软件和维护服务。2015年，华为投资850万美元用于发展俄罗斯业务，其中近50%的资金用于发展合作关系，其余资金用于吸引新员工、开展合作项目、设立实验室和举办活动等。2019年，华为宣布和俄罗斯最大移动运营商MTS签署协议开发5G技术，这一合作进一步巩固了华为在俄罗斯乃至全球5G技术领域的领先地位。

华为在俄罗斯的投资历程为中国企业进行绿地投资提供了重要启示。绿地投资需要长期积累和耐心等待市场机遇。华为从出口进入俄罗斯市场后经历了多年沉淀，直到2001年才实现投资突破。把握市场机遇是企业对外投资成功的关键。华为凭借对俄罗斯经济趋势的敏锐洞察，迅速加强与当地电信运营商的合作，抓住了市场发展机会。此外，华为通过合资企业和合作关系不仅降低了进入壁垒，还优化了资源配置，这充分说明加强与当地企业合作有助于快速融入市场。毋庸置疑，持续投资和技术创新既是保持竞争力的核心，也是对外投资成功的钥匙。华为通过研发体系不断创新，建立起在消费电子和5G领域的技术领先地位，帮助其在俄罗斯市场取得了成功。

14.3 变中寻机：各类风险带来了重重阻力

面对复杂多变的国际政治、经济形势及文化差异，中国企业在扩展海外业务的过程中，面临诸如政治风险、法律风险、文化冲突和市场不确定性等挑战。

全球政治经济不确定性风险

在世界经济大变局下，中国企业的对外直接投资正面临着前所未有的挑战。经济全球化逆流涌动，使中国企业在进行海外投资时遭遇了空前的政治与经济障碍。单边主义上升，一些国家采取投资保护主义，跨国投资自由度降低，中国企业在一些国家的市场准入变得更加困难，尤其是在高技术和战略性产业领域，以美国为首的西方国家已加强了对来自中国的投资审查，并出台了更为严格的监管措施。这些政策变化迫使中国企业不得不更加谨慎地评估海外投资的风险，特别是在一些潜在高回报的市场。与此同时，地缘冲突和地区政治动荡频发，也加剧了中国企业海外投资面临的风险。中东地区政治不稳定，特别是局部战争和恐怖主义活动，不仅威胁到了一些投资项目的资产安全，还极大地影响了跨国企业的运营成本和投资回报。在东欧，一些国家的政治局势动荡，如政权更迭和国家间的矛盾冲突，也使该地区的投资环境变得更加复杂。这些地区的地缘政治风险显著增加了中国企业进行海外投资时的风险评估难度，投资者必须更为谨慎地权衡政治稳定性与投资回报之间的平衡。

在全球经济增速放缓、贸易紧张关系加剧以及各国货币政策分化的背景下，2023年全球外国直接投资流量下降了2%。全球经济增长放缓不仅导致了国际市场需求萎缩，还加剧了跨境资本流动的不确定性。在全球范围内，许多国家在应对经济下行压力时采取了不同的货币政策，这种政策的分化导致了全球资本流动的方向和结构发生了变化。许多国家通过提高利率、实施货币紧缩政策来控制通货膨胀，然而这些政策也在某种程度上抑制了外资的流入。随着全球经济的不确定性增加，资本市场的波动性加大，这使得中国企业在进行对外投资时，面临着更高的风险压力。

政策与监管风险

中国企业在全球范围内的投资活动愈加受到外部政策环境变化的影响，尤其是政策与监管风险的挑战日益突出。全球多国在加强对外国直接投资审查和监管的同时，也在不断加大对敏感行业的政策干预力度，特别是在半导体和智能技术、能源、通信等领域，对中国企业对外投资构成了显著的障碍和不确定性。

近年来，多个国家纷纷出台更加严格的外资监管政策，尤其是对涉及国家安全、技术转移和能源资源等敏感行业的外国投资加强审查。例如，美国、欧洲等主要经济体对中国企业在高科技、半导体、能源等战略性行业的投资设置了更多的壁垒，通常以国家安全、技术控制、产业保护等为由，强化对外资的审查程序，甚至限制中国领先企业的投资项目。这种政策环境的变化，直接影响了中国企业在全球市场的投资决策和布局，尤其是在一些重要技术领域的并购和投资计划。中国企业在开展对外投资时，必须特别注意东道国的政策动向，深入了解目标市场的法规体系、产业政策和投资环境。也有一些国家会出台不透明、随时可能改变的政策，中国企业在进行投资决策时，必须考虑到这些潜在的政策不确定性，并加强与当地政府、监管机构的沟通和协调，以降低政策变动带来的风险。

文化与法律差异风险

不同国家和地区之间存在着深刻的文化差异，这些差异在一定程度上影响了跨国投资和合作的顺利推进。文化差异不仅体现在语言、商业习惯和工作方式上，还包括对待合同履行、管理风格、决策过程等方面的不同。不同国家在商业谈判、合作模式以及雇佣管理等方面的差异可能影响企业的日常运营和长期发展。比如，在西方国家，决策往往是一个多方协商的过程，强调透明度和规则的严格执行，而在一些亚洲国家，决策更倾向于依赖个人权威和层级制度，这种差异可能导致合作过程中出现理解偏差和冲突。

同时，法律差异所带来的风险也十分突出。全球范围内的法律体系和法规存在巨大差异，尤其是在知识产权保护、税收政策、劳动法等方面，各国的法律环境各具特色且差异化程度较高。许多国家的法律体系存在较大的复杂性和不确定性，尤其是在新兴市场国家，法律条款和执行力度的变化较为频繁，这无疑增加了跨国企业在运营过程中的合规难度。在一些国家，知识产权保护机制尚不完善，可能导致技术转移过程中的知识产权泄露和滥用。在劳动法方面，不同国家对劳动者的保护力度和用人政策差异较大，一些国家可能对企业的用工灵活性产生制约，增加了企业的运营成本。此外，税收政策和监管制度的差异，也可能对跨国投资产生重大影响，企业在不同国家和地区的税收合规和资金流动问题需要特别关注。这些文化和法律差异的积累效应，增加了中国企业在全球化背景下进行对外直接投资的复杂性和不确定性。

市场竞争与运营成本风险

在全球产能过剩、市场竞争日益激烈的背景下，中国企业"走出去"面临着巨大的竞争压力。尤其是在高技术、先进制造业和现代服务业，中国企业在海外市场的竞争压力不断加大。许多目标市场已经存在一批成熟的本地企业以及来自其他国家的国际竞争者，这些竞争者在当地市场的品牌认知度、资源整合能力以及政府关系等方面占据优势。特别是在一些发达经济体和新兴市场中，本土企业的市场份额已经被牢牢把控，而外来企业很难突破已有的市场格局，需要应对复杂的市场准入和营销问题。此外，国际市场竞争往往不局限于价格的比拼，还涉及技术创新、产品差异化、客户服务等多维度的竞争，给中国对外投资企业带来较大的压力。

随着市场竞争加剧，企业的运营成本也在不断上升。在发达国家和新兴市场中，劳动力价格的上涨对企业的成本结构产生了直接影响。与此同时，随着环保法规、劳动法等方面要求日益严格，企业在遵守当地法律法规的同时，不得不承担更多的合规成本和管理成本。在某些市场，特别是在资源密集型行业，土地、原材料和运输等基础设施成本提高，也导致了运营成本增加。此外，汇率波动、贸易壁垒以及全球物流的不稳定性，会加大中国企业在全球运营中的成本压力。

14.4 转危为安：在不确定性风险下"稳中求进"

面对对外直接投资的挑战，中国企业正从追求规模向追求质量转变，并通过本地化经营、完善管理体系以及优化对外直接投资结构，确保对外投资稳中求进。

本地化经营

为了降低对外投资风险，中国企业越来越注重在海外项目中推行本地化经营策略，尤其是通过雇用更多当地员工和吸收本土人员进入管理层。这一策略不仅能有效降低成本，还能提升企业对当地市场的了解和适应能力。本地化经营帮助企业更加深入地融入当地社会和文化，减少由于文化差异、语言障碍等因素带来的困扰，提高企业在当地的竞争力和社会接受度。通过这种方式，企业能够在全球化投资经营中实现可持续发展，降低政治、经济、社会等多方面的风险。

以中国建筑企业在巴基斯坦承建的 PKM 高速公路项目为例，这一项目的本地化经营策略成功应对了许多复杂的国际风险。在该项目中，中方员工仅占 4%，而巴方员工占比高达 96%。中国建筑企业大胆采用本地员工的战略，并通过精心研究和设计当地员工培训及管理制度，提升了项目的本地化管理水平。这一做法不仅大大降低了外籍员工的成本，而且增强了项目的社会融入度，减少了因外籍员工比例过高而可能引发的文化冲突和社会矛盾。通过这种本地化的经营模式，中国建筑企业能够有效应对由于国际政治风险、经济波动、劳动力市场变化等带来的不确定性。更重要的是，企业通过与当地政府、社区和民众的良好关系，减少了外部风险的负面冲击，提升了企业在当地的信誉度和影响力，创造了更为稳定和可持续的经营环境。本地化经营策略，正是中国企业在全球化过程中逐步形成的应对全球政经不确定性的重要手段。

完善政策体系

为了推动对外投资稳中求进，实现高质量发展，中国也在不断完善对外投资政策体系。中国致力于通过制定对外直接投资的整体法案，逐步用法律性文件取代政策性文件，为对外投资奠定坚实的法律基础。为了优化海外投资促进体系，中国在税收、信贷和信息服务等方面，吸取欧美国家"产业空心化"的教训，推动产业转型升级，促进精准化的海外投资产业选择与国内产业高级化互动。在国际合作方面，中国积极推动双边和多边投资协定的签订与升级，通过获取规则层面的话语权，消除贸易壁垒，简化审查手续，从而促进投资自由化便利化，营造开放、包容、公正、透明的国际投资环境。此外，政府还设立了海外投资咨询机构，为企业提供投资保险、风险管理、项目可行性分析等方面的专业咨询服务，帮助企业有效应对海外投资中的风险与挑战。在金融支持方面，中国通过政策性金融、商业性金融和开发性金融"三管齐下"，加强金融体系的多元化。政策性金融机构加快在海外设立分支机构，开发性金融机构加强国际合作，商业性金融机构则在对外投资较为集中的区域开展业务。为了拓展中国企业的投资区域，中国不仅积极推动"一带一路"建设，加强与发展中国家的投资合作，也加大了对发达国家的投资力度，强化政府间的合作。

优化对外投资结构

中国全力推动对外直接投资由规模扩张向质量提升转变，采取一系列措施优化投资结构，确保对外投资稳中求进。在国别方向优化方面，更加重视共建"一带一路"国家的投资，在全球气候变化、绿色发展和能源转型等领域，着眼于这些领域巨大的投融资机会，推动绿色经济发展。在产业布局优化方面，中国增加了绿色能源等新兴产业的对外投资，推动能源转型和可持续发展，提升产能利用率和产业竞争力。在投资主体结构优化方面，鼓励民营企业的海外投资，扩大股权融资，减少债权融资比例，优化资本结构，提高投资灵活性和适应性。同时，为了提高对外投资的安全性和可持续性，中国正着手建立并完善对外投资风险评估和安全预警机制，规避全球复杂多变的经济环境中的对外投资风险。健全对外投资管理服务体系，通过提供法律咨询、市场调研、技术支持等全方位服务，帮助企业应对海外投资中的各种挑战。

第五篇
国际经济合作

参加区域经济合作,提升区域经济影响力,是对外开放的重要内容。中国的区域经济合作经历了从探索阶段到逐步形成体系,再到上升为国家战略的演进历程。建立高标准自由贸易区网络体系,践行"一带一路"倡议,中国在国际区域经济合作中的角色和作用逐步增强,区域经济影响力日益提升。本篇介绍中国签署双边自由贸易协定及区域自贸协定、开展国际经济合作的历史进程,阐释"一带一路"倡议恢宏壮举,厘清中国的国际经济合作主张。

第 15 章
参与双边FTA及区域自贸协定的历程与展望

签署双边自由贸易协定（FTA）和区域自由贸易协定（以下简称区域自贸协定）是中国参加国际经济合作的重要内容，也是推动对外开放的途径之一。

15.1 应运而生：双边FTA成为对外开放的新途径

在全球化浪潮的推动下，双边FTA如雨后春笋般涌现，成为各国深化经济合作、拓宽对外开放路径的重要工具。双边FTA是两国或地区间具有法律约束力的契约，其目标是消除贸易壁垒，允许产品、服务和要素在国家间自由流动，促进经济社会发展。

截至2024年底，中国已与18个国家和地区签署FTA，正在谈判的有7个，同时还在研究7个潜在的FTA对象国（见表15-1）。

表15-1 已签署协议、正在谈判以及正在研究的双边FTA

状态	名称	发展历程
已签署协议	内地与港澳关于建立更紧密经贸关系的安排（CEPA）	2003年，内地与香港、澳门缔结《关于建立更紧密经贸关系的安排》（CEPA）； 2013年与港、澳均签署《补充协议十》； 2014年12月，内地与港澳又分别缔结关于在广东与港

续表

状态	名称	发展历程
已签署协议	内地与港澳关于建立更紧密经贸关系的安排（CEPA）	澳基本实现服务贸易自由化的《广东协议》； 2015年11月与港、澳签订开放服务贸易的《服务贸易协议》，2019年11月签署修订的《服务贸易协议》，提高服务贸易自由化水平； 2017年6月，与香港签署《投资协议》和《经济技术合作协议》； 2017年12月，与澳门签署《投资协议》和《经济技术合作协议》； 2018年12月，与港、澳签署深化货物贸易自由化、便利化的《货物贸易协议》
	中国—白俄罗斯服务贸易和投资协定	2024年8月22日，签署并生效
	中国—厄瓜多尔自由贸易区	2023年5月11日，签署FTA，并于2024年5月1日正式生效
	中国—毛里求斯自由贸易区	2019年10月17日，签署FTA，并于2021年1月1日正式生效
	中国—格鲁吉亚自由贸易区	2017年5月15日，签署FTA，并于2018年1月1日正式生效
	中国—韩国自由贸易区	2015年6月1日，签署FTA，并于2015年12月20日正式生效； 2018年3月，举行第二阶段首轮谈判，截至2022年7月，已举行9轮正式谈判，取得实质性进展
	中国—冰岛自由贸易区	2013年4月16日，签署FTA，并于2014年7月1日正式生效
	中国—秘鲁自由贸易区	2009年4月28日，签署FTA，并于2010年3月1日正式生效； 2018年底，启动自贸协定升级谈判，截至2024年6月，已实质性完成中秘自贸协定升级谈判

续表

状态	名称	发展历程
已签署协议	中国—新加坡自由贸易区	2008年4月7日，签署FTA，并于2008年10月1日正式生效； 2016年11月，启动自贸区升级谈判；2023年，双方签署关于进一步升级《自由贸易协定》的议定书
	中国—巴基斯坦自由贸易区	2006年11月18日，签署FTA，2007年7月生效实施；2011年3月启动自贸协定第二阶段谈判，2019年4月结束谈判并签署《议定书》，2019年12月1日正式生效
	中国—塞尔维亚自由贸易区	2023年10月17日，签署FTA，2024年7月1日正式生效
	中国—尼加拉瓜自由贸易区	2023年8月31日，签署FTA，2024年1月1日正式生效
	中国—柬埔寨自由贸易区	2020年10月12日，签署FTA，2022年1月1日正式生效
	中国—马尔代夫自由贸易区	2017年12月7日，签署FTA，2025年1月1日生效
	中国—澳大利亚自由贸易区	2015年6月18日，签署FTA，并于2015年12月20日正式生效； 2024年6月18日，双方签署关于进一步促进中澳自贸协定实施的谅解备忘录
	中国—瑞士自由贸易区	2013年7月，签署FTA，2014年7月1日生效实施。2024年9月23日，正式启动自贸协定升级谈判
	中国—哥斯达黎加自由贸易区	2010年4月8日，签署FTA，并于2010年8月1日正式生效，是中国与中美洲国家签署的第一个自贸协定
	中国—新西兰自由贸易区	2008年4月7日，签署FTA，并于2008年10月1日正式生效； 2016年11月，启动自贸区升级谈判；并于2021年1月26日签署《升级议定书》，2022年4月7日正式生效

续表

状态	名称	发展历程
已签署协议	中国—智利自由贸易区	中国—智利自贸协定于2005年11月18日签署，2006年正式生效实施；升级议定书于2017年11月签署，2019年正式生效实施。目前，中国是智利第一大贸易伙伴，智利是中国在拉美地区的第三大贸易伙伴
正在谈判	中国—洪都拉斯自由贸易区	中洪自贸协定谈判于2023年7月4日启动，截至2024年9月，已完成第六轮谈判；中国—洪都拉斯自贸协定于2024年2月7日签署，于2024年9月1日生效
正在谈判	中国—斯里兰卡自由贸易区	2014年9月28日，正式启动谈判；截至2024年12月，已完成第五轮谈判
正在谈判	中国—以色列自由贸易区	2016年3月31日，正式启动谈判；截至2024年12月，已完成第八轮谈判
正在谈判	中国—挪威自由贸易区	2008年9月19日，正式启动谈判；截至2024年12月，已完成第十六轮谈判
正在谈判	中国—摩尔多瓦自由贸易区	2017年12月28日，正式启动谈判；截至2024年12月，已完成第三轮谈判
正在谈判	中国—巴拿马自由贸易区	2018年6月13日，宣布启动双边自贸协定谈判；截至2024年12月，已完成第五轮谈判
正在谈判	中国—巴勒斯坦自由贸易区	2018年10月23日，启动自贸区谈判；截至2024年12月，已完成首轮谈判
正在研究	中国—哥伦比亚自由贸易区	2012年5月10日，启动自贸区联合可行性研究
正在研究	中国—斐济自由贸易区	2015年11月，自贸协定联合可行性研究第一次工作组会议在斐召开
正在研究	中国—尼泊尔自由贸易区	2016年3月22日，启动自贸区联合可行性研究
正在研究	中国—巴新自由贸易区	2020年8月6日，召开首届中国—巴新政府间经贸联委会
正在研究	中国—加拿大自由贸易区	截至2024年12月，已完成四次自贸协定联合可行性研究讨论

续表

状态	名称	发展历程
正在研究	中国—孟加拉国自由贸易区	2018年6月举行首次自贸协定联合可研工作会议
	中国—蒙古国自由贸易区	2017年5月12日，启动自贸区联合可行性研究

资料来源：中国自由贸易区服务网。

中国参与双边FTA的总体布局呈现出鲜明的特点，即立足周边、辐射"一带一路"、面向全球。这一布局不仅符合中国的国家利益，也顺应了全球化与区域经济一体化的时代潮流。

中国与周边国家和地区签署了一系列FTA。这些协定不仅促进了中国与周边国家和地区的经贸往来，还加快了区域经济一体化的进程。例如，中国内地与香港、澳门缔结了《关于建立更紧密经贸关系的安排》（CEPA），并在此基础上分别签署了多个补充协议。CEPA促进了双方贸易量的增长，扩大了港澳对内地的出口，降低了制造业的成本，吸引了制造业工序回流，促进了产业升级和适度多元化。同时，也为服务业的进一步发展提供了良好机遇和广阔空间。此外，中国还与韩国、新加坡、巴基斯坦、新西兰等国家签署了FTA，中国对外贸易的朋友圈关系更加紧密。

"一带一路"倡议提出后，中国与共建国家签署了一系列FTA。这些协定不仅促进了中国与共建国家的贸易和投资自由化便利化，还推动了双方在经济、文化、科技等领域的交流与合作。例如，中国与智利、秘鲁、哥斯达黎加等拉美国家，与韩国、新加坡等亚洲国家，与白俄罗斯、塞尔维亚等欧洲国家，与新西兰等大洋洲国家签署了FTA（见表15-1），加强了双方在经贸、基础设施等领域的合作，拓展了国际合作空间。

除立足周边和辐射"一带一路"外，中国还积极与瑞士、澳大利亚、毛里求斯等其他国家签署了FTA。这些协定不仅有助于中国更加深入地融入全球经济体系，还提高了中国的国际影响力和话语权。此外，中国正在与挪威、巴拿马等国家进行双边FTA谈判，这些谈判一旦成功，不仅有助于提升中国的国际影响力，还能为中国企业提供更加广阔的市场空间和更加稳定的贸易环境。

总而言之，在双边FTA框架下，中国与相关国家和地区相互取消绝大部分货物的关税和非关税壁垒，使得双方的产品和服务能够更加自由地流动。企业可以凭借原产地证书享受到进出口两端的关税减免、顺利结汇、快速通关等有效服务。这不仅降低了企业的贸易成本，还提高了贸易效率，促进了双方经济的共同发展。

15.2　势如破竹：区域自贸协定谈判取得了显著进步

近年来，除了双边FTA，中国参与区域自贸协定谈判也取得显著进步。

首先，区域自贸协定谈判成果丰硕。截至2024年12月，中国已与多个国家和地区签署了区域自贸协定，并举行了多次升级协定谈判（见表15-2）。其中，中国与东盟的自贸协定谈判取得重要进展，双方已实质性结束中国—东盟自贸区3.0版谈判，深化经济一体化与务实合作方面取得重要突破。中国还积极推动加入高标准自贸协定，成立了中国加入《全面与进步跨太平洋伙伴关系协定》（CPTPP）和《数字经济伙伴关系协定》（DEPA）工作组。加入高标准自贸协定，将进一步提升中国在全球经济治理中的地位和影响力。

表15-2　中国已签署协议以及正在谈判的区域贸易协定

状态	名称	发展历程
已签署协议	亚太贸易协定	《亚太贸易协定》的前身为签订于1975年的《曼谷协定》，是中国参加的第一个区域性多边贸易组织。2001年5月23日，中国正式成为《曼谷协定》成员； 2005年11月2日，在北京举行的《曼谷协定》第一届部长级理事会上，各成员国代表通过新协定文本，决定将《曼谷协定》更名为《亚太贸易协定》，并在各成员国完成国内法律审批程序后，从2006年9月1日开始实施第三轮关税减让谈判结果； 2017年1月，《亚太贸易协定》各成员签署第四轮关税减让谈判成果文件《亚太贸易协定第二修正案》，并于2018年7月1日正式实施； 截至2024年底，《亚太贸易协定》成员包括孟加拉国、中国、印度、老挝、韩国、蒙古国和斯里兰卡
	中国—东盟自由贸易区（含"10+1"升级）	中国—东盟自贸区是我国对外商谈的第一个自贸区，也是东盟作为整体对外商谈的第一个自贸区； 2002年中国与东盟启动了自贸区的谈判，2003年"早期收获计划"正式实施，2004年签署了《货物贸易协议》，2007年签署了《服务贸易协议》，2009年签署了《投资协议》，2010年1月1日全面建成； 2015年，双方签署升级协定，于2016年7月1日率先对中国和越南生效，并在2019年全面实施； 2022年11月，中国与东盟共同宣布正式启动中国—东盟自贸区3.0版谈判。2024年10月10日，中国与东盟十国领导人宣布实质性结束中国—东盟自贸区3.0版谈判，涵盖数字经济、绿色经济、供应链互联互通、标准技术法规与合格评定程序、海关程序及贸易便利化等领域。双方确认将加快完成法律审核、国内程序等工作，推动2025年签署升级议定书

续表

状态	名称	发展历程
已签署协议	《区域全面经济伙伴关系协定》（RCEP）	2012年11月20日，在柬埔寨金边举行的东亚领导人系列会议期间，东盟十国与中国、日本、韩国、印度、澳大利亚、新西兰的领导人，共同发布《启动〈区域全面经济伙伴关系协定〉（RCEP）谈判的联合声明》，正式启动这一覆盖16个国家的自贸区建设进程（2019年，印度退出RCEP谈判）； 2020年11月15日，15国共同签署RCEP，包括20个章节，涵盖货物、服务、投资等全面的市场准入承诺，是一份全面、现代、高质量、互惠的自贸协定。货物贸易整体自由化水平达到90%以上；服务贸易承诺显著高于原有的"10+1"自贸协定水平，投资采用负面清单模式做出市场开放承诺，规则领域纳入了较高水平的贸易便利化、知识产权、电子商务、竞争政策、政府采购等内容； 2022年1月1日，RCEP正式生效，文莱、柬埔寨、老挝、新加坡、泰国、越南等6个东盟成员国和中国、日本、新西兰、澳大利亚等4个非东盟成员国正式开始实施协定； 2023年6月2日，RCEP对菲律宾正式生效，标志着RCEP对东盟十国和澳大利亚、中国、日本、韩国、新西兰等15个签署国全面生效
正在谈判	中国—海合会自由贸易区	海湾合作委员会（海合会）是海湾地区的一个区域经济组织，包括沙特阿拉伯、阿联酋、科威特、阿曼、卡塔尔和巴林6个成员国； 中海自贸协定谈判于2004年启动。2005年4月23—24日，中国—海合会自由贸易区首轮谈判在沙特阿拉伯首都利雅得举行； 2009年6月22—24日，中国—海合会在沙特首都利雅得重启自由贸易区谈判； 2024年10月15—18日，中国—海合会自贸协定第十一轮谈判在广州举行
	中日韩自由贸易区	中日韩三方分别于2003—2009年和2010—2012年就三国自贸区进行了学术研究和官产学联合研究，并得出积极结论； 在此基础上，2012年11月20日，在柬埔寨金边召开的东亚

续表

状态	名称	发展历程
正在谈判	中日韩自由贸易区	领导人系列会议期间，中日韩三国经贸部长举行会晤，宣布启动中日韩自贸区谈判； 2013年3月26—28日。中日韩自贸区第一轮谈判在韩国首尔举行。三方讨论了自贸区的机制安排、谈判领域及谈判方式等议题； 截至2024年底，三方共举行了十六轮谈判，12次中日韩经贸部长会议
	《全面与进步跨太平洋伙伴关系协定》（CPTPP）	2017年1月，美国退出跨太平洋伙伴关系协定（TPP）。参与TPP谈判的其他11国对原协定做出修改，形成CPTPP； 2018年3月，日本、加拿大、澳大利亚、智利、新西兰、新加坡、文莱、马来西亚、越南、墨西哥和秘鲁在智利签署CPTPP。该协定迄今获得一半以上、即6个签署国（日本、墨西哥、新加坡、加拿大、新西兰和澳大利亚）的立法机构批准，按规定于2018年12月30日生效； 2021年9月16日，中国商务部部长王文涛向《全面与进步跨太平洋伙伴关系协定》（CPTPP）保存方新西兰贸易和出口增长部长奥康纳提交了中国正式申请加入CPTPP的书面信函
	《数字经济伙伴关系协定》（DEPA）	DEPA最早由新西兰、新加坡、智利三国于2019年5月发起、2020年6月签署、2021年11月生效，是全球首个完全以数字经济为重点、模块化设计的多边经贸协定，也是全球首个通过网络签署、面向所有WTO成员开放的重要经贸协定； 2021年11月1日，中国正式提出申请加入DEPA； 2022年8月18日，根据DEPA联合委员会的决定，中国加入DEPA工作组成立，谈判正式启动； 截至2024年12月，中国与DEPA成员已举行5次部级会议、多次首席谈判代表会议和技术磋商，就商业和贸易便利化、数字产品待遇、数据问题、网络安全、消费者信任、数字身份、新兴技术、数字包容性等数字经济相关议题进行了深入交流，取得积极进展

资料来源：中国政府网、中国自由贸易区服务网、中华人民共和国商务部官方网站、CPTPP官方网站。

其次，区域自贸协定谈判内容丰富。中国参与的区域自贸协定谈判涵盖了多个领域，包括货物贸易、服务贸易、投资、知识产权、数字经济、绿色经济等。在中国—东盟自贸区3.0版谈判中，双方在新兴领域建立了新的规则体系，特别增加了数字经济、绿色经济和供应链互联互通三个新章节，使区域自贸协定更加适应新一轮科技产业革命和全球大变局的需求。

再次，区域自贸协定谈判推动经济发展。区域自贸协定的签署和实施，为中国和自贸协定伙伴带来了实实在在的收益，促进了双方贸易和投资的增长，加强了产业链供应链的互联互通。据中国海关总署统计，中国与东盟的贸易总值持续增长，2024年1—10月，双边进出口总额达5.67万亿元，东盟已成为中国第一大贸易伙伴。

最后，区域自贸协定谈判中不断创新实践。在中国—东盟自贸区3.0版谈判中，双方首次就竞争和消费者保护设立单独章节，成立专门委员会，强化竞争立法和执法合作。这一创新实践有助于促进双方跨境消费，更好保护企业和消费者权益，为双方经贸往来营造公平竞争的市场环境。

15.3 相辅相成：以国际大循环激发国内发展活力

中国通过参与双边自由贸易协定（FTA）及区域自贸协定，与国内改革和发展战略相结合，形成了内外联动、互利共赢的新格局。

首先，签署自贸协定有利于促进产业升级。通过签署自由贸易协定，中国与贸易伙伴降低关税和非关税壁垒，助力产业链供应链合作深入推进，从而推动本土产业的快速发展。在RCEP框架下，2023年，中国对RCEP其他成员国出口6.41万亿元（见图15-1），占我国出口比重较2021

年提升1.1个百分点，达到27%。其中，装备制造业出口规模扩大32.8%。锂电池、汽车零配件、平板显示模组等都保持大幅增长。同期，中国自RCEP其他成员国进口6.19万亿元（见图15-1），占中国进口总值的34.4%。其中，能源产品进口量较2021年增加了31.2%，占中国能源产品进口量比重提升2.5个百分点至32.4%。产业链供应链合作加强，有助于中国与相关国家共同实现产业优化升级。①

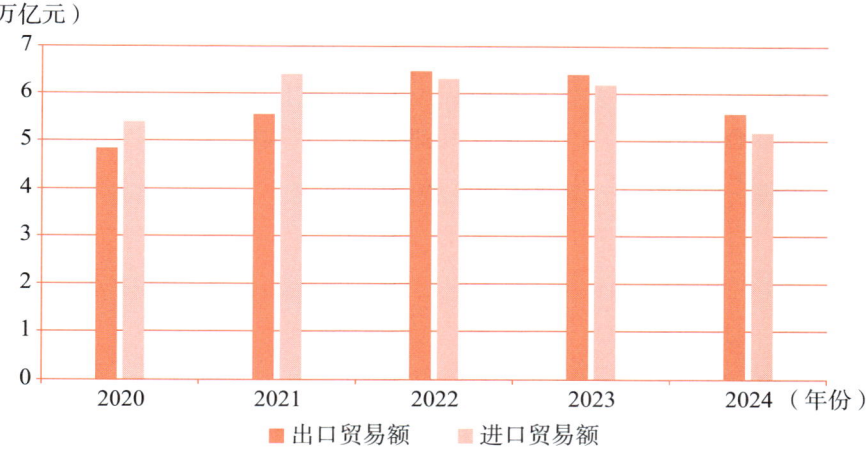

图15-1　中国与RCEP其他成员国贸易概况（2020—2024年）

数据来源：中国海关总署官方网站。

注：2024年数据为1月至10月的贸易数据，其他年份为全年的贸易数据。

其次，签署自贸协定有利于优化资源配置。一方面，企业能够更容易地从国外获取所需的原材料和中间产品，降低生产成本，提高生产效率。例如，原产地累积规则被广泛认为是RCEP在货物贸易领域最亮眼的成果。在确定产品原产资格时，可将RCEP其他成员国的原产材料累积计

---

① 数据来源于中国政府网https://www.gov.cn/yaowen/liebiao/202404/content_6944500.htm。

算，来满足最终出口产品增值40%的原产地标准，从而更容易享受到优惠关税。这将进一步降低产品获得关税减让的门槛，更有利于扩大贸易规模，优化资源配置。另一方面，各成员国市场相互开放，各成员国企业的竞争，推动着企业提升效率和创新能力，优化资源配置。

再次，签署自贸协定有利于提升居民的消费福利。贸易自由化程度提高，促进了国内市场竞争，使商品和服务价格下降，为消费者带来了更多的实惠。如中国与智利、澳大利亚签署自贸协定以来，优惠的关税税率极大地促进了中国自上述两国的葡萄酒进口量（见图15-2），降低了进口葡萄酒的价格。智利和澳大利亚作为产酒国的杰出代表，其葡萄酒品质优异、果香四溢，深受中国消费者喜爱。

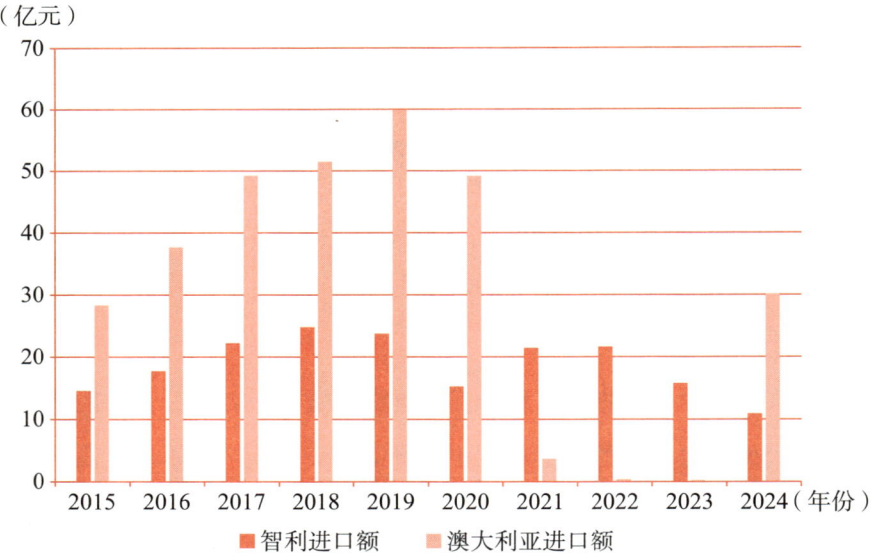

图15-2　中国从智利、澳大利亚进口葡萄酒的贸易概况（2015—2024年）

数据来源：中国海关总署官方网站。

注：2024年数据为1月至10月的贸易数据，其他年份为全年的贸易数据。

最后，签署自贸协定有利于提升居民的收入水平。自由贸易协定通过降低关税和取消非关税壁垒，这使得中国商品更容易进入外国市场，从而促进了出口增长。出口增长意味着更多的生产需求，进而带动了制造业、物流业等相关产业的发展，为居民提供了更多的就业机会。自由贸易协定往往还包括对外资的优惠政策，如税收减免、市场准入放宽等。这些政策吸引了大量外资进入中国，尤其是在服务业、高新技术产业等领域（见图15-3）。外资的进入不仅带来了资金和技术，还创造了大量的就业机会。自由贸易协定促进了国际贸易的繁荣，也推动了中国的产业升级，而产业升级意味着更多的高端就业机会，如研发、设计、管理等岗位，这些岗位往往具有更高的薪资水平。

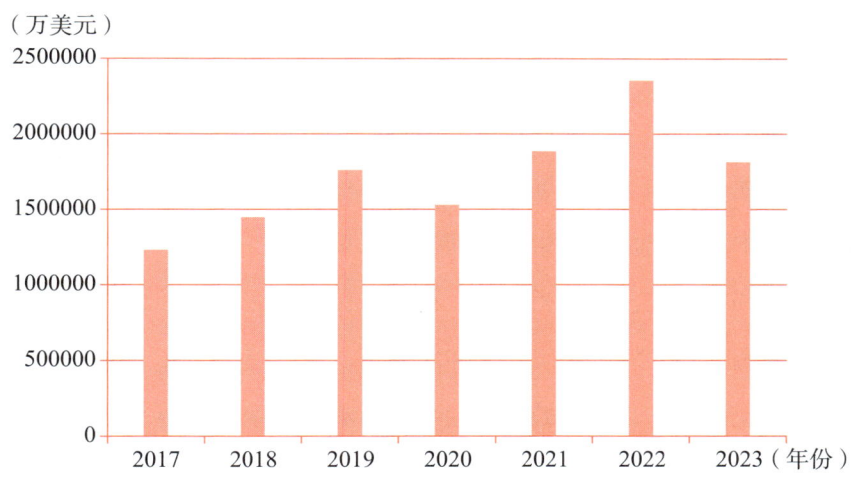

图15-3　RCEP其他成员国对中国直接投资额（2017—2023年）

数据来源：《中国统计年鉴》。

15.4 行则将至：构建面向全球的高标准自贸区网络

展望未来，中国谋求构建面向全球的高标准自贸区网络，通过深化中国与更多国家和地区的贸易合作，形成更加开放、包容、普惠、平衡、共赢的国际经济体系。

构建内外联动、互利共赢的新格局

一是设立专门机构推动FTA战略。中国近年来在推动区域经济合作方面，虽然取得了一定成效，但与邻国相比，在推进FTA建设方面的人力资源投入相对较少。为此，中国可以仿效日本、韩国和美国的做法，设立专门机构来具体实施FTA战略，处理中国参与区域经济合作事宜。这些机构可以负责主持开展FTA专题调研、制定谈判策略、与国内相关部门的沟通与协调等，以推动区域经济合作。二是加强FTA的宣传和培训。由于中国实施FTA战略的时间不长，多数企业对FTA特惠关税、原产地规则和投资条款都缺乏了解。因此，提高企业对FTA的认知水平是提高FTA利用效率的关键。官方和民间可以共同努力，在全国部分省市组织FTA巡回演讲，同时鼓励利用FTA的成功企业做示范。此外，还可以建立和利用培训机构，专门对企业家和相关工作人员开展FTA培训，以提高他们对FTA的认知水平。三是与"一带一路"共建国家和南方共同市场国家签署更多的以发展为导向的自由贸易与投资协定，以降低投资壁垒，为企业参与基础设施和能源资源领域的对外投资提供有力的制度保障，巩固经贸关系。

跟踪国际贸易环境变化趋势，拓展自贸协定内容

数字经济、绿色经济和可持续发展等新兴议题正逐渐成为自贸区建设的重要考量因素。随着大数据、云计算、人工智能等技术的快速发展，数字贸易正在重塑国际贸易格局，在自贸协定中应积极推进数字贸易规则制定，加强数据流动、网络安全和知识产权保护等方面的合作，以充分释放数字经济的潜力；面对全球气候变化和环境问题的挑战，绿色经济已成为各国关注的焦点，自贸协定应致力于加强环境标准协同，推动绿色贸易发展，促进低碳技术的交流与合作，共同应对全球环境挑战。作为长期目标，自贸协定应推动贸易与环境的协调发展，确保贸易活动符合可持续发展的原则，同时加强在减贫、教育、医疗等领域的合作，实现经济、社会和环境的协调发展。

创新提升自贸区合作质量

为了提升自贸区合作的质量和水平，需要不断推进技术创新、规则创新和服务创新。一是技术创新。利用大数据、人工智能等技术手段，提升自贸区的监管和服务水平。例如，通过智能海关、电子商务等平台，实现贸易便利化措施的升级，提高贸易效率。二是规则创新。在自贸区建设中，应积极推动贸易和投资规则的创新。这包括完善知识产权保护制度、推进电子商务规则制定、加强反垄断和反不正当竞争等方面的合作，为自贸区内的企业提供更加公平、透明的营商环境。三是服务创新。自贸区应提供一站式、全方位的服务，满足企业的多样化需求。这包括加强金融服务、法律咨询、人才引进等方面的支持，为自贸区内的企业

提供更加便捷、高效的服务。

总之，在全球化遭遇逆流、保护主义抬头的大背景下，坚持开放合作、积极参与双边FTA及区域自贸协定，构建面向全球的高标准自贸区网络，不仅是中国经济发展的内在需求，也是推动全球经济复苏与增长的重要动力，中国将继续秉持开放、包容、普惠、平衡、共赢的原则，推动自贸区建设迈向新的高度。

第 16 章
参与其他国际经济合作的历程与展望

除建立自由贸易区外，参与其他的国际区域经济合作，也是中国对外开放和区域经济合作的重要内容。从加入亚太经合组织到成立上海合作组织，推动金砖国家合作，中国逐步成为区域经济合作的引领者。

16.1 滴水穿石：经济合作不断向深度和广度拓展

20世纪90年代以前，中国始终游离于国际区域经济合作组织之外。进入90年代后，国际区域经济合作组织发展迅猛，数量增加、规模扩大，合作程度深化，合作领域拓宽，越来越多的国家以不同的形式参与到区域经济合作，共享区域经济整体发展的成果。

摸索阶段：1978—1990年

1978年党的十一届三中全会将改革开放作为中国未来发展的战略决策，刚刚打开国门的中国，面临外部不确定性和风险，加上自身经验不足和抵御风险能力有限，通过设立经济特区逐步分批开放沿海、沿江、沿边、内陆，并积极利用外资、劳务输出、合营、对外援助等方式尝试国际区域经济合作渠道。

1981年中国参加由墨西哥和奥地利倡议召开关于合作与发展的南北首脑会议。推动南北谈判的同时，中国对开展"南南合作"给予了更大的关注和支持。

1982年关于"南南会谈"的新德里磋商中，中国提出了开展"南南合作"所应当遵循的原则：考虑发展中国家的不同利益和要求，使参加合作的各方都能受益，并且对最不发达国家的特殊困难给予优惠照顾；区域、区域间和全球性的经济合作，应该互相促进、互相补充。新德里（1982）、北京（1983）和吉隆坡（1989）三次南南合作会议推动了发展中国家开展区域经济合作。在这一阶段，中国区域经济合作探索从政治制度相似、经济发展水平相近的发展中国家建立合作关系开始，讨论成员国之间减免关税，实现商品流通，对外统一关税和实行共同市场。

起步阶段：1991—2000年

1991年11月中国加入亚太经合组织（APEC），这是中国参加的第一个由发达国家和发展中国家共同举办的国际区域经济合作组织，成为中国参与区域经济合作的开端。1993年APEC在新加坡成立秘书处，11月在美国召开首次领导人非正式会议，讨论亚太经合组织内部及区域间的合作，运行机制逐渐完善。1994年11月，亚太经合组织成员经济体在印尼举办的APEC峰会上达成共识——茂物目标：发达成员到2010年、发展中成员到2020年实现"地区贸易及投资的自由化和开放"。中国用实际行动推动了亚太地区经济技术合作和贸易投资自由化的发展。

随着以中国、印度、巴西等国为代表的新兴市场国家崛起壮大，再加上1997年亚洲金融危机波及主要发达国家，八国集团（G8）[①]意识到需要加强与新兴国家的经济合作，扩大、加强与新兴市场经济体之间的经济对话。中国积极协商、推动和促进经济合作，1999年12月由原八国集团和十二个重要经济体（中国、阿根廷、澳大利亚、巴西、印度、印度尼西亚、墨西哥、沙特阿拉伯、南非、韩国、土耳其以及欧盟）组成二十国集团（G20）在德国柏林宣告成立。G20属于布雷顿森林体系框架内非正式对话的国际区域经济合作论坛。

深化阶段：2001—2011年

在这一阶段，中国积极参与亚太地区级别最高、影响最大的区域经济合作组织APEC历次会议，就全球及地区形势、亚太区域经贸技术合作和投资便利化、APEC未来发展等一系列重大问题阐述看法和主张，为推动亚太自贸区建立发挥建设性作用。2001年10月中国上海成功举办APEC第九次领导人非正式会议，通过了《亚太经合组织经济领导人宣言》《上海共识》等重要文件，有力推动了中国与成员国关系的迅速发展，彰显了中国国际地位和影响力的提升。此后十年间，APEC不断探索新的合作路径推动合作纵深发展，2010年11月APEC成员联合发表《横滨宣言》，首次提出把亚太自由贸易区转化为现实，亚太自由贸易区是实现亚太地区经济一体化的主要载体。

2001年6月，中国、俄罗斯、哈萨克斯坦、吉尔吉斯斯坦、塔吉克斯坦和乌兹别克斯坦六国元首齐聚中国上海，共同发表《上海合作组织成

[①] G8：美国、日本、德国、法国、英国、意大利、加拿大、俄罗斯。

立宣言》，正式宣告欧亚大陆一个崭新的区域性合作组织——上海合作组织正式成立。上海合作组织（以下简称上合）是首个由中国发起并以中国城市命名的国际区域合作组织，常设机构——上海合作组织秘书处设在中国北京。上合对内倡导"互信、互利、平等、协商、尊重多样文明、谋求共同发展"的"上海精神"，对外奉行不结盟、不针对其他国家和地区及开放原则，积极与其他国际组织、国家和地区开展各种形式的对话、交流与合作，对于中国参与国际区域经济合作具有里程碑的意义，标志着中国在探索新型区域经济合作模式上迈出坚实的一步。成员国签署《上海合作组织宪章》（2002年）和《上海合作组织成员国长期睦邻友好合作条约》（2007年），为组织机制化和法制化建设奠定了基础。

2006年9月，中国、印度、巴西、俄罗斯于联合国大会期间举行了首次金砖国家外长会，金砖国家合作宣告成立。传统"金砖四国"采用了巴西、俄罗斯、印度和中国的英文首字母组成BRIC，寓意成长前景良好的新兴市场国家。2009年6月，四国领导人在俄罗斯叶卡捷琳堡举行首次会晤，就"金砖四国"对话未来发展、粮食能源安全、金融危机等重大问题交换看法。2010年4月金砖国家在巴西利亚召开第二次峰会，发表《金砖国家领导人第二次正式会晤联合声明》，旨在推动金砖四国合作与协同发展的措施，标志着金砖国家合作机制初步形成。2010年12月，四国在协商一致的基础上，正式吸收南非加入机制，至此金砖四国增加为金砖国家BRICS。2011年4月成员国齐聚中国三亚，发表《三亚宣言》，深入探讨金砖国家未来合作发展方向，加强五国在金融、智库、工商界、科技、能源等领域交流合作，强化新兴经济体和发展中国家的发言权。

引领阶段：2012年以来

党的十八大后，治国理政新理念新思想新战略付诸实践，以塑造人类命运共同体、共创更美好世界为基本理念，由国际事务的参与者向积极引领者转变。

2014年北京成功主办APEC第二十二次领导人非正式会议，时隔十三年APEC峰会再次来到中国。此次峰会通过了《北京纲领：构建融合、创新、互联的亚太——亚太经合组织领导人宣言》和《亚太伙伴关系声明》，推动区域经济一体化，倡议全球价值链、供应链等领域合作，加强全方位互联互通和基础设施建设。成员国就《亚太经合组织推动实现亚太自贸区北京路线图》达成了共识，同意启动并全面系统地推进亚太自贸区（FTAAP）进程。2024年APEC第三十一次领导人非正式会议在秘鲁利马举行，会议以"赋能、包容、增长"为主题，习近平主席出席会议并发表题为《共担时代责任 共促亚太发展》的重要讲话，同时宣布中国将担任亚太经合组织2026年东道主。

2012年第十二次上合组织峰会在北京举行，上合组织的发展迎来第二个十年的发展阶段，机制建设日趋完善，成员国紧密合作，合作领域不断拓宽，成为维护中亚地区和平与稳定的中流砥柱。2018年第十八次上合组织峰会在山东青岛举行，印度和巴基斯坦正式成为上海合作组织成员，成员国就深化欧亚大陆内的政治、经济、安全合作交流磋商。习近平主席紧扣和平与发展的时代主题，发表了题为《弘扬"上海精神" 构建命运共同体》的重要讲话，引导和推动峰会通过《〈上合组织成员国长期睦邻友好合作条约〉实施纲要（2018—2022年）》等23个合作文件，涉及安全、人文交流、安全、国际合作等领域。2024年阿斯塔纳峰会上，习近平主席提出了建设团结互信、和平安宁、繁荣发展、睦邻友好、公平正义的上合组织共同家园五点建议，得到与会各方的广泛认同和积极响应，中国正式接任上合组织2024—2025年轮值主席国。

2016年G20峰会在中国杭州成功举办，《二十国集团领导人杭州峰会公报》是此次峰会标志性成果。杭州峰会重视将共识转化为行动，将成果落到实处。在发展领域，峰会制定了《二十国集团落实2030年可持续发展议程行动计划》，在推进全球发展合作方面迈出了新步伐。在贸易投资领域，峰会制定了具有历史意义的《二十国集团全球贸易增长战略》和《二十国集团全球投资指导原则》文件。

2017年金砖国家峰会在中国厦门举办，主题是"深化金砖伙伴关系，开辟更加光明未来"，习近平主席对金砖精神做了详细阐述，并将金砖精神写入宣言。此次峰会明确提出经济合作、发展合作、安全合作和人文合作四大重点，为下一个十年的工作绘就了路线图；提出"金砖+"这一概念，对扩大金砖朋友圈、提升影响力具有开创性意义。2024年金砖国家峰会在俄罗斯喀山举行，主题为"加强多边主义，促进公正的全球发展与安全"，这是党的二十届三中全会胜利召开后，习近平主席首次出访，也是金砖国家实现历史性扩员后首次峰会。习近平主席出席"金砖+"领导人对话会并发表题为《汇聚"全球南方"磅礴力量　共同推动构建人类命运共同体》的重要讲话。

16.2　有容乃大：在缓解摩擦、增进互信等方面作用显著

国际区域经济合作在缓解政治摩擦、消除政治罅隙、增强政治互信

上发挥着积极的作用。

APEC松散、非强制性的合作形式切合亚太各国经济发展差异化、政治体制多样化、文化多元化、利益复杂化的特点，通过推动成员国之间的经济合作，创造相对稳定、平缓的政治环境。一年一度的国家元首非正式会议为各成员国尤其是存在政治摩擦的成员提供了难得的交流机会，有利于成员间释疑增信，缓解矛盾。首脑会晤通过各种形式多样的、灵活的双边非正式交流来探讨敏感政治话题，从长远角度减少双边藩篱，致力于推动双边关系向前发展。在APEC框架内所达成的合作倡议还能够为地区合作释放积极信号，缓解地区紧张气氛，对于政治摩擦、贸易冲突和军事对抗起到润滑剂的作用。这种经济合作上的外溢效应，也使得APEC具备了地区内其他专门关注政治和安全事务的地区组织所不具备的独特优势。[①]

上海合作组织从加强军事领域信任起步，发展为不同政治体制对话、多元文化交流、中亚地区共谋发展的重要平台。以"互信、互利、平等、协商、尊重多样文明、谋求共同发展"为基本内容的"上海精神"，成为上合成员国的政治共识和政治意志。上合秉持联合国宪章，成员国不分大小强弱，无论是制定组织章程、发表决议和协定，还是采取联合行动、采取重大措施，尊重每个国家利益和政治诉求，遵循协商一致原则，享有平等发言权和表决权。集体防御、共同应对各种形势的安全威胁、谋求共同发展内化为上合的政治理念，没有安全，就没有安定的中亚地区，发展更无从谈起。2017年上合组织8个成员国在《上海合作组织成员国

---

① 吴其声.APEC机制的政治经济意义［J］.瞭望，2014（45）.

元首理事会青岛宣言》中确立了构建人类命运共同体这一共同理念，超越民族、国家视角，追求本国利益的同时要兼顾他国，实现包容性发展，成为上合组织最重要的政治共识。

金砖国家代表了发展中国家和新兴市场国家，形成了以领导人年度会晤为引领，G20峰会期间的领导人非正式会晤、外长会晤、安全事务高级代表会议及其他部长级会晤等多层次交流沟通机制。金砖国家没有走政治或军事同盟的老路，摒弃意识形态的对立，建立了政治互信的伙伴关系，在维护多边经济秩序方面具有共同的利益，通过集体努力提升金砖国家的国际地位和影响力，扩大发展中国家国际秩序话语权。政治安全已经同经济金融、人文交流共同构成金砖合作的三大支柱。习近平总书记曾深刻总结金砖发展10年经验的3条启示，"平等相待、求同存异，务实创新、合作共赢、胸怀天下、立己达人"，共同的价值认同增进了成员国间的政治互信。

16.3 暗礁险滩：安全因素越来越受到重视

中国作为APEC的重要一员，维护了亚太地区的国际秩序稳定，也给世界的和平与发展带来积极影响。从成立之初到2001年"9·11"事件前，APEC始终关注经济问题，从来没有涉及政治和安全问题。2001年APEC北京峰会首次发表《亚太经合组织领导人反恐声明》，2002年APEC通过《APEC地区安全贸易倡议》，2003年承诺在人类安全领域开展务实合作，2004年提出应对恐怖主义的合作措施，人类安全和反恐日益成为APEC常规性议题。APEC会议议题还逐渐扩展到金融安全、能源安全、粮食安全、反腐败合作等非传统安全领域。比如，2007年澳大利亚悉尼会议深入讨论了气候变化问题，通过了《关于气候变化、能源安全和清洁发展的悉尼宣言》；2008年秘鲁利马会议深入讨论了全球和地区经济形势、国际金融危机等问题；2012年俄罗斯符拉迪沃斯托克会议、2016年秘鲁利马会议、2017年越南岘港会议均深入讨论了粮食安全的议题；2021年新西兰会议主题为"新冠疫情背景下亚太地区如何把握机遇，合作应对卫生危机，加速经济复苏，为未来发展打下更好基础"，发表了《克服疫情影响　加速经济复苏》领导人声明；2023年美国旧金山会议围绕"为所有人创建强韧和可持续未来"的主题进行讨论。

上海合作组织从签署边界军事与互信"双协定"开始逐渐发展成为综合性区域合作组织，倡导安全先行，以维护中亚地区安全为首要任务。恐怖主义、极端主义、分裂主义、毒品贩运、跨国犯罪等都对地区安全构成严重威胁，上海合作组织成为解决区域安全问题的重要力量。2003年8月，中国、哈萨克斯坦、吉尔吉斯斯坦、俄罗斯、塔吉克斯坦五国在中国和哈萨克斯坦境内举行上合组织框架内的首次多边联合反恐军事演习。2004年1月上合在塔什干设立地区反恐怖机构执行委员会，是世界上第一个以打击包括恐怖主义在内的"三股势力"为己任的政府间合作组织。通过《打击恐怖主义、分裂主义和极端主义上海公约》《上海合作组织反恐怖主义公约》《上海合作组织关于应对威胁本地区和平、安全与稳定事态的政治外交措施及机制条例》等一系列重要文件详细规定了执法安全合作的任务、措施、原则、程序和实施规则，保障区域合作安全，为各方开展务实合作奠定了坚实的法律基础。上海合作组织以相互信任、裁军与合作安全为内涵，追求"共同安全"，探索出以多国共同倡导、安全优先、互利合作为特征的新型区域合作模式，避免对其他国家的安全挑战，成为符合国际发展潮流的新安全模式。2024年上合组织发表关于睦邻互信和伙伴关系原则的声明以及涉及能源、投资、信息安全等领域合作的一系列决议。

金砖国家是维护世界和平、促进共同发展、推进多边主义的重要力量，开创了新兴市场国家和发展中国家合作的典范。金砖国家在传统安全领域开展多方面合作，如举行联合军事演习、开展海上搜救、打击跨国犯罪等，并确定了定期召开以安全为核心内容的国家会议。2009年金砖国家安全事务高级代表第一次会议在莫斯科举行，2017年安全事务高级代表第七次会议在北京召开，金砖国家就反恐、网络安全、能源安全和国际和地区热点问题、国家安全和发展等议题进行了深入交流，探寻区域安全合作的新模式。2015年习近平主席在金砖国家领导人第七次会晤中呼吁，"我们要共同防范和打击一切形式的恐怖主义，在反恐经验交流、情报分享、线索核查、执法合作等领域开展合作。中方支持加快金砖国家禁毒合作机制化进程，将同其他成员国携手推动解决地区和全球毒品问题"。金砖国家也在非传统安全领域开展了多方磋商和交流，如应对气候和环境变化、控制疾病蔓延等。2020年金砖国家领导人第十二次会晤以视频形式举行，此次会晤的主题是"有利于全球稳定、共同安全和创新增长的金砖国家伙伴关系"，主要议题包括金砖国家合作抗击新冠疫情、国际和地区形势、全球经济治理等。2024年金砖国家领导人第十六次会晤主题是"加强多边主义，促进公正的全球发展与安全"，主题中再次出现"安全"，彰显了安全因素在国际区域经济合作中越发受到重视。金砖国家在峰会中共同探讨了如何应对包括气候变化、公共卫生、反恐、网络安全等全球性挑战。峰会宣言中提出，金砖国家将加强在一系列有助于减少和消除温室气体的解决方案和技术方面的合作。

16.4 锲而不舍：积极探索区域经济合作新模式

2024年党的二十届三中全会公报提出，"开放是中国式现代化的鲜明标识。必须坚持对外开放基本国策，坚持以开放促改革，依托我国超大规模市场优势，在扩大国际合作中提升开放能力，建设更高水平开放型经济新体制。要稳步扩大制度型开放，深化外贸体制改革，深化外商投资和对外投资管理体制改革，优化区域开放布局，完善推进高质量共建'一带一路'机制。"随着经济全球化、区域经济一体化的深入快速发展，国际经济格局、经济形势处于不断调整、动态发展过程中。中国和平崛起，需要重视外部经济环境，建立完善、公平、合理的国际经济规则和秩序，保障我国经济发展和经济安全。中国始终积极参与现有的区域经济合作组织，加强与国际社会的交流和协商，并积极探索新的区域经济合作模式，实现国际接轨。

拓展新时代国际区域经济合作理念

随着国际区域经济合作进一步深化发展，中国参与国际区域经济合作的理念逐渐从传统向内涵广阔、具有新时代价值理念转变，提出能够符合当前时代发展、具有前瞻性的发展理念和主张，发展新合作理念、新安全措施和新合作策略。坚持新开放、新融合、新模式发展理念，提高开放型经济水平。中国积极推进、构建人类命运共同体，积极推进"一带一路"建设规划，充分尊重各国发展意愿和利益，遵从各国多元文化共存，顺应世界各国多极发展模式，倡导开放、包容、共赢的合作理念。

综合运用多层次、全方位国际区域经济合作方式

国际区域经济合作过程中各国在政治、文化等方面存在巨大差异，需要中国综合运用政治、经济、法律、外交以及文化的多样性、立体式的手段协同推进区域经济合作，建立起具有不同功能、不同特点的区域经济合作机制，并不断促进主张、措施落实到位。推进区域经济合作，建立多层次对话交流机制，加强政府间、地区性国际组织各层次多方面的磋商机制，积极推进政治、经济、军事对话交流合作；重视发展民间交流沟通，积极促进科技界、学术界、智库定期合作交流；为在教育、旅游、卫生、医疗、文化、青年、妇女儿童等领域的合作搭建平台。

发挥中国负责任大国的作用

中国勇于承担起国际责任、有所作为，发挥协同区域合作的积极作用，从而塑造良好的国际形象，消除其他国家对中国崛起的猜疑和敌视，营造有利于改革发展宽松可靠的国际环境。近半个世纪，中国是经济全球化和国际区域经济合作的受益者，中国在引领和建设新型区域经济合作模式上不断创新、完善，建立有效的区域合作机制，降低开放门槛，通过深化改革优化内部经济结构，增强国际竞争力，成为区域和平稳定、经济合作发展的主要建设者和维护者，不断贡献中国智慧和中国力量。

第 17 章
共建"一带一路"为区域经济合作添动力

中国国家主席习近平提出的"一带一路"倡议,既是中国扩大和深化对外开放的产物,也是加强和亚欧非及世界各国互利合作、推动建设开放型世界经济、支持经济全球化的生动实践。"一带一路"倡议已成为重要的国际公共产品,推动国际经济合作和全球经济治理的重要平台。

17.1 胸怀世界:"一带一路"倡议写入联合国大会决议

2013年9月7日,国家主席习近平在哈萨克斯坦纳扎尔巴耶夫大学发表重要演讲,提出了共同建设"丝绸之路经济带"的畅想。同年10月3日,国家主席习近平在印度尼西亚国会发表重要演讲,提出共同建设"21世纪海上丝绸之路"。这二者共同构成了"一带一路"倡议。2013年11月,中共中央十八届三中全会审议通过的《中共中央关于全面深化改革若干重大问题的决定》指出:"加快同周边国家和区域基础设施互联互通建设,推进丝绸之路经济带、海上丝绸之路建设,形成全方位开放新格局。"共建"一带一路"正式成为我国深化对外开放、推进区域经济合作、改善全球经济治理的重要实践。

"一带一路"倡议唤起了共建国家的历史记忆,赋予古代丝绸之路全新时代内涵。"一带一路"倡议是对古丝绸之路的传承和提升，丰富了国际经济合作理念和多边主义内涵，为促进世界经济增长、实现共同发展提供了重要途径。

"一带一路"倡议根植历史，面向未来，是开放包容的国际合作平台，各方共同打造的全球公共产品。把"一带一路"建成和平之路、繁荣之路、开放之路、创新之路、文明之路，成为破解全球化进程挑战擘画更清晰的行动纲领。在世界经济大变局下，谋划布局共建"一带一路"，旨在推动经济全球化朝着开放、包容、普惠、平衡、共赢的方向前行，为世界经济发展注入新动能，构建人类命运共同体。

"一带一路"倡议有别于规则导向为主的国际经济合作机制，立足于发展中国家的国情和需求，秉持"共商、共建、共享"的原则，以发展导向为特色，坚持企业为主体、市场化运作、互利共赢，构建开放、市场导向的投融资体系，推动"一带一路"建设高质量发展。

"一带一路"倡议是一种开放性合作倡议，以"五通"即政策沟通、设施联通、贸易畅通、资金融通、民心相通为主要内容。"五通"是相互联系、互相支持的五个组成部分，是从五个不同的层面共同助力世界发展，缓解世界市场失灵，以政策沟通为机制保障，以人心相通为文化基础，以贸易畅通、资金融通和设施联通为实现途径。

六大经济走廊是共建"一带一路"的基本走向和空间支撑，也是缓解世界市场失灵的新型区域经济合作网络。六大经济走廊区域合作框架包括中国—蒙古—俄罗斯经济走廊、新亚欧大陆桥经济走廊、中国—中亚—西亚经济走廊、中国和巴基斯坦经济走廊、中国—中南半岛经济走廊、孟加拉国—中国—印度—缅甸经济走廊。六大经济走廊区域合作框架已经成为连接沿线国家、打造对外开放新高地、实现地区互利共赢新格局的重要载体。

"一带一路"倡议由中国提出，由世界共享，引起国际社会强烈反响。"一带一路"倡议的理念和方向，同联合国《2030年可持续发展议程》高度契合，第71届联合国大会决议表示欢迎"一带一路"倡议，呼吁国际社会为"一带一路"倡议建设提供安全保障环境。

17.2 欣欣向荣：中国与"一带一路"共建国家经济合作进程

"一带一路"倡议以互联互通为核心，注重推动基础设施建设实现"硬联通"，强化规则和标准的"软联通"，并通过增进人民之间的"心联通"来建立深厚的合作基础。通过逐步深化政策沟通、设施联通、贸易畅通、资金融通、民心相通方面的合作，共建"一带一路"倡议不仅推动了全球经济的互利共赢，也为共建国家和地区的发展带来了新的机遇。

在政策沟通方面，中国积极与共建国家对接发展战略、规划和具体项目，推动理念认同、利益融合和政治互信的不断深化。通过这种政策层面的深度对接，为"一带一路"倡议的顺利实施奠定了坚实的基础。"一带一路"倡议提出十年间，中国与全球150多个国家和30多个国际组织签署了超过200份合作协议，涵盖基础设施建设、产能合作、文化交流、科技创新等多个领域，为共建"一带一路"提供了强有力的政策支持。同时，积极推动"一带一路"倡议与其他重要区域合作机制的对接，共建"一带一路"倡议与东盟的"互联互通总体规划"、欧盟的"欧亚互联互通"、非盟的"2063年议程"等的有效对接，使得各地区在合作中优势互补，资源共享，进一步促进了共建国家和地区的共同发展和繁荣。

在设施联通方面，"一带一路"倡议以"六廊六路多国多港"为框架，推动多层次、全方位的基础设施建设。这些基础设施不仅改善了共建国家的经济发展条件，也为国际交流、人员流动和贸易往来提供了更加便捷的通道。例如，中欧班列已经覆盖了欧洲25个国家的224座城市，并与亚洲11个国家的100多个城市连接，形成了贯通欧亚的高效物流网络。该铁路网络支持53大类货物的运输，运营效率稳定且始终保持满载运行，极大地提升了货物运输的便捷性与时效性。随着"一带一路"倡议的不断推进，更多的高速公路、铁路、港口和机场建设项目陆续启动，共建国家的交通网络优化，为提升物流效率、推动地区经济一体化、促进全球贸易提供了强大支撑。

在贸易畅通方面，共建"一带一路"倡议积极优化贸易环境，促进经贸合作。中国已与28个国家和地区签署了21个自由贸易协定，并与135个国家和地区建立了双边投资协定。这些协议为双边经贸合作提供了坚实的法律保障，有效降低了贸易壁垒，促进了跨境投资和贸易流通。2023年，中国与"一带一路"共建国家的进出口总额达19.47万亿元，占全国外贸总额的46.6%。

在资金融通方面，"一带一路"倡议推动金融合作机制的不断完善，扩展了多层次的投融资平台。中国国家开发银行牵头成立了中国—中东欧银联体等多边金融合作机制，中国工商银行也推动了"一带一路"银行间常态化合作机制，促进了跨境金融服务和投资合作。丝路基金与欧洲投资基金联合设立的中欧共同投资基金，已在近20个国家开展投资，支持了80多家中小企业的发展壮大。通过不断探索创新投融资模式，建立健全资金支持体系，为共建"一带一路"提供了稳定、透明、高质量的金融服务。

在民心相通方面，共建"一带一路"促进了各国人民的文化和社会交流，增进了相互了解。中国与144个国家签署了文化和旅游领域的合作协议，在132个共建国家设立了313所孔子学院和315所孔子课堂，通过提供语言教育和文化交流平台，多个共建国家成功举办了六届"一带一路"媒体合作论坛，并共同建立了"丝路电视国际合作共同体"，为不同国家和地区的人们提供了更广泛的文化交流机会，推动了文化理解和合作。通过推进"民心相通"项目，"一带一路"不仅加强了不同文明之间的对话与交流，也将全球多样性转化为推动共同发展的活力与动力，助力构建人类命运共同体。

17.3 不畏浮云：把握"两大机遇"，应对"两个风险"

在当前复杂多变的国际形势下，需要充分把握共建"一带一路"倡议带来的"两大机遇"：一方面，要全面推动与周边国家的友好合作关系，深化互信与合作；另一方面，要促进区域经济一体化，通过加强多边合作实现互利共赢。同时，也必须清醒认识到"一带一路"建设过程中潜在的政治风险和经济风险，确保"一带一路"倡议的顺利实施与可持续发展。

把握"两大机遇"

> 中国周边外交新契机

近年来，随着"一带一路"倡议的深入推进，中国周边外交迎来了新的契机。共建"一带一路"倡议通过推动区域经济、促进文化交流、加深政治互信，为中国的周边外交注入新动能。

"一带一路"倡议通过基础设施建设、贸易便利化和金融合作等方式有效实现了区域经济的共同发展。周边国家纷纷与中国签署共建"一带一路"合作文件，中巴经济走廊、孟中印缅经济走廊、中老铁路等一系列基础设施项目增强了中国与周边国家的互联互通，中国成为亚洲国家主要贸易伙伴和重要投资来源地。这种稳定、互利的经济合作网络，推动了经济利益的深度融合，深化了中国与周边国家的依存关系，为中国的周边外交奠定了更加坚实的经济基础。

"一带一路"倡议的实施，也为中国与周边国家的文化交流搭建了广阔平台。在"一带一路"框架下，中国推动与周边国家开展多种形式的文化交流活动，包括艺术展览、学术合作、教育交流等。例如，在东南亚和中亚地区，中国通过推动孔子学院的建设，开展语言文化教育和学术交流项目，加强了与这些国家的文化联系，许多东南亚国家的学生选择到中国留学。通过文化交流，不仅加深了民众之间的相互理解，也增强了各国对亚洲价值观、亚洲模式的认同，从而为中国与周边国家的关系奠定了坚实的民意基础。

在政治互信方面，"一带一路"倡议通过倡导"共商共建共享"的合作理念，推动中国与周边国家在经济合作的同时，逐步建立了更为紧密的政治联系。到2023年10月，中国已同周边28国[①]和东盟建立了形式多样、

---

① 同中国建立伙伴关系、合作关系或战略互惠关系的28国为阿富汗、巴基斯坦、朝鲜、东帝汶、俄罗斯、菲律宾、哈萨克斯坦、韩国、吉尔吉斯斯坦、柬埔寨、老挝、马尔代夫、马来西亚、蒙古国、孟加拉国、缅甸、尼泊尔、日本、斯里兰卡、塔吉克斯坦、泰国、土库曼斯坦、文莱、乌兹别克斯坦、新加坡、印度、印度尼西亚、越南。

内涵丰富的合作关系和战略伙伴关系①。这一系列合作框架的建立，为区域稳定和各国政治互信的增强提供了强有力的支持。

> ➤ 区域经济一体化新模式

"一带一路"横贯欧亚大陆，连接了亚太经济圈和欧洲经济圈，沿线各国经济发展差异较大，在经济结构和发展需求方面的互补性愈加显现。近年来，受新冠疫情、俄乌冲突等全球性因素的影响，世界经济面临着前所未有的不确定性。这些变动加快了全球经济从"全球化"向"区域化"转型的步伐。"一带一路"倡议通过推动跨境基础设施建设和区域互联互通，进一步强化了区域内各国的经济联系，推动了区域经济合作的新模式。"一带一路"倡议中所倡导的互联互通理念和命运共同体意识，将推动地区合作进入新层次和新高度，也将会更好地发挥双边或多边合作机制的作用。

中国在推动"一带一路"贸易和投资发展中，一方面，通过加大对基础设施建设、绿色能源、数字经济等领域的投资，推动全球资源配置效率的提升，"一带一路"不仅促进了共建国家的经济发展，也助力各国实现产业升级和经济结构调整。"一带一路"绿色项目和数字基础设施建设为共建国家带来了新的经济增长点，尤其是对于发展中国家而言，这些项目提供了技术支持和资金支持，推动了其经济的可持续发展。另一方面，在亚太地区，包括中日韩自贸区、中阿合作论坛、亚太经合组织（APEC）等多个多边合作机制并存，这些机制在推动区域经济一体化方

---

① 中华人民共和国外交部.新时代中国的周边外交政策展望[EB/OL].（2023-10-24）[2024-11-26]. https://www.mfa.gov.cn/web/ziliao_674904/1179_674909/202310/t20231024_11167069.shtml.

面发挥了积极作用，但也带来了不同贸易规则之间的竞争和挑战。面对这种复杂的竞争环境，"一带一路"倡议更加注重与其他国际合作机制的对接和融合，通过协调不同规则，推动各方资源的共享和优势互补。"一带一路"倡议逐渐形成了更加多元化、深度融合的合作模式，为区域经济一体化开辟了新的发展路径。

应对"两个风险"

"一带一路"地理覆盖广泛，发展情况迥异，开展经济合作面临政治和经济双重风险。

➤ 政治风险

"一带一路"沿线很多地区具有复杂的地缘政治背景，特别是东亚、中东和东南亚等热点区域。近年来，随着国际局势的变化和地区冲突的加剧，一些国家的政治环境变得更加不稳定，带来了潜在的风险。例如，中东地区的政治动荡和恐怖主义问题、东南亚的领土争端等，都可能影响"一带一路"建设的顺利推进。此外，随着"一带一路"倡议的推进，一些共建国家可能成为全球大国博弈的前沿阵地。美国、欧盟、印度等国际大国和地区性大国在部分地区存在竞争利益，这可能导致对"一带一路"倡议的阻力和干预，影响"一带一路"项目的推进。

➤ 经济风险

当今世界正处于百年未有之大变局，世界经济增长放缓，发达国家和新兴市场国家的发展路径和速度进一步分化。"一带一路"涉及多边合作的项目众多，情况复杂，各国的经济体制、经济运行机制、开放程度、管制程度、金融稳定程度等这些宏观经济因素差异较大，对外开展经济合作会将本国经济置于外部经济波动冲击的风险之下，经济风险就成为开展"一带一路"经济合作必须考虑的因素。

中国企业在共建"一带一路"投资中，许多中国企业在国际化进程中对当地市场、法律和文化的了解相对有限，缺乏必要的国际视野和跨文化沟通能力，常常面临政治风险、政策变化、法律法规不确定等复杂因素，影响项目的投资效益，特别是在一些政治经济不稳定的地区，投资回报周期较长、资金投入风险较大。

17.4 登高望远：高质量共建"一带一路"的前景与路径

共建"一带一路"作为全球规模最大、最具包容性的国际发展合作倡议，通过推动基础设施建设、贸易投资、文化交流等领域的合作，不仅为共建国家创造了新的经济增长点，也为全球经济复苏、区域一体化及全球治理改革注入了强大动力。尽管当前"一带一路"建设面临复杂的国际形势，存在地缘政治干扰、全球化进程的曲折、合作伙伴参与水平不均等带来的挑战，但"一带一路"倡议的前景依然广阔，国际社会对其的认同持续深化。

展望未来，高质量共建"一带一路"首先要继续推进基础设施的互联互通。充分考虑共建国家的市场需求和发展战略，精心规划和建设一批具有示范性和引领作用的标志性工程，确保其系统性、协调性和可持续性。同时，要加强绿色基础设施、绿色能源、绿色交通和绿色金融等领域的合作，建设一批惠及民生的小而美的项目。

加强制造业等相关产业的协同发展。审慎评估基础设施建设带来的市场机会，紧跟产业发展趋势，稳步开拓新的市场领域。政府部门、行业协会和企业需要加强跨国协调与合作，形成合力，推动"一带一路"合作伙伴之间的互利共赢。

把握安全发展的大局，强化项目实施中的风险管理与防控。加强与共建国家在反恐、反腐、网络安全等领域的合作，通过深化多双边合作与信息共享，加强对"一带一路"项目及人员的安全保障。落实企业主体责任，推动建立完善的风险评估和预警机制，确保项目的长期稳定运行。与此同时，通过深化反腐败国际合作，推动构建更加透明、规范的国际合作环境，为"一带一路"建设提供更加坚实的安全保障。

依托更加高效、深入的务实合作平台。秉持平等自愿、互利共赢的基本原则，利用现有的国际合作框架和多边机制，促进各国在能源、税收、金融、绿色发展等领域的合作，推动共建国家在各领域的深度合作与共赢。加强国家间的沟通和协调，推动形成政策协同、经济互通的高效合作机制，确保各方在平等合作的基础上实现利益的最大化。

第六篇

参与全球经济治理

中国从接受国际经贸规则到参加全球经济治理，再到提出国际经贸议题，推动全球经济治理体系改革，从全球经济治理的配角演变为在全球经济治理中扮演重要角色，对于维护开放的世界经济和多边主义，推动经济全球化进程，发挥着举足轻重的作用。本篇总结中国参与全球经济治理的经验，讲述中国在全球经济治理中扮演的角色，明确中国的全球经济治理主张。

第 18 章
中国参与全球贸易治理的经验与前景

全球贸易治理机制的诞生，是在第二次世界大战结束后期，各国为促进世界和平、稳定以及全球经济复苏而建立的一系列制度与组织的成果。2001年12月，中国加入世界贸易组织，标志着中国正式成为全球贸易治理的重要成员，开始有权实质性地参与全球贸易规则的制定。

18.1 几多变迁：从"复关"到"入世"的漫长历程

雄关漫道真如铁。中国加入世界贸易组织历经4任首席谈判代表、15年艰辛谈判，2001年12月11日，终于正式加入世界贸易组织，成为该组织的第143个成员。

中国复关入世基本进程

中国与《关税与贸易总协定》（GATT）有着深厚的历史渊源。早在1947年，中华民国政府就签署了《关税与贸易总协定》，然而在1950年3月，由于国际局势的变化，"台湾当局"决定退出GATT。此后的几十年里，中华人民共和国政府虽高度重视国际社会的发言权，但由于国内政治经济体制与GATT精神的巨大差异，中国并未急于恢复缔约方地位。

直到1980年，中国才重新关注国际贸易体制，并于1986年正式提出恢复GATT缔约方地位的申请。

"复关"申请的背后是中国经济体制变革和对外开放的客观需要。当时中国经济正处于经济转型的关键时期，对参加多边经济体系有着迫切需求。

然而，"复关"过程并不顺利。尽管中国政府显示了极大的政治意愿，但在1989年后"复关"谈判一度陷入停滞。与此同时，全球经济格局发生深刻变化，GATT乌拉圭回合谈判如火如荼，苏联解体东欧剧变，这使得美国等发达国家对中国"复关"的态度逐渐转为谨慎和斤斤计较。

尽管如此，中国并未放弃努力。1992年，中国确立了建设有中国特色社会主义市场经济的目标，这一决策进一步坚定了中国加入全球经济体系的决心。但是，关贸总协定中国工作组经过第19次工作会议，最终也未能达成中国"复关"协议。1995年1月1日，世界贸易组织正式成立，取代了关贸总协定。中国"复关"谈判转为"入世"谈判。

1995年6月3日，中国成为世贸组织观察员。1995年11月，中国"复关"工作组更名为中国"入世"工作组。1995年11月28日，美方向中方递交了一份"关于中国'入世'的非正式文件"，罗列了对中国"入世"的28项要求。到1996年2月12日，中美就中国"入世"问题举行了10轮双边磋商，中方全面回应了美方提出的要求。1996年3月22日，龙永图率团赴日内瓦出席世贸组织中国工作组第一次正式会议。此后，中国与多个WTO成员方达成了"入世"双边市场准入谈判。

1997年10月26日至11月2日，中国国家主席江泽民应邀访美，在与克林顿总统发表的联合声明中，重申加快中国"入世"谈判，争取尽早结束。1997年11月1日至16日，中日两国关于中国"入世"双边市场准入谈判基本结束。

1998年3月28日至4月9日，世贸组织中国工作组第7次会议，中国代表团向世贸组织秘书处递交了一份近6000个税号的关税减让表，得到了主要成员的积极评价。

1998年6月17日，江泽民接受美国记者采访时提出"入世"三原则：第一，WTO没有中国参加是不完整的；第二，中国毫无疑问要作为一个发展中国家加入WTO；第三，中国的"入世"是以权利和义务的平衡为原则的。

1999年4月6日至13日，朱镕基总理访美，签署了"中美农业合作协议"，并就中国加入WTO发表联合声明，美方承诺"坚定地支持中国于1999年加入WTO"。1999年11月15日，中美双方就中国加入世贸组织（WTO）达成协议，中国"入世"的最大障碍消除。

2000年5月19日，中国与欧盟达成双边协议。2001年9月13日，中国与提出"入世"双边谈判要求的最后一个成员墨西哥达成协议，至此，中国完成了所有"入世"双边谈判。

2001年11月2日，龙永图宣布中国入世最后时间表排定，11日签署入世全部文件。

经过漫长的谈判和艰辛努力，中国终于在2001年11月的WTO第4届部长级会议上获得成员资格，2001年12月11日，正式加入世界贸易组织。"入世"这一里程碑事件，也为中国在全球贸易治理中的角色转变奠定了基础。

中国"复关""入世"的基本经验

从中国"复关""入世"的整个历程来看，不仅是中国根据自身发展需要所做的决定，也是中国不断解放思想、确立市场经济发展方向的艰难探索。在这一过程中，中国积累了许多宝贵的经验，这些经验在当今全球化竞争日益激烈的背景下，依然具有重要的参考价值。

首先，中国在"复关""入世"过程中确立的基本原则和要求，至今仍有重要的现实意义。1982年，中国通过对外经济贸易部、外交部、海关总署等职能部门和专家的论证，提出了中国恢复GATT缔约方地位的三项原则和三项要求。

三项原则分别为：（1）中国是"恢复"关税与贸易总协定创始缔约方地位，而不是"加入"或"重新加入"；（2）中国以关税减让方式为承诺条件，而不是以承担具体进口增长义务恢复缔约方地位；（3）中国以发展中国家缔约方身份恢复并享受与其他发展中国家缔约方相同的待遇，承担与中国经济贸易发展水平相适应的义务。

三项要求分别为：（1）按照关贸总协定的原则，美国应给予中国多边无条件的最惠国待遇；（2）中国应在缔约发达国家中享受普惠制待遇；（3）欧共体应该取消对中国的歧视性限制。

这些原则和要求在1995年被明确为中国加入WTO的基础，帮助中国在国际贸易谈判中争取到合理的权益，并在后续的中美贸易摩擦中，成为中国在全球经济治理中有力的"利剑"。

其次，WTO为包括中国在内的发展中国家，提供了维护经济利益的重要平台。通过加入WTO，中国不仅获得了更多参与国际贸易规则制定的机会，还能够利用WTO争端解决机制对抗强权和单边主义。这在应对美国挑起的贸易摩擦中显得尤为重要。WTO的多边平台为中国提供了有效应对美国单边主义和贸易霸凌主义的手段，也为其他发展中国家维护自身利益提供了示范。

最后，中国加入WTO，成功融入全球生产网络和价值链，成为经济全球化的重要获益者。WTO的多边贸易体系，为中国带来了诸多方面的利益，包括促进贸易合作、提高经济效率、增加就业和改善人民生活水平等。通过入世，中国以国际协议的形式锁定了改革开放的成果，推动了社会主义市场经济体系的完善。中国也因此得以持续扩大市场准入，融入全球化进程，逐步成长为世界第二大经济体。

18.2 有目共睹：全面履行入世承诺

加入WTO以来，中国参与全球贸易治理的重要工作之一就是全面履行入世承诺，以实际行动支持多边贸易体制。《中国与世界贸易组织》白皮书2018中明确指出，加入WTO以来，中国积极践行自由贸易理念，全面履行加入承诺，大幅开放市场，实现更广泛的互利共赢，在对外开放中展现了大国担当。

中国自加入WTO以来，不断完善社会主义市场经济体制，强化与多边贸易规则的对接，切实履行货物和服务开放承诺，加强知识产权保护，提高了对外开放政策的稳定性、透明度和可预见性，为多边贸易体制的有效运转做出了积极贡献。WTO前总干事拉米在中国加入世贸组织十周年之际前来参与纪念活动时，就曾直言不讳地表示，中国入世后在遵守规则、履行承诺上的表现，可以被评价为A+（A plus）。2018年7月11日至13日，日内瓦举行了中国贸易政策的第七次审议，瑞士常驻世贸组织大使狄迪尔·查博维表示，中国对世贸组织的积极参与不可或缺，并高度赞扬了中国履行入世承诺。

在中国加入WTO二十周年之际，时任商务部副部长兼国际贸易谈判副代表王受文在国新办召开的新闻发布会上谈道："对照时间表可以发现，中国做出的承诺已得到完全履行。"这20年里，中国不断扩大开放，积极履行各项承诺，可谓是激活世界经济的一池春水[①]。

中国极其尊重和支持作为WTO三大核心职能支柱之一的贸易审议机制，积极配合相关工作的展开。截至2024年，中国已经接受了九次来自世贸组织的贸易政策审议。第九次审议报告中的内容显示，2023年中国GDP增长5.2%，是疫情后全球经济复苏的主要推手，对中国贸易政策和体制的合规性给予充分肯定。

"入世"以来，中国加快现代化建设的步伐，致力于提升经济社会发展的质量和效率，为应对全球性挑战贡献了中国智慧和中国力量。中国的现代化道路与世界贸易组织的开放、包容、绿色理念相契合，与世界各国共享发展机遇；大力推动协调发展和包容性增长，探索对外开放的新动力；进一步推进绿色低碳发展，以实现2030年的可持续发展目标；持续推进重点领域改革，坚持创新驱动发展战略，构建高水平的社会主义市场经济体制；进一步推动高水平对外开放，倡导平等有序的多极世界和普惠包容的经济全球化，倡导构建人类命运共同体。

WTO绝大多数成员认可中国是重要、负责任的一员，在推进投资便利化、电子商务谈判、服务贸易国内规制、塑料污染防治、渔业补贴等议题讨论、支持争端解决机制改革和推动恢复上诉机构运行等方面做出

---

① 中国新闻网.入世20年，中国怎样全面履行入世承诺？［EB/OL］.（2021-11-09）［2024-11-30］.https://www.chinanews.com/gn/2021/11-09/9605632.shtml.

重大贡献。中国履行"入世"承诺的过程，也是作为全球发展的重要引擎，持续释放正能量的过程。

18.3　躬身入局：积极参与推动多哈回合谈判前行

WTO多哈回合谈判是中国参与全球贸易治理的重要途径之一，也是中国躬身入局，推动全球经济合作的具体体现。多哈回合谈判自2001年启动，旨在推动国际贸易自由化，特别是为发展中国家创造更多机会。中国在这一过程中逐步从学习者转变为建设性参与者，不仅通过提交大量提案，还积极主办相关会议并参与关键谈判，扮演了重要角色。

对中国在多哈回合谈判中的角色和作用有两种看法

对于中国在多哈回合谈判中的角色，存在两种截然不同的看法。一方面，WTO官方表述和国内观点普遍认为，中国在谈判中发挥了积极的建设者作用。中国商务部在2010年的《中国与世贸组织：回顾和展望》报告指出，"中国始终是多边贸易体制的坚定支持者，始终是自由贸易原则的忠实维护者，始终是多哈回合谈判的积极推动者"[1]。中国驻WTO前大使孙振宇也表示，中国从初期的学习者，逐步进入谈判核心，成为多哈回合的重要推动力量[2]。WTO前总干事拉米也称中国是多哈回合谈判中最积极的成员之

---

[1]　商务部新闻办公室.中国与世贸组织：回顾和展望.[EB/OL].（2010-07-22）[2024-11-30]. https://m.mofcom.gov.cn/article/xwfb/xwrcxw/201007/20100707037241.shtml

[2]　孙振宇.中国入世十周年之际的回顾与展望[J].国际经济评论，2011（4）：119.

一。这些正面评价是基于中国在多哈回合谈判中的具体行动，例如提交大量提案、主办部长级会议、参与关键谈判集团G20等。中国不仅在规则谈判中积极提交反倾销、渔业补贴等提案，还在重要谈判中发挥了协调作用。

另一方面，西方部分学者和官员则对中国的表现持批评态度。认为中国在谈判初期表现消极，缺乏应有的积极性。欧盟贸易政策专家拉斐尔批评说，中国的表现相比印度和巴西要更加消极，甚至有破坏性的影响[1]。此外，有些评论认为，中国并未承担与其大国地位相匹配的责任，特别是在多哈回合谈判中，采取了消极低调的策略，并未在关键时刻发挥更大作用，导致其他国家对中国的贸易立场感到失望。美国前副贸易代表沃尔夫和彼得森国际经济研究所所长伯格斯坦都曾指出，中国不愿意推动进一步的贸易自由化，导致了多哈回合谈判的停滞不前[2]。这些批评反映出部分西方国家对中国作为贸易大国在多边贸易谈判中的表现存在偏见。

中国始终将自己视为发展中国家，并在谈判中寻求保护发展中成员利益的空间。这一立场在坎昆会议期间表现得尤为明显，当时中国代表强调，新加入的成员已经做出了重要贡献，应该在新一轮谈判中获得特殊关切[3]。然而，发达国家往往不认同中国的发展中国家地位，认为中国

---

[1] Rafael Leal-Arcas. A New Era in Global Economic Governance. International Security Forum on 10 July 2009, pp.8–9.

[2] See Hearing before the U.S.–China Economic and Security Review Commission. Evaluating China's Past and Future Role in the World Trade Organization. One Hundred Eleventh Congress Second Session, June 9, 2010, p.42; Bergsten, C. Fred. A Partnership of Equals. Foreign Affairs, Vol.87, No.4, 2008, p.60.

[3] 商务部世贸司子站.时任商务部部长吕福源在WTO第五届部长级会议上的发言［EB/OL］.（2003-09-15）［2024-11-30］. http://lvfuyuan.mofcom.gov.cn/article/av/200912/20091206691682.shtml.

应在谈判中承担更多责任,尤其是作为世界第二大经济体,中国有能力也应当更多地推动全球贸易自由化。面对这种超高的要求,中国选择了务实的策略,既积极参与谈判,表示愿意承担与自身经济地位相适应的经济责任,又坚定维护发展中成员的经济利益。

中国在多哈回合谈判中的实用主义做法及其主要考虑

中国在多哈回合谈判中采取了务实、不当头、不事张扬的实用主义策略,这主要是基于以下几个方面的考虑。

首先,作为新加入的WTO成员,中国在履行入世承诺的过程中已经做出了重大让步,很多领域的开放程度超出了一般发展中成员的标准。在这种情况下,中国对于多哈回合的进一步开放要求保持谨慎态度,尤其是在农业等敏感领域,避免承担过多义务。

其次,中国在多哈回合中不愿意成为"威胁者"。许多成员对中国的出口能力感到忌惮,因此,中国选择在谈判中保持低调,以此减少国际社会的敌意。此外,中国的国内意见也对谈判策略产生了重要影响,许多部门认为在入世承诺的基础上不应再进一步开放市场,以保护国内产业的利益。

最后,中国对多边贸易规则的熟悉度和谈判经验仍然不足。作为新成员,中国在多边贸易谈判中缺乏足够的经验,尤其是在谈判议题的分析和谈判策略上,与欧美等发达国家存在差距。因此,中国在多哈回合谈判中选择了低调参与,更多地学习和积累经验,而非急于成为领导者。此外,中国并不是多哈回合农业谈判的主要利益方,农业领域的谈判要价对中国的影响有限,这也导致中国在多哈谈判中较少参与实质性内容的讨论。

总体来看，中国在多哈回合谈判中的表现，可以说是"积极但不冒进，务实而不张扬"。中国既积极参与了多边谈判，履行了自己的义务，也在力所能及的范围内为全球贸易治理做出了贡献。但同时，中国也保持了谨慎和低调，以避免承担过多的压力和风险。这种实用主义做法，既符合中国自身的利益，也反映了中国在国际舞台上逐步成熟的姿态。未来，随着对多边贸易体系的进一步熟悉和深度融入，中国在全球贸易治理中的角色将更加重要，也会为推动全球经济的稳定与发展做出更大贡献。

18.4 毫不动摇：坚守多边贸易体制，贡献"中国力量"

通过参加多边贸易体制，中国不仅推动了全球经济的发展，也为自身的发展创造了有利的外部环境。中国开放发展的历程证明，开放带来进步，合作实现共赢。继续坚守和推动完善多边贸易体制，既是中国对全球经济的贡献，也是维护自身利益的保障。

将推动完成WTO多哈回合谈判作为推进全球贸易治理的首要目标

> 明确在多哈回合谈判中的核心利益

多哈回合谈判是全球贸易自由化的重要标志之一，也是中国推进全球贸易治理的关键环节。中国的核心利益在于提高国际地位、改善外部发展环境以及通过开放促进国内改革[1]。因此，中国在多哈回合谈判中的

---

[1] 龙永图.中国入世的核心利益及发展中存在的问题[J].国际经济评论，2011（5）：18.

目标十分明确，即通过推动完成谈判，进一步增强自身在全球贸易规则制定中的话语权。

首先，中国希望通过多哈回合谈判进一步提升国际地位。作为世界第二大经济体和最大货物出口国，中国在全球贸易治理中理应拥有更多的话语权和规则制定权，这不仅关乎国家利益，也关乎国家形象。因此，中国积极推动多边贸易自由化进程，以巩固自身的国际地位。

其次，通过多哈回合谈判改善外部发展环境，尤其是应对全球经济的不稳定性和贸易保护主义的挑战。近年来，全球贸易保护主义抬头，尤其是部分国家对中国采取的单边主义措施，严重恶化了外部发展环境。通过推动多哈回合谈判，营造更加稳定、公平的贸易环境，有助于国民经济持续稳定发展。

最后，多哈回合谈判成功有助于以开放促改革。在国内经济增长放缓的背景下，中国需要通过开放倒逼国内改革，特别是在金融和服务业领域的市场化改革。推进多哈回合谈判，能够为改革注入新的动力。

> 在多哈回合谈判中发挥更大作用，做"负责任大国"

多边贸易体制是维护全球经济稳定的基石，中国始终不渝地坚守这一体制，积极为其发展贡献"中国力量"。这种坚定的立场，不仅体现了中国对国际贸易体系的尊重与支持，也展现了中国作为一个负责任大国的担当。

中国在多哈回合谈判中扮演着更加重要的角色，首先，承诺通过提供更多的国际公共物品来体现作为"负责任大国"的形象，增加市场准入机会和扩大进口，特别是扩大开放服务市场和降低某些产品的进口关税，这不仅能促进全球贸易的自由化，也有助于中国自身的经济结构调整和消费升级。其次，根据自身的发展阶段和实际情况量力而行，平衡国际责任与自身权益，确保在承担国际义务的同时，权利也得到相应保障。这意味着在谈判中坚持"共同但有区别的责任"原则，合理维护发展中成员的利益。最后，扮演协调者的角色，促进发达成员与发展中成员间的沟通与理解，帮助解决分歧，寻找共识，尤其是在涉及关键议题时，通过举办小型部长级会议等形式，为推动谈判进程贡献力量，促进多哈回合谈判成功完成，为建立更加公平、合理的国际贸易体系做出贡献。

将谈判集团作为参与全球贸易治理的重要手段

在多边贸易谈判中，谈判集团的作用不可忽视。对于发展中国家来说，联合起来与发达国家谈判可以获得更大的话语权和更好的谈判结果。中国深谙这一策略的重要性，积极参与了多个谈判集团，如G20、G33、新加入成员集团以及亚洲发展中国家集团。

中国尤其重视在G20中的作用。G20不仅是发展中国家在多哈回合中的重要代表，也是影响全球贸易谈判进程的重要力量。然而，G20面临着内部脆弱性和分裂的风险，中国需要在该集团中发挥更大的作用，保持其内部的团结与合作。通过加强与其他新兴经济体的合作，可以更有效地代表发展中国家的利益，推动多边贸易体制朝着更加公正合理的方向发展。

同时，加强与新兴大国的合作也是中国参与全球贸易治理的重要方式之一。中国在WTO中虽然是最大的单一发展中成员，但仅凭一国之力难以在复杂的多边谈判中有效推动议程，一国"单枪匹马"沟通南北、奔走东西的力量与作用毕竟有限，不应低估"南南联合"在南北对话中的群体实力与砥柱作用[①]。在过去的谈判中，中国成功地团结了朋友，分化了对手，与印度、南非、巴西、阿根廷等其他新兴经济体一起抱团。未来，还可以借重既有的"金砖国家"机制，加强新兴市场国家之间的协调，积极谋求发展利益，协调各国立场和"退路"，共同推动多哈回合谈判进程。

将推动WTO现代化作为参与全球贸易治理的未来方向

WTO的现代化改革已成为全球贸易治理的重要议题，中国对此应给予高度重视，并积极参与其中。WTO现行规则和运行机制在许多方面已经落后于全球经济发展的需要，特别是在应对新兴的全球价值链和服务贸易方面。推动WTO的现代化，是确保其在全球经济治理中继续发挥核心作用的重要条件。

首先，WTO的规则需要更新，以应对当前国际经济形势的变化，特别是美欧日等发达国家提出的新规则要求，如强制性技术转让、产业补贴和国有企业的治理问题等规则。中国应积极参与这些规则的讨论和谈判，确保新规则在促进公平竞争的同时，兼顾发展中国家的利益。

其次，推动WTO的现代化，使其更加包容和高效。在过去WTO的谈判中效率低下，一直是各方诟病的问题。可以推动一揽子协议的谈判模式，通过将多项议题捆绑起来进行谈判，以提高谈判的灵活性和成功的可能性。这将有助于WTO更好地应对新挑战，确保全球贸易体系的开放和公平。

---

① 陈安.论中国在建立国际经济新秩序中的战略定位——兼评"新自由主义经济秩序"论、"WTO宪政秩序"论、"经济民族主义扰乱全球化秩序"论[J].现代法学，2009（2）：12—13.

第 19 章
中国参与全球金融治理的经验与前景

金融治理是全球经济治理的重要内容，国际货币基金组织（IMF）是全球金融治理的支柱。中国重返IMF后，在全球金融多边治理中扮演着越来越重要的角色。

19.1 几度风雨：从相识到成为重要的合作伙伴

中国与国际货币基金组织（IMF）的关系大致可以分为两个阶段，1980年中国重返IMF是重要分界点。在此之前，由于受到国际形势和意识形态的影响，中国与IMF之间是互相排斥的关系。这段时间内，中国远离了IMF，因为该组织受美国的影响较大，发达国家在其中的权力巨大，而发展中国家基本没有发言权。

20世纪70年代末到80年代初，国际政治格局发生了变化，中美关系的改善使中国有机会重新融入国际社会。1980年，中国正式重返IMF，从此开始积极参与全球金融治理，并逐渐从外围的观望者转变为核心参与者。

中国与IMF的疏远与排斥

新中国成立后，面对美国扼杀新中国的图谋，中国的外交政策逐步走上了强调与社会主义国家的团结合作，反对西方资本主义尤其是美国的霸权主义的道路。这种"一边倒"的政策选择，使得中国在相当长的一段时间内与IMF这样的金融机构保持距离。再加上中国经济以计划经济为主，与西方市场经济体制差异巨大，使得中国难以融入IMF。中国经济的封闭性以及新中国成立初期较为落后的工业基础，进一步加深了这种隔阂。

IMF对中国的排斥也显而易见。美国在IMF中拥有"一票否决权"，而中国台湾当时在IMF中代表中国，这使得新中国无法取得合法席位。

中国积极参与并融入IMF

20世纪70年代末到80年代初，中国的对外政策发生了显著变化。特别是在中美关系逐步改善后，1979年中美正式建交，扫清了中国重新加入国际金融组织的外交障碍。1980年，中国正式重返IMF，标志着中国在国际金融领域中的角色发生了重大改变。

重返IMF后，中国的份额和投票权逐步增加，尤其是在2008年金融危机后，IMF进行了改革，中国在该组织中的地位显著提升。从最初的被动融入到后来的积极参与，中国逐渐成为IMF中的重要成员。2010年IMF改革，中国成为IMF的第三大股东，这也反映了中国经济实力和国际影响力的显著提升。

在重返IMF后，中国与该组织在贷款、技术援助和政策咨询等多方面开展了合作。改革开放初期，IMF为中国提供了第一档信贷支持，用以稳定经济、弥补国际收支逆差。随着中国经济实力的增强，中国逐渐从IMF的借款国转变为债权国，尤其是在1997年亚洲金融危机和2012年欧债危机中，中国对 IMF 的贷款安排提供了重要的资金支持。

在技术援助方面，IMF 帮助中国在宏观经济管理、统计体系建设和金融监管等方面引入了国际先进经验。在汇率并轨、中央银行体制改革、财税改革等重大政策制定过程中，IMF 提供了技术咨询，帮助中国进一步完善了金融管理制度。[①]

人民币加入特别提款权（SDR）货币篮子是中国与 IMF 合作的一个重要里程碑。2015 年，人民币成功加入 SDR，这标志着人民币在国际金融体系中的地位得到认可，也意味着中国在全球金融治理中的作用进一步增强。人民币加入 SDR，不仅有助于增强中国经济的国际影响力，也为全球金融体系的稳定和多元化做出了贡献。

纵观中国参与全球金融治理的历程，尤其是与 IMF 的关系，从初期的排斥、疏远到逐步融入，再到积极参与并发挥重要作用，反映了中国对外开放和融入全球化进程的进展。在这一过程中，中国不仅逐步提高了在 IMF 中的份额和话语权，还通过与 IMF 的合作，获得了国际金融领域的技术援助，提升了自身的金融管理能力。

整个历程展现了中国在全球金融治理中的角色转变：从一个边缘化的国家，逐步发展为全球金融秩序中的重要力量。通过与 IMF 的合作和对全球金融治理的贡献，中国在国际社会中发挥着越来越重要的作用，并将继续为全球金融稳定和经济发展做出贡献。

---

① 罗立昱.新兴经济体与后金融危机时代 IMF 改革［J］.财经科学，2012（9）：1—10.

19.2　任重道远：世界市场失灵与IMF存在的主要问题

在全球经济治理中，国际货币基金组织（IMF）一直扮演着重要角色，其主要职能是弥补世界市场的失灵。然而，IMF本身也面临一系列问题，其治理失灵使其在全球金融市场中的作用有所减弱。IMF的核心职能包括监督和维护成员国和全球经济的发展、加强国际金融体系稳定、提供援助和建议。这些职能随着国际环境的变化而不断调整，例如在20世纪70年代固定汇率逐渐失效后，IMF的汇率管理职能逐渐弱化，开始为发展中国家提供宏观经济政策建议，80年代则将金融危机管理纳入其职责范围。然而，由于缺乏自身的"硬实力"，IMF在汇率监管方面的作用逐渐减弱，而维持成员国收支平衡和促进国际经济合作的职能也面临诸多挑战。

从世界市场失灵的角度来看，IMF未能充分发挥稳定全球金融市场的作用，同时自身也存在治理失灵的问题。IMF对国际货币体系的监管、对成员国收支平衡的支持，以及搭建各国宏观经济合作的平台等方面存在不足，这些问题使得其无法有效缓解世界市场的失灵。

IMF在全球金融体系中的作用至关重要，但其存在的一些系统性缺陷使其难以有效弥补世界市场的失灵。进入牙买加体系后，由于浮动汇率制的实行和国际短期资本流动的增加，全球货币秩序动荡，金融危机频发，例如英镑危机、墨西哥金融危机、东南亚金融危机、俄罗斯卢布危机、阿根廷金融危机等，这些都凸显了IMF在金融市场中的作用受到了严重挑战。特别是在资金来源、决策机制和危机预警方面的缺陷，使得IMF逐渐沦为发达国家对发展中国家推行金融霸权的工具。

IMF未能充分发挥稳定全球金融市场的职能

IMF在稳定全球金融市场中扮演着重要角色，但由于自身的能力缺陷，制约着其功能释放。

金融监管能力薄弱。IMF未能建立有效的金融危机预防体系，尽管它一直在积极寻求对国际经济体系的宏观把握和对成员国经济结构的监督，但其成效并不明显。① 金融危机虽大多发生在发展中国家，但背后往往有发达国家的金融体系在推动。由于发达国家在IMF中的份额比例较大，IMF对发达国家的监督也常常力不从心。浮动汇率制的普遍实行也使得各国可以随意调整货币供应量和利率，以自身利益为优先，IMF对此缺乏足够的监管权力，导致其在维护全球货币稳定方面存在明显缺陷。

危机应对能力欠缺。在多次金融危机中，IMF未能履行好"全球金融稳定器"的职责，而是扮演了一个"救火员"的角色，这主要有三个方面原因。首先，IMF没有建立有效的金融危机救助机制，缺乏行为准则来规范成员国的行为。其次，救援资金的不足也是一大障碍，IMF的资金来源主要依靠成员国缴纳的基金份额，而这两种款项不足以解决发展中国家的经济问题。最后，IMF提供贷款时附加的苛刻条件，例如要求紧缩的财政政策和货币政策，进一步加剧了受援国的经济困难和社会矛盾，甚至被批评为发达国家推行经济霸权的工具。②

---

① 谢世清.国际货币基金组织份额与投票权改革[J].国际经济评论，2011（2）：119—126，6.

② 路杨.提高中国参与全球金融治理能力的策略分析[J].理论导刊，2017（7）：83—86.

调控能力不足。 IMF本身并没有货币发行权,其资金来源于成员国缴纳的基金份额、借入资金和信托基金,这使得其缺乏对全球经济的有效调控能力。虽然IMF创立了特别提款权(SDR),但SDR只是记账单位,并不是真正流动的货币。全球货币供给的真正源头仍然是美联储,而不是IMF,因此,IMF对全球货币供求的调控能力非常有限。

IMF自身存在治理失灵问题

IMF自身存在机制缺陷,影响其全球金融治理的效果。

领导机制不平衡。 IMF在全球经济治理中的领导机制和决策机制的不平衡使得其存在显著的治理失灵。IMF的总裁历来由欧洲人担任,而世界银行行长则由美国人担任,这种由欧美发达国家主导的局面引发了全球经济治理失灵。随着新兴经济体的快速崛起,IMF需要更多地反映发展中国家的声音,增加其基金份额与投票权,以增强合法性。然而,发达国家仍然掌握着IMF的主导权,影响了IMF治理的公平性。

决策机制不公平。 IMF的决策机制同样存在不公平的现象,其所有决策需50%以上票数支持才能通过,一些重大决策则需要75%~85%的票数支持,而投票权直接与基金份额挂钩。美国在IMF中的投票权份额使得其对IMF的重大事项拥有"一票否决权",而这种不公平的决策机制使得IMF在处理全球经济问题时往往偏向发达国家的利益,缺乏公正性和国际性。此外,美国一直反对特别提款权与针对发展中国家的国际援助挂钩,导致特别提款权在国际储备资产中的份额越来越低,IMF的治理能力长期停滞不前。

IMF在全球经济治理中承担了重要职责,但其面临的市场失灵和自身治理失灵问题，使其在全球金融体系中的作用受到质疑。由于发达国家在IMF中的主导地位，IMF未能有效应对国际金融危机，也未能公正地分配投票权和资源。这种情况不仅影响了IMF在发展中国家中的公信力，也限制了其在全球经济治理中的实际效力。IMF的金融监管能力薄弱、危机应对能力欠缺以及调控能力不足，使得其在国际金融危机频发的背景下，难以发挥应有的作用。同时，IMF在领导机制和决策机制方面的不公平问题也影响了其治理的有效性。在未来的改革中，IMF需要进一步提升对全球金融体系的监管能力，建立更为公平和有效的领导与决策机制，以更好地应对全球经济的不确定性，并增强其在全球经济治理中的地位和作用。

19.3 稳扎稳打：支持IMF继续推动份额和治理改革

在全球化时代，尤其是在经历了布雷顿森林体系崩溃以来的多次金融危机之后，国际货币基金组织（IMF）成为全球金融治理的关键平台。中国对IMF的份额和治理改革保持支持态度。份额和治理改革不仅关系到各国在IMF的地位和权力分配，还直接影响了IMF应对金融危机的能力。中国主张份额分配应反映各国经济实力的真实变化，通过合理、公正的机制体现发展中国家的利益，以提升IMF的代表性和有效性。为此，中国推动份额分配机制的改革，包括增资IMF总量和调整计算公式，将购买力平价等数据作为考量基准，避免过于依赖汇率的GDP数据，确保发展中国家在IMF中的话语权。

伴随全球市场的快速发展和危机风险，中国在IMF等国际金融组织中的地位逐渐提升，但面临发达国家的重重阻力。未来，中国在参与全球金融治理中的目标在于推动更加公正、合理的治理体系。IMF 的份额改革是一个长期博弈过程，中国应积极推动改革，使 IMF 在更广范围内服务于各国，特别是发展中国家。在这一过程中，优化 IMF 职能，减少其在区域问题上的直接干预，更多关注全球金融市场稳定，进一步加强 IMF 与世界银行、WTO 等机构的协作以提升国际协调能力。同时，IMF 在向受援国提供贷款时，附加条件不应干涉受援国的政策独立性，以增加对发展中国家的支持。

推动 IMF 全球金融治理改革朝着公正合理的方向发展

改革份额分配机制。为了使国际货币基金组织（IMF）的份额分配更加公平合理，一方面需扩大 IMF 的资金总量，以提升其应对国际金融危机的能力；另一方面，应修订份额分配公式，采用购买力平价计算的 GDP 数据作为衡量标准，以真实反映各国经济实力的变化，尤其是"金砖五国"等新兴经济体的增长，确保发展中国家在 IMF 中的基本投票权得到实质性的保障。[①]

引入对 IMF 的外部监督机制。为提高 IMF 决策的透明度和公正性，应引入外部监督机制，确保 IMF 的计划文件公开透明，允许所有成员国参与对基金组织即将实施的计划和措施的公开讨论，以增强决策过程的民主性和代表性，防止内部操作导致的不公现象。

优化 IMF 职能。鉴于 IMF 资源有限，且其他国际经济组织如亚投行、

---

① 余锋.国际货币基金组织改革评析[J].特区经济，2004（8）：89—91.

G20、APEC等的崛起，IMF应重新评估并优化其职能，减少在区域性和地方性问题上的直接干预，转而支持相关区域经济组织承担主要责任。同时，在维持全球金融市场稳定等核心职能上，IMF需加大投入，加强与WTO、世界银行等国际机构的合作，提升处理国际经济问题的能力，推动构建更加公平、公正的世界经济秩序。

减少贷款条件。IMF应简化贷款程序，缩短贷款期限和范围，鼓励与国际私人资本的合作，集中资源用于稳定国际金融市场。同时，减少贷款时附加的条件，特别是那些可能损害受援国主权的条款，如要求改变内部政治制度、经济政策等，以减轻对受援国政策自主性的负面影响，回应发展中国家对改革IMF贷款政策的诉求。

探索建立以中国为主导的货币互换集团

随着经济发展和区域货币合作的深入，中国逐步探索建立货币互换机制。中国的货币互换集团倡议旨在提升人民币国际化地位并增强区域金融安全网。通过该机制，中国可加强与其他成员国的金融合作，形成抵御金融危机的强有力后盾。虽然建立全面货币互换机制尚需时日，中国可以从次区域范围内的政策协调开始，逐步推进。人民币的稳定性将成为区域经济复苏的重要因素，货币互换机制将有助于区域内各国实现政治和经济的共同目标，并为更广泛的全球金融治理提供中国方案。

建立一个货币互换集团属于一种国际合作行为，需要坚持相应的基本原则才能保证货币互换关系的长期有效。结合货币互换的国际法规、国际关系，该货币互换集团应坚持以下原则。

由易到难、循序渐进。货币互换机制的建设应遵循从简单到复杂、逐步推进的原则，考虑到成员国之间在经济发展、政治制度、文化宗教等方面的显著差异，以及经济联系的紧密程度不同，不宜追求统一的互换规模和步伐。应优先选择经济贸易联系最为紧密的国家作为突破口，逐步扩展至其他成员国，实现规模和效率的稳步增长。

互利互惠、互利共赢。确保所有参与国都能从货币互换合作中获益，实现利益的最大化是维持这一机制长期稳定的关键。通过构建有效的收益平衡机制，让每个国家在合作中看到实际的好处，增强其参与的积极性和持续性。

平等协作、开放包容。强调在尊重各国差异的基础上，通过平等协商的方式解决问题，增强成员国之间的合作意愿和行动力。面对文化、宗教信仰等多样性，采取包容的态度，寻求共同点，促进相互理解和信任，为货币互换机制的顺利运行创造良好环境。

经贸发展与货币互换互相促进。货币互换不仅是金融合作的形式之一，更是推动区域内经贸往来的有力工具。随着互换机制的不断完善，它将有助于降低交易成本、规避汇率风险，进一步激发成员国内部的经济活力和贸易往来，形成经贸发展与货币互换相互促进的良性循环。

IMF作为全球金融治理的重要平台，中国长期致力于在其中提升自身地位，积极推动对发展中国家有利的改革。中国在IMF中的地位和发言权与经济实力不匹配，通过改革，中国不仅可以为广大发展中国家争取更多话语权，还可以进一步促进人民币国际化，逐步扩大与其他国家的货币互换机制。随着经济实力的增强，中国的国际地位显著提升，但也遭遇"中国威胁论"等外部舆论压力。IMF改革不仅为中国提供了机遇，也面临着发达国家的阻力。今后IMF还有很多的改革路要走，美国等西方发达国家也依旧会施加重重阻力保护其利益。在未来的改革中，发达国家与发展中国家之间的博弈依旧会很激烈。而中国应该抓住每一次改革的机会，改变中国在国际经济秩序中的不利地位，树立中国负责任的大国形象。

同时，让人民币"走出去"，逐步扩大人民币与其他国家的货币互换体系，建立一个切合实际情况的货币互换集团也是一个长远的考虑计划。通过经济利益克服政治紧张情绪，将各国经济紧密联系在一起，彼时随着各成员国经济实力增长、双边货币互换合作深化、战略目标转移，货币互换集团的建立便水到渠成。如果中国能够建立一个由中国主导并参与的货币互换集团，并推动集团内成员国经济贸易迅速发展，实现互惠互利，那么"中国威胁论"也就不攻自破了，此时中国的国际形象、地位都会得到提升，发展中国家会更加认同中国的领导地位，而发达国家在失去了美国这个世界经济引擎的推动作用之后，也会更加依赖中国的影响力与领导力。

第 20 章
中国参与全球发展治理的经验与前景

世界银行是全球经济治理三大支柱之一，其主要承担全球发展治理的功能，目标在于推动世界各国社会经济共同发展，减少乃至消除贫困。对外开放为中国恢复世界银行席位奠定了基本条件。自恢复席位以来，中国与世界银行紧密合作，积极参与全球发展治理工作，并为促进发展中国家和最不发达国家经济进步、减少贫困做出了巨大贡献。

20.1 几载春秋：中国与世界银行40余年合作历程

世界银行目睹了中国经济的腾飞，中国也借助这一国际平台逐步融入全球治理体系。世界银行为中国发展提供资金支持，与中国进行知识合作，共同推进国际发展工作。中国则积极为世界银行推广合作经验，积极参与世界银行的决策与发展，努力与世界银行一起为人类社会发展、减少贫困做出贡献。

初始准备阶段

中国作为创始成员国之一，因特定历史原因一度丧失了在世界银行的合法权益。1949年后，周恩来总理要求世界银行承认中华人民共和国合法席位，这在1971年中国恢复联合国席位后逐步实现。1980年，世界银行行长访华，双方协议恢复中国在世界银行的合法地位。5月15日，世界银行董事会批准中国的席位复归。随后世界银行的考察和经济报告指出中国经济中生产效率低、技术落后、缺乏会计准则等问题。尽管如此，世界银行仍肯定了中国政府改革开放、以经济建设为中心的决心。中国政府表示愿意学习现代化的项目管理方法，以促进经济发展。1981年《对中国经济的考察报告》发布，这份报告为中国争取到世界银行的国际开发协会无息贷款，奠定了双方合作的基础。

初始发展阶段

1981—1991年，中国与世界银行的合作逐渐增多。这一时期的合作虽受一些政治顾虑的影响，但世界银行提供的贷款和管理经验帮助中国发展项目管理、减少贫困，增强了彼此信任。1982—1987年，数百名中国官员接受了世界银行学院的项目管理培训，培养了一批符合国际标准的管理人才。1989年因国际政治形势变化，世行暂停对华贷款，但在1991年得以恢复，合作规模更胜以往。此阶段，世界银行不仅是资金的支持者，还在引入竞争性招标、项目监督机制上做出了探索，推动了中国管理能力进步。

快速发展阶段

1993—2006年，中国成为世界银行的最大贷款国，双方确立了四大合作方向：经济结构改革、基础设施瓶颈、减少贫困、环境保护。中国已逐步摆脱资金依赖，开始转向自主发展，因此，世行转而采用说服和示范的方法，设立高层交流活动，推广项目中应用的先进技术和管理经验。2003—2005年，世行还协助中国完成了经济结构调整及城市化、市场化转型。在2006年提出的《中国2006—2010年国别伙伴战略》中，世行进一步调整战略，着力支持中国融入全球经济、应对资源短缺及环境挑战、增强金融稳定性等，并提供贷款和技术援助以支持中国的贫困省份。

转型阶段

2007年，中国捐赠世界银行3000万美元，至此提升了在世行投票权的影响力，中国与世行的合作关系也进入一个新的转型阶段。世行通过改革提高发展中国家在全球治理中的话语权，中国的投票权从2.77%增至4.42%，成为世行第三大股东。2012年世行通过了新的《国别伙伴战略》，帮助中国实现绿色发展、包容性发展和互利合作。此时，中国与世界银行的关系已趋于成熟，中国利用世界银行资源推进脱贫、平衡区域发展，并借助世行经验加强环境保护和提高资源效率。

中国与世界银行的合作为全球治理提供了独特的"中国经验"。在过去的40多年中，中国从借款国转型为全球发展治理的重要参与者，中国在多边发展治理体系中的地位和作用发生深刻变迁。

20.2 回首过往：双方合作所取得的主要成果

提供发展资金

在早期阶段，世界银行为中国提供了大量的资金支持，主要用于周期长、社会效益明显的项目，如农业发展、基础设施、教育、环保和卫生等。这些领域因为投资回报低,吸引不到私人投资。后来,虽然世行资金在中国经济中的比重减少。

减少贫困,促进贫困地区发展

世界银行的援助重点之一是支持中国贫困地区的发展。通过直接投资农业企业和林业,世行为农村剩余劳动力创造了就业机会,并推动多元化农业发展,提高农业资源利用率。[①]世界银行还协助中国实施了小城镇发展战略,加强贫困地区的基础设施和交通连接,使得农村与大城市更加紧密联系。除此之外,世界银行还支持了公路、铁路和航运等交通项目,推动农业、运输业和旅游业的发展,促进贫困地区的经济转型。

培育人力资源,强化社会保障体系

除了物质资本积累,世界银行逐步重视人力资源的发展。1981年,世界银行在中国的第一个项目就是支持大学教育发展,此后又完成了多个基础教育项目,着重提升贫困地区的教育设施。卫生服务方面,世界银行参与了特困医疗救助计划、艾滋病和结核病防治项目。此外,世界银行帮助中国在辽宁省进行了养老金体系改革试点,并协助评估城市和农村最低生活保障政策,优化社会救助方案。

发展市场经济,帮助中国融入世界经济

世行与中国合作完成了200余篇经济报告和多个政策文件,帮助国际社

---

① 刘伟华.我国利用世界银行贷款农业项目管理研究[J].管理世界,1993(2):169—175.

会更好地理解中国，并协助中国政府制定关键性政策。世界银行支持了采购、会计和法律制度改革，帮助建立了采购培训和法律统一考试制度，为公司法、合同法等提供技术援助，促进了投资环境的改善。中国加入WTO后，世界银行通过经济法改革项目，帮助制定符合国际标准的商业法律。世界银行还与中国政府合作，建立信息技术战略，推动数字经济发展。

改进环保与资源管理

在提供贷款的过程中，世界银行特别关注环境问题，帮助中国建立环境立法和监督机制，并为环保部门提供培训。世界银行积极推动清洁能源和节能技术，奠定了中国光伏和天然气配送基础设施的发展基础。此外，世界银行与全球环境基金合作，支持供热价格体系改革和节水措施，推广现代化灌溉系统，并在城市污水循环利用方面提供支持，助力中国走向可持续发展的环保道路。

20.3 他山之石：世界银行全球发展治理机制经验

世界银行作为全球发展治理的重要参与者，几十年来积极履行帮助发展中国家发展的职责，取得了诸多成绩，但也面临许多不足和缺陷。

世界银行在全球发展治理中存在的问题

首先，尽管世界银行一直致力于帮助发展中国家发展，但其实际效果不尽如人意。根据美国威廉玛丽学院的研究，世界银行的援助对受援国的经济增长并没有明显的推动作用，而双边援助往往能够直接帮助受援国的经济发展，带动贸易增长。这主要是由于世界银行援助的目标多集中于减少贫困、改善环境等长期发展领域，缺乏对经济增长的直接支持。此外，尽管世界银行实施了数万个项目，但这些项目结束后，一些受援国在生产治理、技术创新等方面的能力提升缺乏保障，持续发展的路径依旧不明确。

其次，世行的贷款政策存在诸多问题，尤其是存在加剧财务状况恶化的风险。近年来，世界银行收入减少，支出不断增多，发达国家对其支持也在减少。为了应对财务困境，世界银行采取了一些措施，如提高硬贷款使用率和增加先征费用等，这些措施增加了发展中国家的贷款成本，忽视了受援国的实际需求。

再次，世界银行在发展中国家推行的工业化方案和新自由主义政策也遭到了批评。自1952年起，世界银行将工作重心由欧洲战后重建转向发展中国家，但推行的工业化方案未能考虑到各国的不同情况，导致很多国家农业基础薄弱，最终成为粮食短缺的债务国。而新自由主义政策的推行，例如"华盛顿共识"，并未为发展中国家带来预期的经济增长，反而加剧了内部的经济和政治不稳定。

最后，世界银行受政治因素影响较大，尤其是受到西方发达国家的影响。这使得世界银行在对发展中国家的援助中掺杂了发达国家的利益，往往未能真正帮助受援国。美国作为世界银行的最大股东，拥有最多的投票权和一票否决权，这在很大程度上削弱了世界银行的独立性。同时，世界银行对受援国的贷款往往附加政治条件，要求受援国遵循特定的经济政策，这些政策有时并不符合受援国的实际情况，反而加剧了受援国的经济困境。

世界银行在全球发展治理中的成功经验

尽管存在诸多问题,世界银行在全球发展治理中的部分经验依然值得肯定。首先,世界银行在项目管理和成效评估方面具有先进的经验。世界银行对援助项目的选择、实施和评估都有一套严格而科学的管理办法,确保了项目的有效性。如世界银行在项目实施过程中采取"报账回补式"方法,降低了资金滥用的风险。此外,世界银行从2010年至2013年进行了"现代化日程"改革,强调设定可测量的目标和成果指标,以便在项目过程中进行实时评估和管理,从而提高了项目的成效。

其次,世界银行在稳定世界经济秩序方面发挥着重要作用。在经济全球化中,发达国家和发展中国家之间的经济关系对全球经济的稳定产生显著影响。作为全球最大的多边援助机构,世界银行积极引导发达国家和发展中国家建立起平等、信任的合作关系,帮助发展中国家在全球合作中充分利用自身的比较优势。在海湾战争、东亚金融危机、2008年次贷危机等事件中,世界银行迅速增加紧急贷款援助,帮助一些国家渡过经济难关,减轻了全球经济波动。

最后,世界银行非常重视私营部门的发展。通过促进私营部门在经济发展中的作用,世界银行积极开展有利于私营部门活动的环境建设,鼓励建立公私合作伙伴关系。例如,2012年国际金融公司对103个发展中国家进行了204亿美元的投资,推动了私营部门在这些国家的发展。同时,世界银行避免与私营部门的投资发生竞争,而是将资金更多地投入关乎国家发展的重要领域,如基础设施建设,进一步支持了发展中国家的经济发展。

总体而言,世界银行在全球发展治理中的实践经验具有二重性,未来需要进一步增强自身的独立性和灵活性，以更好地履行其全球发展治理的职责，真正实现帮助落后国家发展的目标。

20.4　奋勇前行：中国参与全球发展治理的前景

随着改革开放的深入，中国已成为世界第二大经济体，并在全球发展治理中扮演着越来越重要的角色。在新的历史时期，中国利用国内外有利的条件和机遇，完成了全面建成小康社会和消除贫困人口的目标。作为全球最大的发展中国家，中国不仅通过改革开放取得了显著成就，还积极推广自身的发展经验，从全球角度思考未来参与全球治理的方向。

推动世界银行体制改革

世界银行作为全球最重要的多边援助机构之一，在全球发展治理中的作用至关重要。中国将充分利用在世界银行中的投票权，引导世界银行的业务和政策朝着公平公正的方向发展，积极为发展中国家谋利，促进其发展。中国还将推动世界银行投票权的改革，帮助发展中国家在世界银行中扩大话语权。一方面，要确保世界银行的投票权能充分反映国际经济格局的新变化；另一方面，保证世界银行成员无论大小都应得到公平对待。目前，世界银行的控制权主要掌握在以美国为首的发达国家手中。在推动投票权改革时，中国将凝聚发展中国家的力量，在关键问题上形成统一的利益诉求，以争取有利于发展中国家的改革方向。

此外，推动世界银行内部管理的透明化。世界银行内部机构繁杂、人员众多，职责划分不明确，容易导致执行董事会与行长在管理权力上的利益冲突。中国应推动世界银行的内部机构改革，明确各部门的职责，避免管理中的权责不清。同时，倡导世界银行在决策和管理上的信息透明化，使其决策过程更加公开、公正。

加强与外界的合作

中国在全球发展治理中的另一重要途径是加强与国际社会的合作。通过与世界银行的合作，积极宣传改革开放40余年的发展经验，为其他发展中国家提供可参照的发展经验。2004年在上海，中国就与世界银行合作举办了全球扶贫大会，推动了全球社会对扶贫行动的新理念达成共识。2008年和2009年，中国与世界银行合作举办了两次中非共享发展经验高级研讨会，为发展中国家交流发展经验、寻求发展之道搭建起平台。

中国还可以加强世界银行与国际货币基金组织（IMF）及其他多边发展机构的合作。一方面，通过推动世界银行与其他区域发展银行之间的竞争来提高援助的效率；另一方面，促进世界银行与区域发展银行签订谅解备忘录，以推动相互协调与合作。通过南南合作，分享自身的改革发展成果，帮助亚非拉等地区的发展中国家，推动各国减贫进程。

发挥亚投行的基础设施投资功能

世界银行在全球发展治理中存在一些问题，例如对发展中国家的基础设施建设投资不足、贷款供需不平衡等。由中国主导成立的亚洲基础设施投资银行（亚投行）正是在这种背景下应运而生，其目标是补充现有的全球发展治理体系，帮助发展中国家改善经济和基础设施条件。

亚投行积极拓展融资来源。如何有效调动国际私人资本一直是世界银行面临的难题，近年来，发达国家对世行的捐赠资金减少，世界银行面临资金短缺的压力。亚投行通过加强联合融资来提高资金利用效率，分散投资风险。亚投行还引导私营部门参与基础设施投资，通过合理分配公共部门和私营部门的职责，提高资本的利用效率和风险控制能力。以亚投行为桥梁，连接政府、私营部门、非政府组织等不同利益主体，推动受援国完善法律制度和管理体制。

亚投行明确资金的重点投向。亚投行的主要目标是支持亚洲地区的基础设施建设和互联互通，特别是在中国与东盟之间的合作。相较于世界银行关注全球性问题，亚投行的资金相对有限，业务重点集中在基础设施建设上，尤其是那些急需资金支持的项目，以更好地促进亚洲地区的长远发展。

亚投行重视发展中国家的投票权。亚投行是一家由发展中国家占据多数投票权的多边机构，在未来的新成员加入和股东增资过程中，应继续保障发展中国家的投票权，合理分配股权，确保其不被发达国家控制，从而更好地服务于发展中国家的利益。

亚投行保持组织机构的精简。与人员庞杂、流程冗长的世界银行不同，亚投行保持着精简的组织架构，目前仅有约100名员工，不设常驻董事会，而由董事会直接制定政策并由管理部门负责日常运营。这使得亚投行能够更加灵活、高效地开展工作。亚投行在项目审批上也更加灵活，会根据各项目和国家的特点进行调整，在保障审慎审核的基础上精简流程，提高运行效率。

总体而言，随着对外开放深化，中国在全球发展治理中的作用和地位不断提升。中国领导人向世界发出了全球发展倡议：坚持发展优先；

坚持以人民为中心；坚持普惠包容；坚持创新驱动；坚持人与自然和谐共生；坚持行动导向。未来，中国将在高水平开放中推动全球发展治理朝着更加公平、公正、高效的方向迈进，帮助更多发展中国家实现经济与社会的全面进步。

附录

中国对外开放大事记（1978年至今）

1978年

1978年12月，中共十一届三中全会召开，做出了"把全党工作的着重点和全国人民的注意力转移到社会主义现代化建设上来"，实行改革开放的重大战略决策，拉开了中国改革开放的大幕。

1979年

1979年7月，中共中央和国务院决定对广东、福建两省的对外经济活动实行特殊政策，作为对外开放的试点地区。

1979年7月，全国人大颁布《中华人民共和国中外合资经营企业法》，成为中国第一部利用外资的法律。

1980年

1980年4月17日，中国恢复在国际货币基金组织的合法席位。

1980年5月15日，中国恢复在世界银行的合法席位。

1980年8月，五届全国人大常务会第十五次会议颁布了《广东省经济特区条例》，向世界宣布中国举办经济特区。经济特区成为对外开放的开路先锋。

1983年

1983年9月，中共中央、国务院发布《关于加强利用外资工作的指示》，提出对中外合资经营企业给予企业所得税、进口设备关税及工商统一税减免等优惠。而后将受惠外资主体扩展至中外合作经营企业、外商独立经营企业，并赋予地方政府税收减免自主权。

1984年

1984年4月，中共中央和国务院决定开放沿海的天津、上海、大连、秦皇岛、烟台、青岛、连云港、南通、宁波、温州、福州、广州、湛江、北海14个港口城市。

1984年5月，中共中央批转《沿海部分城市座谈会纪要》，决定兴办经济技术开发区，实行经济特区的某些政策。

1984年9月—1986年8月，国务院先后批准在14个沿海开放城市设立14个经济技术开发区。

1985年

1985年2月，中共中央、国务院批转《长江、珠江三角洲和闽南厦漳泉三角地区座谈会纪要》，决定将珠江三角洲、长江三角洲以及闽南厦门、漳州、泉州三角地区的51个市、县开辟为沿海经济开放区。

1985年1月，国务院决定向地方下放外贸经营许可审批权，更多企业获得了进出口经营权。

1985年4月，中国开始实行出口退税制度。

1986年

1986年4月，全国人大颁布《中华人民共和国外资企业法》。

1986年7月，国务院发布《关于进一步改善外商投资企业生产经营条件的通知》，实行以市场换技术的方针。

1986年7月，中国正式提出恢复关贸总协定缔约方地位的申请。

1986年10月，国务院发布《关于鼓励外商投资的规定》，鼓励外国投资者在中国境内举办中外合资经营企业、中外合作经营企业和外资企业。

1987年　1987年，实行出口奖励制度，对出口创汇给予资金和外汇额度奖励。同时，还实行了中央与地方的出口创汇分成制度，部分出口创汇留归地方支配。

1988年　1988年2月，国务院发布了《关于加快和深化对外贸易体制改革若干问题的规定》，推行以实行承包经营责任制为核心的外贸体制改革。

1988年3月，中央决定将沿海经济开放区扩展到北方沿海的辽东半岛、山东半岛以及其他沿海的一些市、县。

1988年4月，设立海南经济特区。

1988年4月，全国人大颁布《中华人民共和国中外合作经营企业法》。至此，中国三部有关外资企业的法律全部颁布实施。

1988年8月，国务院决定实行沿海经济发展战略，加快发展沿海地区外向型经济。

1990年　1990年4月，中共中央和国务院决定设立上海浦东开发开放新区，在浦东实行经济技术开发区和某些经济特区的政策。浦东新区成为继深圳经济特区之后中国对外开放的又一个领头羊。

1991年　1991年11月，中国加入亚太经合组织（APEC）。这是中国参加的第一个由发达国家和发展中国家共同组成的国际区域经济合作组织。

1992年

1992年3月，中央决定实行沿边开放战略，开放吉林的珲春，黑龙江的绥芬河、黑河，内蒙古的满洲里、二连浩特，新疆的伊宁、塔城、博乐，云南的瑞丽、畹町、河口，广西的凭祥、东兴共13个沿边城市。

1992年6月，中央决定实行沿江开放战略，开放长江中上游的芜湖、九江、黄石、武汉、岳阳、重庆6个沿江城市。

1994年

1994年1月，取消人民币汇率官方牌价与外汇调剂价格并存的制度，实现人民币"汇率并轨"，实行以市场供求为基础的、单一的、有管理的浮动汇率制度。

1994年1月，国务院发布《关于进一步深化对外贸易体制改革的决定》，围绕外贸企业公司化，构建平等竞争的外贸市场主体，推出一系列改革举措。

1996年

1996年12月，中国开始接受国际货币基金组织协定第八条款，实行人民币经常项目下的可兑换。

1999年

1999年3月，国务院发布《关于进一步推进西部大开发的若干意见》，提出了推进西部大开发的十条意见，其中包括扩大西部地区对外开放。

2001年

2001年12月11日，经过漫长的15年"复关"和"入世"谈判，中国正式加入世界贸易组织（WTO），成为其第143个成员。

2002年

2002年10月，中共十六大正式提出"走出去"战略，对外直接投资步伐加快。

附录 中国对外开放大事记（1978年至今）

2005年　2005年7月，实行以市场供求为基础、参考一篮子货币进行调节、有管理的浮动汇率制度，形成更富弹性的人民币汇率机制。

2009年　2009年6月，中国加入金砖国家之间的合作机制。

2009年4月，国务院常务会议决定在上海市和广东省广州、深圳、珠海、东莞四城市开展跨境贸易人民币结算试点。至2011年8月，跨境贸易人民币结算境内地域范围扩大至全国。

2010年　2010年1月1日，发展中国家间最大的自由贸易区——中国—东盟自由贸易区正式建立。

2013年　2013年9月，中国（上海）自由贸易试验区挂牌成立，率先试行外商投资"准入前国民待遇+负面清单"的管理模式。截至2024年底，中国陆续设立了22个自由贸易试验区。自贸试验区成为中国对接高标准国际经贸规则、推动高水平制度型开放的开路先锋。

2013年9月和10月，中国国家主席习近平先后向世界发出建设丝绸之路经济带和21世纪海上丝绸之路的合作倡议，简称"一带一路"倡议，以"共商、共建、共享"为原则，以"政策沟通、设施联通、贸易畅通、资金融通、民心相通"为重点，共同打造政治互信、经济融合、文化包容的利益共同体、命运共同体和责任共同体。

2013年11月，中共十八届三中全会召开，通过了《中共中央关于全面深化改革若干重大问题的决定》，明确提出构建开放型经济新体制。

2015年

2015年4月，国务院发布《自由贸易试验区外商投资准入特别管理措施（负面清单）》。

2015年8月，中国人民银行决定进一步改革人民币汇率机制，2016年2月，形成"收盘汇率+一篮子货币汇率变化"的人民币兑美元汇率中间价形成机制。

2015年9月，中共中央、国务院发布《关于构建开放型经济新体制的若干意见》，提出统筹开放型经济顶层设计，加快构建开放型经济新体制，以对外开放的主动赢得经济发展和国际竞争的主动，以开放促改革、促发展、促创新，建设开放型经济强国。

2015年12月，国务院印发《关于加快实施自由贸易区战略的若干意见》。

2016年

2016年3月，《中华人民共和国国民经济和社会发展第十三个五年规划纲要》发布，提出构建全方位开放新格局的五大工作重点，包括完善对外开放战略布局、健全对外开放新体制、推进"一带一路"建设、积极参与全球经济治理以及积极承担国际责任和义务。

2016年9月，中国成功举办G20杭州峰会，制定了《G20全球投资指导原则》。

2016年10月1日，人民币加入国际货币基金组织特别提款权("SDR货币篮子"),成为与美元、欧元、英镑和日元并列的第五种国际储备货币。

2017年 2017年1月,国务院发布《关于扩大对外开放积极利用外资若干措施的通知》,强调进一步积极利用外资,营造优良营商环境,继续深化简政放权、放管结合、优化服务改革,降低制度性交易成本。

2017年5月,首届"一带一路"国际合作高峰论坛在北京举行。

2018年 2018年4月,中共中央、国务院印发《关于支持海南全面深化改革开放的指导意见》,决定设立海南自由贸易港。

2018年5月,中共中央、国务院发布《关于新时代加快完善社会主义市场经济体制的意见》,决定实行更加积极主动的开放战略,全面对接国际高标准市场规则体系,实施更大范围、更宽领域、更深层次的全面开放。

2018年6月,国务院发布《关于积极有效利用外资推动经济高质量发展若干措施的通知》,强调外商投资促进高质量发展的作用。

2018年6月,国家发展改革委、商务部联合发布全国版《外商投资准入特别管理措施(负面清单)》。

2018年11月,中国举办首届国际进口博览会,主动扩大进口,支持贸易自由化和经济全球化。截至2024年11月,中国共举办7届进博会。

2019年

2019年3月，第十三届全国人民代表大会第二次会议审议通过《中华人民共和国外商投资法》，自2020年1月1日起实施。至此，《中华人民共和国外商投资法》取代"外资三法"，成为中国利用外资的基础性法律。

2019年10月，国务院发布《关于进一步做好利用外资工作的意见》，强调以打造公开、透明、可预期的外商投资环境为着力点，持续深化"放管服"改革，进一步做好利用外资工作，稳定外资规模，优化外资结构。

2020年

2020年8月，国务院批准《全面深化服务贸易创新发展试点总体方案》，决定全面深化服务贸易创新发展试点工作，扩大服务业开放，推进服务贸易改革、开放、创新，促进对外贸易结构优化和高质量发展。

2020年11月，中国签署《区域全面经济伙伴关系协定》（RCEP）。

2021年

2021年3月，《中华人民共和国国民经济与社会发展第十四个五年规划和2035年远景目标纲要》发布，确定加快构建以国内大循环为主体、国内国际双循环相互促进的新发展格局。

2021年9月，中国正式提出申请加入《全面与进步跨太平洋伙伴关系协定》（CPTPP）。

2021年11月，中国正式提出申请加入《数字经济伙伴关系协定》（DEPA）。

2022年 　2022年10月，中共二十大召开，提出实行更加积极主动的开放战略，构建面向全球的高标准自由贸易区网络，加快推进自由贸易试验区、海南自由贸易港建设，共建"一带一路"成为深受欢迎的国际公共产品和国际合作平台，形成更大范围、更宽领域、更深层次对外开放格局。

2023年 　2023年12月，商务部等10部门联合印发《关于提升加工贸易发展水平的意见》，提出"提升加工贸易水平，支持产业向中西部、东北地区梯度转移，促进加工贸易持续健康发展"。

2024年 　2024年7月，中共二十届三中全会召开，发布《中共中央关于进一步全面深化改革　推进中国式现代化的决定》，提出坚持以开放促改革，建设更高水平开放型经济新体制，稳步扩大制度型开放，深化外贸体制改革，深化外商投资和对外投资管理体制改革，优化区域开放布局，完善推进高质量共建"一带一路"机制。

2024年11月，《外商投资准入特别管理措施（负面清单）（2024年版）》正式施行，限制措施由31条压减至29条，其中制造业领域外资准入限制措施实现"清零"。

后　记

回顾中国40多年对外开放的历史，总结对外开放的成果和经验，是为了帮助广大读者更清晰地了解中国对外开放的决策过程和发展脉络，更好地推进对外开放事业，实现中华民族伟大复兴，增进广大社会公众福祉。全书共分6篇20章，包括对外开放理论篇、对外贸易篇、吸收外资篇、对外投资篇、国际经济合作篇和参与全球经济治理篇，由对外经济贸易大学桑百川、山西财经大学史瑞祯确定思想基调和写作框架，桑百川、史瑞祯以及对外经济贸易大学国际经济研究院的周宇腾、李川川、武云欣、宫方茗、韩金镕、田思远、杨易擎、厉妍彤参加撰写，桑百川修改定稿。

桑百川

2025年1月18日